广府人联谊总会 广东省广府人珠玑巷后裔海外联谊会 广东人民出版社 合编

广府百问

张金超 李兰萍 杨芹 刘世红等 著

南方传媒
广东人民出版社
·广州·

图书在版编目（CIP）数据

广府百问 / 张金超等著. — 广州：广东人民出版社，2022.6（2023.11 重印）

（广府文库）

ISBN 978-7-218-15531-9

Ⅰ. ①广… Ⅱ. ①张… Ⅲ. ①地方文化—广东 Ⅳ. ① G127.65

中国版本图书馆 CIP 数据核字 (2021) 第 270924 号

Guangfu Baiwen
广府百问

张金超　李兰萍　杨芹　刘世红等　著　　　　版权所有　翻印必究

出 版 人：肖风华

丛书策划：夏素玲
责任编辑：易建鹏　谢　尚
封面设计：亦可文化
版式设计：广州六宇文化传播有限公司 Guangzhou Liuyu Culture Communication Co., Ltd.
责任技编：吴彦斌　周星奎

出版发行：广东人民出版社
地　　址：广州市大沙头四马路 10 号（邮政编码：510102）
电　　话：（020）85716809（总编室）
传　　真：（020）85716872
网　　址：http://www.gdpph.com
印　　刷：广州市豪威彩色印务有限公司
开　　本：787mm×1092mm　1/16
印　　张：27　　　　字　　数：327 千
版　　次：2022 年 6 月第 1 版
印　　次：2023 年 11 月第 2 次印刷
定　　价：128.00 元

如发现印装质量问题，影响阅读，请与出版社（020-85716849）联系调换。
售书热线：020-87716172

《广府文库》编纂委员会

荣誉主任： 黎子流　岑　桑
顾　　问： 伍　亮　谭璋球　邵建明

主　　任： 陈耀光
执行主任： 吴荣治　肖风华
副 主 任： 钟永宁　陈海烈　谭元亨
秘 书 长： 陆展中
副秘书长： 夏素玲　何晓婷
秘　　书： 罗小清　谢　尚　易建鹏　谭照荣

主　　编： 岑　桑
副 主 编： 陈海烈

《广府文库》学术委员会

(按姓氏笔画为序)

王美怡　　司徒尚纪　　李权时　　张荣芳
陈忠烈　　陈泽泓　　　陈俊年　　郑佩瑗

总　序

广府文化，一般是指以珠江三角洲为中心的粤中，以及粤西、粤西南和粤北、桂东的部分地区使用粤语的汉族住民的文化，是从属于岭南文化范畴的中华文化重要组成部分。

先秦时期已有不少游民越五岭南下定居；秦朝大军征服南越后，不少秦兵留居岭南，成家立业，可以说是早期的南下移民；唐代以降，历代中原一带战乱频仍，百姓不远万里，相率穿越梅岭，经珠玑巷南下避难。这些早期的南下移民和其后因战乱而南来的流民分散各地，落地生根，开基创业。其中在珠江三角洲一带与原住民融洽相处、繁衍生息的，也就逐渐形成具有相同文化元素的广大族群，他们共同认可和传承的文化便成为多元的、别具一格的广府文化。

广府文化可圈可点的形态和现象繁多，若从中华民族发展的历史来看，广府核心地区最大贡献应该在于历代的中外交往，这种频密的交往，使近代"广府"成为西方先进事物传入中国、中国人向西寻求救国真理的窗口。西方文化是广府文化得以不断丰富和发展的重要来源，也成就了广府文化的鲜明特色。广府核心地区是中国民主革命的发源地。在近代以后，广府人与中国民主革命的关系特别密切。广府文化是中国民主革命发源于广东、广东长期成为中国民主革命中心地区的重要基础，而革命文化又成为广府文化最为耀目的亮点之一。孙中山和他的亲密战友们的著作、思想，以及康梁的维新思想从广义看来也应属民主革命思想范畴，他们的思想形成于广府地区，同样是讨论广府文化应予重视的内容。近代广州，是马克思主义早期传播的重要地区，又是中国共产党早期活动的重要舞台，可见广府文化与红色文化一直存在着千丝万缕的特殊关系。

上述数端，都是讨论广府文化时应予优先着眼的重中之重。

广府文化中的农耕文化也很值得称道。广府农耕文化是广府人的先祖为后人留下的一笔具有重大价值的遗产。曾经在珠江三角洲，特别是顺德、南海一带生活过的上了年纪的广府人，大都应该记得自己少小时代家乡那温馨旖旎的田园风光吧？昔日顺德、南海一带，溪流交织如网，仰望丽日蓝天，放眼绿意盈畴，到处是桑基、鱼塘、蕉林、蔗地。人与大自然的和谐相处，在这片平展展的冲积平原上表现得再鲜明不过了。从前人们在这里利用洼地开水塘，养家鱼；在鱼塘边种桑，用桑叶饲蚕；又把经过与鱼粪混凝的塘泥，厚上塘边的桑基作肥料培育桑枝，成熟的桑叶又成为蚕儿的食粮。真是绝妙的废弃物循环再利用！从挖塘养鱼到肥鱼上市；还有桑葚飘香、蚕茧缫丝的整个过程，就是一堂生动而明了不过的农耕文化课。那是先祖给子孙们一代复一代上的传统农耕文化课，教育子子孙孙应当顺应物质能量循环的规律进行生产。这千百年来不知道曾为多少农家受益的一课，如今已在时代进程中，在都市文化和时尚文化的冲击、同化与喧嚣中逐渐淡化以至消隐了，但先祖那份遗产的珍贵内涵，还是值得稳稳留住的,因为"人与自然的和谐相处",永远是我们必须尊重、敬畏和肃然以对的课题。

广府人,广府事,古往今来值得大书特书者不知凡几!

广府人的先民来自以中原为主的四面八方,移民文化与原住民文化日渐相融,自然形成了异彩纷呈的多元性文化。例如深受广府地区广大观众喜爱的粤剧,就是显著的一例。据专家考究,粤剧是受到汉剧、徽剧以及弋阳腔、秦腔的影响而成为独具特色的剧种的。孕育于辛亥革命前后的广东音乐(亦称粤乐)也是突出的一例。这种源于番禺沙湾,音调铿锵、节奏明快的民族民间乐曲,也是历史上来自中原的外来音乐文化与广府本土音乐文化相结合,其后又掺入了若干西洋乐器如提琴、萨克斯管(昔士风)等逐渐衍变和发展而成的音乐奇葩。

在教育和学术领域方面,历史上的广府也属兴盛之区,宋代广府即有书院之设;到了明代,更是书院林立,成效卓著。书院文化也堪称广府文化中炫目的亮点。湛若水、方献夫、霍韬等分别在南海西樵山设立大科、石泉、四峰、云谷四大书院讲学,使西樵山吸引了各地名儒,一时成为全国瞩目的理学名山,大大提升了岭南文化品位的高度。到了明神宗时期,内阁首辅张居正厉行变法革新运动,民办书院一度备受打压。其后,也因民办书院的办学宗旨和教学方针并非以统治者的意志为皈依,故仍常被官府斥为异端,频遭打压,但民间创办书院的热情依旧薪火相传。清乾隆五十四年(1789),南海西樵名士岑怀瑾于西樵山白云洞内的应潮湖、鉴湖、会龙湖之间倡办的三湖书院,名声远播、成效甚著,可见当时民办书院的强大生命力未因屡遭打压而衰颓。康有为、詹天佑、中国近代民族工业的先驱陈启沅、美术大师黄君璧与有"岭南第一才女"美誉的著名诗人、学者冼玉清都是从三湖书院出来的名家。

清代两广总督阮元在广州越秀山创办学海堂书院，其后朝廷重臣、洋务运动的重要代表人物张之洞，又设广雅书院于广州，这两所书院引进了若干西方的教育理念，培育了一批新式人才，在岭南教育事业从旧学制到新学制转型的过程中起了不容低估的积极作用。这都是很值得予以论述的。

广府在史上商业发达，由于广州曾长期作为中国唯一合法的对外贸易口岸，因而商贸繁盛，经济发达。十三行独揽中国对外贸易法定特权达 85 年之久。十三行商人曾与两淮盐商和山陕商帮合称中国最富有的三大集团。如此丰厚的商贸沃土，孕育出许多民族企业家先驱和精英，也就是顺理成章的了。马应彪、简照南、利希慎、何贤、马万祺、何鸿燊、霍英东、郑裕彤、李兆基、吕志和等，就是其中声誉卓著的代表人物；在改革开放大潮中涌现的英杰奇才，更是不胜枚举。广府籍的富商巨贾和华侨俊杰，在改革开放的伟业中表现出来的爱国热忱、赤子情怀感人至深。他们纷纷以衷心而热切的行动，表现对改革开放的拥护和支持，为祖国的各项社会主义建设事业不惜投巨资、出大力，作出了有目共睹的巨大贡献。

广府地区在文学艺术方面也是英才辈出，清初"岭南三大家"屈大均、陈恭尹、梁佩兰享誉全国；近人薛觉先、马师曾、千里驹、白驹荣、红线女等在粤剧界各领风骚；高剑父、高奇峰、陈树人高举"岭南画派"的大旗，为岭南绘画艺术的创新和发展另辟蹊径；冼星海的组曲《黄河大合唱》，以其慷慨激昂的最强音，气势磅礴，有如澎湃怒涛，大长数亿中国人民的志气和威风，鼓舞不愿做奴隶的人们敌忾同仇，在抗日战争中横眉怒目，跃马横刀，终于使入侵的暴敌丢盔弃甲，俯伏乞降……中国的近现代史，不知洒落过几许广府人的血泪！百年之前，外有列强的迫害和掠夺，内有反动统治者的欺压和凌虐。正是那许多苦难和屈辱，催生了广府人面对丑恶势力拍案而起的勇气，他们纵然处于弱势，仍能给予暴敌以沉重打击的悲壮史实，足以使人为之泫然。清咸丰年间，以扮演"二花面"为专业的粤剧演员鹤山人李文茂，响应洪秀全号召，率众高举反清义旗，占领三水、肇庆，入广西，陷梧州，攻取浔州府，改浔州为秀京，建大成国；再夺柳州，称平靖王。19世纪中叶那两场以鸦片为名的战争，向侵略者认输的只是大清朝廷龙座上的道光皇帝和咸丰皇帝；而让暴敌饱尝血的教训的，却是虎门要塞的兵勇和三元里的农家弟兄。他们以轰鸣的火炮、原始的剑戟以至锄头草刀，把驾舰前来劫掠的强盗们打得落花流水。1932年，十九路军总指挥东莞蒋光鼐、十九军军长罗定蔡廷锴，率领南粤子弟兵，与入侵淞沪的日军浴血苦战，以弱胜强，以少胜多。那撼人心魄的淞沪抗日之战，不知振奋过多少中国人民！在强敌跟前，不自惭形秽，不自卑力弱，真可谓广府人可贵的传统风格。试想想，小小一名舞台上的"二花面"，居然敢于揭竿而起，横眉怒目，与大清帝国皇帝及其千军万马真刀真枪对着干，那是何等气概！何等胸襟！何等情怀！

  那许多光辉的广府人和广府事，真足以彪炳千秋，自应将之铭留于青史，以敬先贤，以励来者。

  岭南文化的典型风格是开放、务实、兼容、进取；广府民系的典型民风是慎终追远、开拓奋斗、包容共济、敢为天下先。这都是作为广府人应该崇尚和发扬的光荣传统。为何广东成为民主革命的策源地？为何广东在改革开放大潮中成了先行一步的排头兵？为何经济特区的建立首选在南海之滨……这些都可以从上面的概述中得到合理的解释。

以上只不过是信手拈来的三数显例而已，广府文化万紫千红，郁郁葱葱。说工艺园林也好，说民俗风情也好，以至说建筑、说饮食、说名山丽水……都言之不尽，诉之不竭。流连其间，恍如置身于瑰丽庄严的殿堂。那岂止是身心的享受，同时还仿佛感受到前贤先烈们浩然之气渗入胸襟，情怀为之激越无已。

广府！秀美而又端庄的广府！妩媚而又刚毅的广府！历经劫难而又振奋如昔的广府！往事越千年，这里不知诞生过几许英杰，孕育过几许豪贤！在她的山水之间，也不知演出过几许震古烁今的英雄故事！我们无限敬爱的先人，在这四季飘香的热土上所创造的精神财富和物质财富，其丰硕繁赡是难以形容和无法统计的。那一切，都是无价之宝啊！要不将之永远妥善保存和传承下来，那至少是对广府光辉历史的无视和对先祖的不恭。

基于此，广府人联谊会与广东人民出版社决定联合出版《广府文库》丛书，用以保存和传承老祖宗所恩赐的诸多珍贵遗产。我们将之作为自己肩上的光荣责任和必须切实完成的庄严使命。

《广府文库》的出版宗旨，在于传承和弘扬广府文化、广府民系的正能量，力求成为一套既属文化积累，又属文化拓展，既有专业论著，又能深入浅出、寓学术于娓娓言谈之中的出版物，高度概括和总结具有悠久历史的广府民系风貌和广府文化精粹，传而承之，弘而扬之，使之在社会主义建设，在中华民族的伟大复兴过程中起应有的积极作用。选题范围涵盖有关广府地域的各方面；出版学术界研究广府文化的高水平专著，以及受广大读者欢迎的有关普及读物；同时兼顾若干经典文献和民间文献的出版，使之逐步累积成为广府文化研究不可或缺的知识库和资料库，以"整理、传承、研究、创新"为基本编辑方针。《广府文库》内容的时间跨度无上下限。全套丛书计划出版100种左右，推出一批具有较高学术价值的原创性论著,以推动广府文化学术研究的创新性发展。内容避免重复前人研究成果、与前人重复的选题,要求后来居上,做到"借鉴不照搬,挖掘要创新"。选取广府文化史最为经典、最具代表性的部分,从具体而微的切入口纵深挖掘,写细写透,从而凸显广府精神的内核和广府文化的神髓,积跬致远,逐步成为广受欢迎和名副其实的文化宝库。

2021年12月

目录

前言   1

壹   1

为什么说广府文化在岭南文化中处于主导地位?   19
广府文化从何而来?   21
广府地区有多大?   23
当代广府人有哪些精神特质?   25
赵佗为什么被称为"南下干部第一人"?   28
张九龄对岭南开发有何贡献?   30
历史上的南汉国是怎么回事?   32
包拯为端州做了什么?   34
珠玑巷对广府文化有何重要意义?   36
崖山之战为何被称为宋元"最后一役"?   38
明代是如何扩建广州城的?   40
袁崇焕何以被称为"明末爱国领袖"?   42
第一次鸦片战争为何始于虎门销烟?   44
为什么说太平天国运动肇始于广府地区?   46
人民海军为何命名国防动员舰为"世昌号"?   48
容闳为什么被称为"近代中国留学生之父"?   50
詹天佑为什么被称为"近代中国铁路之父"?   52

康有为、梁启超何以能够成为维新变法运动的领袖？	54
孙中山为什么被称为"伟大的民主革命先行者"？	56
近代广东为什么被誉为"民主革命的策源地"？	60
1911年的广州起义为什么又被称为黄花岗起义？	63
孙中山晚年为什么三次在广州建立政权？	66
孙中山为何称"华侨为革命之母"？	69
杨匏安为何被称为华南地区系统传播马克思主义第一人？	72
中共早期领导人杨殷有哪些革命功绩？	74
在广州召开的社会主义青年团第一次全国代表大会历史地位如何？	77
中国共产党第三次全国代表大会为什么在广州召开？	80
黄埔军校中有哪些著名的共产党人？	83
为什么说广州农民运动讲习所的创办推动了农民运动的兴起？	86
为什么说省港大罢工在中国工运史上是空前的，在世界罢工史上是罕见的？	88
国民革命军第十九路军如何在淞沪抗战中拼死抵抗日军？	90
港九大队在抗日战争中有哪些英勇事迹？	93
1945年广州地区对日受降始末是怎样的？	95
1949年广州是如何解放的？	97

贰　　99

历史上广府的沙田是如何开发的？　　112

古代广府陶瓷是怎样走向海外的？　　114

为何说广州是中国海上丝绸之路的重要发祥地之一？　　117

古代从广州开始的市舶制度的作用有哪些？　　120

如何从桑园围发展到桑基鱼塘？　　123

明清时期佛山为何被誉为中国"四大镇"之一？　　126

广船何以成为中国古代四大船型之一？　　129

清政府为什么指定广州为唯一的通商口岸？　　131

十三行为何被誉为"金山珠海，天子南库"？　　133

为什么说继昌隆缫丝厂开了近代民族工业的先河？　　136

近代洋行中的买办为何广府人较多？　　138

新宁铁路为何被誉为近代中国第一条民营铁路？　　140

中国近代四大百货公司的创始人为何都是香山人？　　143

深圳、珠海是如何走上经济特区的道路？　　146

中国内地第一家合资的五星级宾馆有多厉害？　　149

东莞为什么被称为世界制造工厂？　　152

顺德家电家具产业是如何崛起的？　　155

何谓"深圳速度"？　　158

中山古镇是怎样华丽转身成为中国灯饰之都的？　　161

世界最长的跨海大桥是怎么建成的？　164

为什么粤港澳大湾区建设如此重要？　166

深圳为什么能成为中国特色社会主义先行示范区？　169

叁　171

杨孚《南裔异物志》有哪些学术价值？　184

葛洪《肘后备急方》与屠呦呦荣获诺贝尔奖有何关系？　187

惠能为何被尊为禅宗六祖？　189

明代白沙心学有何历史地位？　192

黄佐《广东通志》为何成为明代广东省志中的佼佼者？　195

意大利人利玛窦与广府地区有哪些渊源？　197

为何称"南园五子"开粤诗风雅之先？　200

为什么说没有岭南之行就没有汤显祖的《牡丹亭》？　203

清初被誉为"岭南三大家"的是哪三位？　206

屈大均的《广东新语》为什么被称为岭南《山海经》？　209

为何邹伯奇被誉为"百科全书型学者"？　212

为什么说学海堂和广雅书院为广东转型近现代教育奠定了基础？　214

为什么陈澧和朱次琦被誉为开近代先河的务本开新思想家？　217

郑观应的《盛世危言》对后世产生了怎样的影响? 220

《二十年目睹之怪现状》为何被称为清末"四大谴责小说"之一? 224

新中国成立后广府新文学的代表作有哪些? 227

打工文学如何在珠三角崛起? 231

广府诗词的发展有何脉络? 234

广府散文有哪些代表作品? 240

为什么说秦牧是当代首屈一指的散文家? 244

广府小说是如何演变的? 248

广府说唱文学有哪些形式? 253

粤讴为什么不仅仅是传统的"粤语情歌"? 259

番禺沙湾因"何"被称为广东音乐发源地之一? 263

人民艺术家冼星海取得了哪些艺术成就? 266

粤剧为何被称为"南国红豆"? 269

20世纪八九十年代广东如何成为南方流行音乐中心的? 273

广东电影业在改革开放以来有哪些成绩? 278

广府地区有哪四大名园? 281

广府历史上有哪些名医名典? 283

广府历史上出现了哪几位状元? 288

广府语言与中原语言(北方方言)的差异在哪里? 291

岭南画派有哪些代表人物? 295

古驿道在广府文化的形成和发展中起了什么
　　作用? 300

古代广府人的交通出行是怎样的? 306

珠江三角洲的地理概念是如何提出的? 309

肆 313

为什么有"食在广州"的说法? 326

广府人为何喜欢"饮早茶"? 329

广府人为什么喜欢"行花街"? 332

为什么广府人对凉茶情有独钟? 335

广府人为什么爱煲汤? 338

广府人有哪些民间游乐习俗? 341

为什么说南派武术带有广府地域文化烙印? 344

广府赛龙舟是怎样在体育赛事中享誉世界? 347

广府舞狮有哪些流派? 350

广府地区的宗族制度有什么特点? 353

广绣有什么特色? 356

香云纱的前世今生如何? 359

广府建筑呈现什么风格? 362

为什么说"骑楼"是广府城市街道的建筑符号? 365

被评为世界文化遗产的开平碉楼有何独特之处? 368

端砚在中国文化史上占有什么地位? 372

莞香记忆是如何被唤醒的?	375
岭南佳果有哪些美丽传说?	379
为什么在广州会有"西关小姐"和"东山少爷"的说法?	383
广府地区有哪些特有的节庆习俗?	386
广府庙会蕴含着哪些文化价值?	389
广府服装呈现哪些特征?	392
珠江三角洲地区的童谣有什么特点?	395
广府蛋家今何在?	398
顺德"冰玉堂"背后流传着怎样的故事?	401
"广货"是怎样从明清时期兴旺到今天的?	404

前　言

在中华民族优秀的文化中，广府文化源远流长，内涵丰富，颇具地域特色，对人类社会文明的发展和进步做出了杰出贡献。

广府文化是指使用粤方言族群的"广府人"创造的地域文化，其影响范围包括珠江三角洲、广西东部乃至海外地区。

据现有文献记载，"广府"一词，始见于唐代。唐朝在岭南设置五个都督府，皆隶属于广州都督府，故简称为"广府"。广府人亦称"广府民系"，与客家人、潮汕人、雷州人并称为岭南四大民系。

广府文化既有古南越遗传，亦受中原文化哺育，又受外来文化影响，具有多元的构成因素。在外来文化和本土文化的融合下，广府文化的开放、兼容、务实、创新等特征十分明显。

广府人具有敢于探索的拼搏精神，商品意识和价值观念较强，曾创造了珠江三角洲多元化农业商品经济，广府商人在清中期就已驰名全国。在近代的实业救国大潮中，以郑观应、唐廷枢为代表的广府人大显身手。广府地区还孕育了以康有为、梁启超、容闳、孙中山、杨殷、苏兆征等为代表的近代中国一批先进人物。

现实生活中，人们习惯将广府话称为"粤语"，将广府方言歌称为"粤讴"，将广府戏剧称为"粤剧"，将广府音乐称为"粤曲"。广东饮食文化体系尽管有广府菜、潮州菜、客家菜之分，但"粤菜"常指广府菜。广州重要的工艺品品类有"粤绣""广彩""广雕"等。这足以说明广府文化在岭南文化中有着较为突出的地位。此外，岭南画派、岭南建筑、岭南民俗等亦极富地域特色。

为传承和弘扬广府文化，坚定文化自信，广东省广府人珠玑巷后裔海外联谊会特组织编写本书。全书图文并茂，采用问答形式，大致横向分为政治、经济、文化、风俗、总论，纵向按古代、近代、现代的历史顺序，针对广府文化中的主要节点和自身特点，梳理出百余个具有代表性的问题予以解答。问题涵盖在广府地区、广府人身上及受广府文化影响而发生的事，希冀读者朋友通过阅读本书，了解广府文化发展的基本脉络、主要内容、核心蕴义等，领略多彩多姿的广府文化。

本书在写法上，兼顾学术性、通俗性和可读性相统一，力求文字简明扼要，生动易懂，由广东省社会科学院历史与孙中山研究所张金超、李兰萍、杨芹、刘世红等同志承担编写，广东人民出版社广府文库编辑部在编撰体例、内容设定、文字润色等方面给予了具体指导意见。

全书参考了前人的研究成果，但限于体例，未能一一注出，谨以说明并表示诚挚谢意。由于时间仓促和水平有限，本书的编写还存有不足之处，敬请读者朋友谅宥并予赐正。

壹

赵佗雕像

包公雕像

"宋末三杰":张世杰、陆秀夫、文天祥

南汉二陵博物馆

梅岭南粤雄关

南雄珠玑巷

"明末爱国领袖"袁崇焕雕像

林则徐在虎门雕像

容闳纪念馆和容闳雕像

邓世昌雕像

京张铁路历史照

"近代中国铁路之父"
詹天佑

1857年《伦敦新闻画报》刊载的"广州城墙与街道"的插画

中共三大会址（遗址广场与纪念馆）（图片来源：越秀区委党史研究室）

毛泽东同志主办农民运动讲习所旧址

省港罢工委员会旧址

杨匏安旧居陈列馆

中共早期领导人杨殷

十九路军军长蔡廷锴

十九路军总指挥蒋光鼐

十九路军将士英勇拒敌

港九独立大队队员与被营救的盟军飞行员合影

为什么说广府文化在岭南文化中处于主导地位？

岭南地区生活有广府、客家、潮汕、雷州四大民系。在历史长河中，他们创造了独具一格的岭南文化及其亚文化，即广府文化、客家文化、潮汕文化、雷州文化，形成不同的文化特质和风格，表现出鲜明的文化区域差异，使所在地区形成不同的社会、经济面貌。

广府、客家、潮汕、雷州民系和文化特质，主要以方言为划分标准。广府民系以粤方言为主要标志，客家民系以使用客家话为主，潮汕、雷州民系以闽方言为主要标志。其中，广府文化因在载体人口和地域上的优势较为明显，故在岭南文化中一直处于主导地位。

全世界使用粤方言约7000万人，广东地区约4000万人，占57%，是广府民系大本营。广府民系主要分布在河谷平原、三角洲平原、山地丘陵及河口近岸、海湾等地区，地域上连成一片。客家民系广布于我国南方，约3700万人，在广东主要分布在内陆山区。我国使用闽方言约6573万人，岭南约占28%，主要分布在潮汕地区、雷州半岛，主要沿海岸线走向分布，但不连续，中间为珠江三角洲隔开，呈板块状分布。

广府文化在岭南文化中的主导地位还体现于形成时间最早。

粤方言是广府文化形成的重要标志，是古越语与中原、吴越、荆楚等语融合的结果。而广府民系和相应的广府文化基本上形成于唐宋时期。潮汕民系主要由闽越土著融合中原人、畲族、瑶族等形成。潮汕民系基本形成于唐宋时期，时间与广府民系差不多，或比广府民系稍晚。客家人祖先进入岭南历史虽然很早，但作为一个民系形成则比较迟，约宋元时代始完成这种转变。雷州民系大约形成于明朝。

广府文化和潮汕文化都重商，但前者商业文化积淀更凝重；两者都有海洋文化特点，但潮汕文化更突出。客家文化是一种山地文化，以保持较传统的中原文化见称。在文化发展进程上，广府文化具有某些优势，使它长期处于对外辐射地位。广府文化以重商、开放、务实、兼容等商业文化和保留较多古越族文化为主要特质，并以此区别于其他民系文化。从秦汉至明清时期，广府地区商品经济有长足发展，在珠江三角洲形成以基塘农业为主体的经济作物集中种植区，以至于粮作面积在明末以后大为萎缩，从商成为社会风气。广东有广府帮、潮汕帮和客家商三大区域性商人团体。但无论从商人数，还是资本势力、活动范围，广府帮都占压倒性优势，其次为潮汕帮，客家商甚至尚未形成集团。广府帮在海内外商人集团中都居优势，实为广府文化在商业方面体现的强大作用和影响。广府地区以地缘关系，长期接受海外文化影响，故更具有多元性。尤其近世以来，广府文化首得海外风气之先，在物质、制度、精神等层面上吸收西方近代文化成果，促成自身的新陈代谢，发展成为时代先进文化。

(张金超　杨妮)

广府文化从何而来？

岭南文化分为广府文化、客家文化、潮汕文化、雷州文化等部分，其中分布范围最广的广府文化是岭南文化的主体。广府文化主要以珠江三角洲为中心，分布在广东、广西、香港、澳门等区域。关于广府文化形成的源流，有两种说法，一是古番禺（今广州）说，一是封开说。

古番禺说通常以古番禺是入粤汉族移居聚集的中心，是秦汉时期岭南的大都会，以及是古粤语的发源地来佐证。

先秦时期，生活在五岭以南的南越人，与中原早有交往。秦始皇统一六国后，挥师南下攻略岭南，征服后即在岭南置桂林、南海、象郡。其中南海郡治番禺，辖境相当于今广东大部分地区。

在秦始皇"移民实边"的政策下，中原人士分批迁入岭南，为广府人雏形的形成奠定了最初基础。他们主要定居在珠江三角洲，以及东江、北江、桂江沿岸的河谷平原和连接中原的交通线上，古番禺则是中原入粤人士移居聚集的中心。

汉高祖三年（前204），赵佗乘楚汉交兵之时建立南越国，此后大力推行"和辑百粤"政策，新的族群就在这样的汉越融合中形成。融合族群的后代在以古番禺为中心的郡、州、府出生长大，终衍为"广府人"。

广府人形成，广府文化也同时形成了，它是从古番禺开始向东、西、北三个方向辐射的。因为古番禺先是秦朝南海郡的郡治，后又成为南越国的国都，一直是经济、政治、文化的中心，因此说广府人的发源地是古番禺。

古粤语是以南越话为基础、以番禺语音为标准音的语言，是与官话（雅语）、全国各地的多种语言碰撞整合后产生的新语言。古粤语和广府人的形成是同步的，是广府人形成的又一个主要标志。

有部分学者认为广府文化的源流是古时的广信地区，即梧州与封开的交界地带，大致为梧州的桂（漓）江以东和封开贺江以西（即封川）地区。这种说法的依据是，汉武帝置交趾刺史部，广信（后人理解为"初开粤地，宜广布恩信"）县为治所，一度是岭南的政治、文化中心。直至东汉末年，政治重心才转至番禺。据语言学家罗康宁、叶国泉论证，粤语形成于广信时期西江中游一带，即古广信所在的地方。秦汉之交时番禺虽是一大都会，但尚未形成一种文化形态或民系，还处在"汉越杂处"的状态中，只能说是广府文化形成的"前奏"或"孕育"期，而真正形成期应是"广信"为首府的近四百年期间。

（张金超　刘露瑶）

广府地区有多大？

唐朝在岭南地区设置广州都督府，明清置广州府，成为"广府"这一称谓最为主要的历史依据。广州府经济发达、商贸繁荣、文教鼎盛，广府民系在这个地区繁衍生息，并孕育出历史底蕴深厚的岭南文化、广府文化。

明代广州府，领州一、县十五，分别为南海县、番禺县、顺德县、东莞县、新安县（今深圳一带）、三水县、增城县、龙门县、香山县、新会县、新宁县、从化县、清远县、连州、阳山县和连山县，府治在广州。

清代行政建置因明制，广东定为省，广州府领县十四，分别为南海县、番禺县、顺德县、东莞县、从化县、龙门县、新宁县、增城县、香山县、新会县、三水县、清远县、新安县、花县，其中花县为康熙中期增置，省治及广州府治均在广州。

中国汉语有七大方言，分别是官话、吴语、赣语、客家话、湘语、闽语和粤语，广东占有三种。粤语就是粤方言，广东省内的粤方言可划分为四个片区，分别为广府片区、高廉片区、罗广片区和四邑片区。其中，广府片区主要分布在广州、佛山、东莞、中山、深圳、云浮等市以及肇庆、珠海、清远、韶关四市的一部分，香港、澳门也在此方言区域内。有人认为，广府地区的地域范围取决于广府方言的分布范围，流行粤方言或说广府话的地区就是广府地区。

广东有广府、客家、潮汕和雷州四大民系，四大民系长期保持各自的生活习俗、文化意识和性格特征。其中广府民系分布地域面积最大，是广东风俗文化的主要代表。广府民系的分布和延伸区域也是认定广府地区的重要参考依据。从这一视角看，广府地区包括粤中、粤西南、粤北和桂东南一带。

如上所述，广府的地域范围并非固定不变，而是不同历史时期有着不同的区域空间。按照清代建置划分，广府地区的地理范围包括南海县、番禺县、顺德县、东莞县、从化县、龙门县、新宁县、增城县、香山县、新会县、三水县、清远县、新安县、花县。按广府话的分布来界定广府地区的地理范围，广府地区包括今广州、深圳、佛山、东莞、中山、珠海、肇庆、江门、清远、云浮等地，韶关、乐昌等地的城区，香港、澳门地区。如果按照广府民系的分布来界定，则粤中、粤西南、粤北及桂东南一带均是广府地区的地理范围。

（张金超　丁帅东）

当代广府人有哪些精神特质？

珠江横贯广东，三江汇聚，八口入海，江海相接。岭南的江河湖海、膏腴沃土孕育了独具特色、饮誉中外、辉煌灿烂的南粤文明。广府人继承了祖辈的优良文化基因并发扬光大，形成了广府人丰富的精神特质。

2012年9月18日，在广府人的中心地广州举行"倡议召开首届世界广府人恳亲大会暨筹委会成立会议"，广东省、广州市领导及来自港澳、海外五大洲33个广府人社团88位侨领通过并签署《举办首届世界广府人恳亲大会倡议书》，经过广泛征集意见和反复修改，把"广府人精神"概括为"慎终追远，开拓奋斗，包容共济，敢为人先"，并写进《广府人联谊总会章程》。

"慎终追远"，出自《论语·学而》，原指子女应依礼办理父母的后事，虔诚地祭祀追念祖先。这里强调的是文化传承和发展。广府人遍布世界，四海为家，适应性很强，无论到天涯海角，从不忘记自己的根。离开家乡移居外地包括海外的广府人，常以原籍地名共建"会馆"或"乡祠"，一方面寄寓乡情族情，一方面以此为载体保持和传承广府文化。广府人始终以血统、姓氏及通行粤语、粤俗为文化纽带，无论到异国他乡多久，甚至繁衍几代，仍然保持着深厚的乡土情、民族情。如长期被外国殖民者占领的香港、澳门，始终保持着广府文化和中华民族文化的本色。正因为如此，近百年来中华民族的重大历史关头，如辛亥革命、抗日战争、解放战争、改革开放等，广府华人华侨都做出了不可磨灭的历史贡献。

"开拓奋斗"与广府人的经历密不可分。历史上，中原地区几次发生大的分裂与战乱，大批人口南下岭南地区。移民来到珠三角地区，日子过得好坏，不取决于原来的出身和门第，更多要靠个人奋斗，久而久之形成提倡个人奋斗的价值观念，形成广府人的"移民性格"，富于开拓冒险。

"包容共济"，广府自古以来一直与不同文化相互碰撞、融会、整合，在本土文化的基础上，不断接纳中原儒家、道家等本土文化，也不断包容佛家文化、西方文化、阿拉伯文化等外来文化。正是这种兼收并蓄、有容乃大的特点，造就广府成为思想家的摇篮。康有为、梁启超、孙中山等人能够成为时代先锋，与他们敢于吸收新思想、新观念有重要关系。这种兼容性使得广府文化具有丰富的内涵、崭新的观念和强大的生命力，从而在中华文化体系中占据特殊的地位。改革开放以来，挺立潮头的广府人更是以放眼全球、海纳百川的胸襟，不断接纳和吸收来自异域的观念，大量地吸收国内外的人力资源在广东的土地上共同创业、共同奋斗，为广东的改革开放事业作出巨大贡献。

"敢为人先"，广府人少保守性，天生就有一种敢为天下先的勇气，富于冒险开拓精神和变革创新意识，敢于走前人没有走过的路，敢于做别人没有做过的事。广府人最早开拓海上丝绸之路，使"四大发明"和丝绸、陶瓷、香料走向世界，又将西方文明传入中国，使中国的经济文化成为世界的一环。清末香山人容闳促成120名幼童赴美留学，广府地区的幼童占了三分之二，他们回国后为中国的海军、工业、高等教育事业做出了开天辟地的贡献。台山的黄秉常创办了中国第一家电灯公司，肇庆的卫省轩创办了中国第一家火柴厂，南海的钟星溪创办了中国第一家造纸厂。香山的孙中山建立了中国第一个资产阶级革命团体——兴中会。南海的康有为多次上书皇帝，引发了近代史上著名的"百日维新"。

敢为天下先的事例在当代也不胜枚举。仅深圳，便在改革开放40多年创出约1000个"国内第一"。正因为有敢为人先的创新传统，广府地区才能成为中国高科技创新的摇篮，华为、腾讯等高新企业屹立在南海之滨，5G技术领先全球。

（李兰萍）

赵佗为什么被称为"南下干部第一人"?

赵佗(约前240—前137),恒山郡真定县(今河北石家庄正定县)人。他原为秦朝将领,与任嚣一起领命南下攻打百越,平定岭南。秦末大乱时,赵佗据岭南自守,进而建立岭南历史上第一个割据政权南越国。赵佗统一岭南后实行"和辑百越""汉越一家"的民族融合政策,把中原文化和先进生产力传播到岭南。毛泽东对赵佗给予了很高的评价,称他是"南下干部第一人"。

秦始皇统一六国后,命屠睢统率50万大军进攻岭南。秦军的暴虐,激起越人顽强抵抗,以至战争旷日持久,秦军后勤供应不足,死伤甚多,屠睢也被杀死。继任统帅的任嚣和赵佗汲取教训,采取和辑越人、稳扎稳打的策略,逐渐征服百越部落。到公元前214年,战事基本结束,岭南底定。

秦朝平定岭南后,设桂林、南海、象三郡。今广东地区大部分属于南海郡。任嚣任南海郡尉,统摄军政,赵佗任南海郡龙川县令。任嚣任郡尉期间,修筑了番禺城(今称任嚣城,广州历史上第一座城池),今天广州的基本格局,即以任嚣城为起点一步一步发展起来。

秦始皇死后,陈胜、吴广揭竿起义,反抗秦朝的残暴统治。四方诸侯豪杰互相争夺,中原陷入战乱,无暇南顾。任嚣以为,岭南北有五岭阻隔，只要断绝出入通道，即可避免卷入战争。不久任嚣病逝，赵佗继任郡尉后，按照任嚣生前的安排，封关，绝道，筑起三道防线，聚兵自卫。之后又统一岭南地区，建立南越国。

南越国建立后，赵佗继续采取"和辑"政策，既推广中原的语言、文字、艺术，又尊重当地的风俗，使南越国的文化呈现出多元素的风貌，同时促进了各族之间的交流和融合。此外，赵佗采取一系列有利于生产发展的措施，使中原地区先进的生产技术在岭南传播开来。南越国的青铜冶铸、水稻种植得到了前所未有的发展。

公元前196年，汉高祖刘邦派遣陆贾出使南越国，劝说赵佗归汉，赵佗最后选择臣服汉朝，南越国成为汉朝的藩属国。此后双方使者往来不断，汉廷获得南越国特产，南越国则获得北方生产工具和技术等。吕后临朝，双方一度断绝往来，甚至兵戎相见。直至公元前179年，汉朝派陆贾再次出使南越，赵佗重新臣服，汉越通好如初。

南越国作为岭南历史上第一个割据政权，共93年的历史（前204—前111），赵佗在位67年，在位时间占三分之二强。他治理岭南的种种政策措施保持了连贯性，使中原文化在岭南的影响在秦朝灭亡以后不但没有湮没，反而有所加深。这对岭南社会的文明进步是极其重要的。唐代许浑认为赵佗是中原文明传入南越的关键人物，他把中原文化传播到岭南，改变了岭南地区的蛮荒面貌，造福后世。清代广东三大家之一的屈大均也认为南越的文章最早从赵佗开始（"南越文章，以尉佗为始"）。

（杨芹）

张九龄对岭南开发有何贡献？

张九龄（678—740），字子寿，一名博物，谥文献。韶州曲江（今广东韶关市）人，是岭南入朝做宰相的第一人，为开元盛世作出了积极贡献。身为岭南人的张九龄也为家乡办了很多好事，最大贡献是主持开凿大庾岭通道，促进南北交往和经济文化交流。

大庾岭又称梅岭，位于江西大余与广东南雄交界处。梅岭得名的由来，一说岭上多梅，一说汉时梅鋗在此筑城戍守。汉元鼎五年（前112）庾胜筑城守此，故又称大庾岭。大庾岭虽有山路，但悬崖峭壁，崎岖险峻，如不小心，易掉深谷，时人视为畏途。开元时期，唐朝已立国百年，社会稳定，经济繁荣，对外贸易兴旺，广州成为对外贸易的中心。但横亘在粤赣边境的大庾岭，严重影响了南北陆路交通及中原和岭南的交往，开凿梅岭就显得非常迫切。

开元四年（716），张九龄因直言得罪了当政者，告病归乡休养。当他再次翻越大庾岭时，见到岭路依然峭险巉绝，车辆无法通行，严重阻碍了南北物资的交流。张九龄向朝廷上奏，请求开凿大庾岭路，以改善南北交通。

开路申请得到朝廷批准后，张九龄亲自前往大庾岭，踏勘线路，指挥施工。在未普遍使用火药的年代，张九龄指挥民工引火烧石、引水灌石，使坚硬的石头破裂，再将一块块大石凿开搬走。经过三个多月艰辛劳作，修出一条长十几公里、宽近17米的通道。沿途还设置驿站，以供过往行人歇息。

大庾岭路的修通，大大改善了南北的交通运输，促进了中原和岭南在经济、文化、生产和人员等方面的往来和交流，加快了岭南的开发和发展。自开通至民国的1200年间，大庾岭路一直是岭南与中原的交通干道。

唐代，岭南尚在开化之中，北方士人多视为"瘴疠之地"。张九龄的出现，在一定程度上改变了这种看法。明朝的丘濬便认为，因为有了张九龄，在内地做官的岭南人才不至于被人看不起："自公生后，大庾以南山川烨烨有光气。士生是邦，北仕于中州，不为海内士大夫所鄙夷者，以有公也。"

张九龄还是岭南第一位著名诗人。他的诗歌创作，对岭南诗派的开创、形成和发展，起了启迪作用。后起的广东诗人，如宋代余靖、元末南园五子、明代南园后五子、明末清初的岭南三大家，以至清代的黎简、宋湘，他们的诗歌创作，或多或少都受到张九龄诗歌的影响。屈大均在论及岭南诗歌的两大流派时，曾说："粤人以诗为诗，自曲江始；以道为诗，自白沙始。"

张九龄品格风度、历史功绩令人景仰。因他是韶州曲江人，世人称为"曲江风度"，在他的家乡还修建了"风度楼""风度路"。

（杨芹）

历史上的南汉国是怎么回事？

南汉（917—971）是五代十国时期以岭南为主要势力范围的政权，是继南越国之后岭南历史上第二个割据政权。南汉立国50余年，历三世五主。南汉定都广州，奠基者为刘谦（一作刘知谦）、刘隐父子。

五代十国是唐后期藩镇割据的继续与发展。唐朝末年，黄巢率军攻打广州，地方社会动荡不安。其时，刘谦任封州（今广东封开）刺史，拥兵过万，战舰百余。刘谦、刘隐父子虽是武夫出身，但颇有政治智慧和战略眼光。在大力扩充军力之余，注重发展经济、充实财力，极力延揽人才，最终扫平群雄，登上清海军节度使宝座，拥有岭南最强大的武装力量。

刘隐去世后，其弟刘岩（亦作刘䶮）接掌权力。刘岩继续网罗人才，聚集了一批很有才干的文臣武将，同时对岭南割据势力各个击破，将岭南大部分纳入刘氏控制范围。后梁贞明三年（917）十一月，刘岩在广州称帝，国号"越"。翌年，改国号为"汉"，史称南汉，以别于中原后汉。

南汉疆域较广，雄踞岭海，号称"富强"，最盛时版图包括今广东、广西、海南三省区及湖南、贵州、云南部分，以及越南部分地区，堪称南方大国。南汉偏安岭南，社会局势相对稳定。

刘岩参照唐制立国，建三省六部等中央机构，设置百官，开科取士，中央各部门及官员品阶勋爵制度渐趋完善。南汉国出现"府库充实，政事清明，辑睦四邻，边烽无警"的景象。特别是南汉初期，海外贸易繁荣，粮食产量保持增长，有些手工业部门的生产规模和技术水平也有所提高。1997年，印尼雅加达印坦海域发现了一艘10世纪的沉船。沉船中发现大批南汉钱币，证明是一艘从广州贸易归航的东南亚商船，出水的瓷器、金器等数量众多的遗物则直接见证了南汉海外贸易的盛况。

史载南汉诸帝修宫殿"凡数百，不可悉数"。其中，刘岩晚年修筑的昭阳殿华丽异常，屋檐梁柱上都饰之以银，殿下设有水渠，泡着珍珠。2009年，在发掘的广州南越国宫署遗址工地发现了一处大型宫殿遗址，专家断定为南汉国时期的宫殿遗址。从考古发掘来看，南汉王宫位于广州城（南汉时称兴王府）的北部，在今广东省财政厅、中山路一带。

自刘岩晚年起，南汉的统治者多有残酷暴虐、穷奢极欲、宠信宦官等举，以致士民离心、社会矛盾激化，终于在971年为宋朝所灭。南汉国是岭南古代继南越之后的第二个地方割据政权。屈大均在《广东新语》一书中指出，唐宋以前，岭南乃"蛮裔"之地；唐宋以降，方成为"神州"之地。南汉正横亘于唐宋之间，而且是脱离中原独立发展的半个世纪，对古代岭南的发展，具有重要影响。

（杨芹）

包拯为端州做了什么？

端州，隋开皇九年（589）置，以境内端溪得名，治高要县（今广东肇庆市）。宋时端州相当今肇庆、高要、高明等地。宋徽宗即位之前，以端州为封地。重和元年（1118），做过端王的宋徽宗升端州为肇庆府。除了宋徽宗，还有一位名臣对端州的发展产生过重要影响。他就是包拯。

包拯（999—1062），字希仁，庐州合肥（今安徽合肥）人，官至枢密副使（中央军政部门副长官）。包拯在朝为官，敢于据理力争、直言上谏，争执起来，唾沫星子直喷到宋仁宗脸上，连皇帝都畏他三分。

康定元年（1040），包拯出任端州知州。他在城西建崧台驿，水路上接梧州驿，下通西南驿，陆路连通今天新兴、恩平、阳江、电白、新会至江门等地，便利了商业往来和文书传递。他发展农业生产，带领军民筑堤排涝，营造良田；特意从安徽天长县招来制铁犁嘴的工匠，帮助改良耕作工具，推广精耕细作，使农业连获丰收；创建广济仓（明朝改名丰济仓），储粮备荒。端州人民为纪念包公，把通往广济仓的一条路称为"米仓巷"，至今沿用。端州居民饮用西江河水，常导致疾病。包拯到了之后，派人挖了七口井，居民饮上井水后，疾病减少。包拯重视教育，注重人才培养,创办了西江区域最早的书院星岩书院,提升了西江地区的文教水平。

宋代,端州出产的墨砚闻名天下,是朝廷钦定的贡品。在包拯以前的端州知州与劣绅,往往借着进贡的名义征收端砚,或据为己有,或贿赂权贵。包拯痛感官场的腐败,除平反冤案,还明令官府对端砚"只征贡数",砚民每年完成上贡的数量后,其他开采得来的砚全归自己所有。甚至在他离任时,也未带走一方端砚。

包拯在端州为官时,作有《书端州郡斋壁》,诗曰:"清心为治本,直道是身谋。秀干终成栋,精钢不作钩。仓充鼠雀喜,草尽兔狐愁。史册有遗训,毋遗来者羞。"包拯从政的要诀、立身的准则、远大的抱负、坚贞的操守,在诗中一览无余。经过后代文人的创作、加工,包拯清官的形象日益突出,民间称其为"包青天"。

包拯在端州办了许多改善民生的好事。端州官民深感他的恩情,在神宗熙宁年间(1068—1077)建成了端州第一座包公祠。

(杨芹)

珠玑巷对广府文化有何重要意义？

"珠玑古巷，吾家故乡""千年珠玑，广府原乡"，说的都是珠玑巷乃广府人的发祥地。据考证，自北宋后期至元代初期的200多年间，中原及江南氏族由南雄珠玑巷陆续南迁的有130多次，迁出珠玑巷的先民有数十万人之多。主要迁居地为珠江三角洲。如今，珠江三角洲许多姓氏的族谱都称其祖先来自南雄珠玑巷。

南雄地处粤北大庾岭南麓，北面、东面与江西接邻，四周群山环抱，中部丘陵起伏，谓"居五岭之首，为江广之冲""枕楚跨粤，南北咽喉"。自唐朝张九龄开凿通梅关古道后，珠玑巷便以其优越的地理位置成为南雄的一个重要圩镇，是南来北往的必经之地。

秦统一岭南以后，历代皆有内地人口由陆路和海路迁入岭南地区，广东成为主要定居地。尤其是北方战争频发，士人大族纷纷南迁，出现几次大规模的移民浪潮。珠玑巷为入粤孔道，逐渐聚集成有100多个姓氏的大村落，移民同时带来中原先进的农业耕作技术和博大精深的中原文化。南宋末年，元军大举南侵，相继攻陷南雄、韶州。为避战火，当地百姓与从中原、江南侨居岭南的移民后代纷纷南迁，计有罗、郑、尹、苏、黎、庞、康、邝、屈等近百姓氏。

关于珠玑巷人南迁，有一段广泛流传的故事。相传南宋度宗年间，皇帝的妃子胡妃因不慎得罪当朝宰相贾似道，被贬宫外。她准备在杭州码头自寻短见时，被在杭州从商的珠玑巷人黄贮万所救。黄贮万将胡妃带回珠玑巷。两人情投意合，结为夫妇。贾似道得知后，诬告这里的百姓叛乱，下令血洗珠玑巷。珠玑巷先民便纷纷逃离家园，大举南迁。在今珠三角许多讲粤语的人家珍藏的族谱中，都有类似"胡妃传说"这样的记载。

珠玑巷在南雄城北约7公里，与梅关毗邻，至今已历1100多年风霜，它是广东省现存唯一的宋代古巷道，全长1500米，宽4米多。南门旁有一元代实心石塔，平面八角形，高7层、3.5米。一至四层刻有人物浮雕。第五层塔身呈半椭圆形，第六、七层呈圆柱形，塔顶呈葫芦形。塔下有基座，刻有"至正庚寅孟冬"（1350年底），是广东省唯一有绝对年代可考的元代石塔，1971年重修。

有关资料显示，当代珠玑巷的后裔有5000多万人，其中约3000万人生活在珠三角一带，还有2000多万人在海外。珠玑巷传说也成为海内外广府人追溯祖先的文化象征，成为连接海内外华人的精神纽带。珠玑巷成为岭南移民后裔精神上的桑梓。"北有洪洞大槐树，南有南雄珠玑巷"，珠玑巷凝聚着海内外中华儿女对祖先发祥之地无限景仰、眷恋的情愫，凝聚着对中华文化的认同。

（杨芹）

崖山之战为何被称为宋元"最后一役"?

崖山之战是1279年宋元政权在海上的最后决战。13世纪初,草原民族蒙古崛起于北部中国后,不断南攻扩张疆域,先后在1227年和1234年灭亡西夏和金朝。金朝灭亡后,宋朝与蒙古之间正面对峙,战争不断。南宋咸淳十年(1274),元世祖忽必烈大举伐宋,势如破竹,不二年便攻占都城临安(今浙江杭州)。在元军的追击下,南宋君臣节节败退,最后流亡到今江门新会区的海岛崖山。

崖山在海中,由两山组成,宋军统帅张世杰认为这里便于进出、防守,他将千余艘宋军舰船联结起来,筑成水寨,又建造了行宫和军营,准备死守到底。

祥兴二年(1279)正月中旬,元都元帅张弘范率水军逼近崖山,一面占领崖山南端的入海口,切断宋军退路,一面断绝宋军的淡水供应,给宋军造成致命威胁。南宋士兵十余天无水可饮,严重影响了战斗力。

眼看宋军疲惫之极,元军分兵四路,从东、南、北三面进攻崖山。宋军虽殊死搏斗,仍难挽回颓势。宰相陆秀夫见大势已去,背九岁的少帝赵昺投海,以死殉国。后宫、官员、将士也随之纷纷投海自尽,死溺者数万人。杨太后闻宋帝死讯,也投海死。逃离崖山的张世杰后堕水溺亡。南宋军民长达 45 年之久的英勇不屈的抗元战争，在崖山落下了帷幕，故称"最后一役"。

之前被俘的丞相文天祥在元军舰船上目睹了这一切，悲愤不已。他后来被掳至元大都（今北京），囚禁三年。文天祥、张世杰、陆秀夫并称宋末"三忠"，他们那种坚贞不渝、不屈不挠的精神为后人崇敬。文天祥的《过零丁洋》更成为千古传诵的爱国诗篇。后人在崖山建"三忠祠"以为纪念。宋元海战中，香山县乡民马南宝献粮千石以为军饷，宋端宗曾在马家暂住；在南宋覆亡六年后，马南宝在横琴起兵反元，战败而死。

1992 年，在珠海平沙大虎水井口遗址出土 222 件陶瓷、铁器、铜器及 990 枚钱币等文物，当是这场战争中一支部队的行装，是宋元崖门大海战的重要历史遗留。

（杨芹）

明代是如何扩建广州城的？

广州建城，始于南海郡尉任嚣。任嚣修筑的番禺城（今称任嚣城），为广州历史上第一座城池。考古发现，东汉末年的交州刺史步骘曾在广州修筑城墙。

宋代是广州城垣发展的一个重要时期，历经多次扩建、修缮，最终形成了东城、子城、西城的三城并立格局。三城各有城壕环绕，城墙始为砖墙，广州从此有了"三城"之称。

明代，广州城在宋城基础上进行了大规模的改造和扩建。洪武元年（1368），元末控制广州地区的何真归附明朝，广州城得以避免战争破坏。明军进入广州之后，征南将军廖永忠对广州城池进行修葺和疏浚。翌年，广东置行中书省。从此，广州既是府城，又是省城，广东官员特别重视广州城的改造与扩建。洪武十至十一年（1377—1378），地方官员将旧城中间部分城墙、壕池拆除、填埋，将三城连为一城。

洪武十三年（1380），镇守广东的永嘉侯朱亮祖以广州旧城低隘，决定开辟东北山麓800余丈，使城墙向东面和北面扩展至越秀山。改造后的广州城，"周二十一里三十二步，高二丈八尺，上广二丈，下广三丈五尺"，有七个门，"北一面枕粤秀山，乃于正北门外筑瓮城"。越秀山左最高处修建五层高楼，名曰镇海镇海楼建成之后，登楼远眺，山川形胜，了然于目。直至今日，镇海楼仍是广州市标志性建筑之一。

成化二年（1466），广州再筑南城、归德二门月城，各延三十八丈；弘治十六年（1503），开始修建渐颓的东、西门月城，并大修全城，至正德初完成。嘉靖十三年（1534），增筑定海门月城。嘉靖三十五年（1556），来过广州的葡萄牙多明我会士克路士描述了他在西城外看到的广州："这座城（其他城也一样）沿江筑城，很像是在壕堑之内，因为城的另几面是被一条灌满水的宽大壕堑围绕。这条壕和城墙之间有足够的地盘，可集合一支大军。"

随着广州商业贸易的日益发展，旧城外围的南面"民廛稠聚，海船鳞凑，富商异货，咸萃于斯"。两广总督吴桂芳害怕山寇和海盗进攻广州时，城外居民、商铺没有城墙保障，无险可恃，以为"外城不可不筑"，于是从嘉靖四十四年（1565）起开始增筑外城。外城的城墙在今越秀南路北段、万福路、泰康路、一德路和人民南路北段。原来的广州城称为内城或旧城。内城的东边城墙在今越秀北路和越秀中路，南边的城墙在今文明路，大南路和大德路，西边的城墙在今人民中路，城墙西北隅在今人民北路，在东风路口折向东，止于盘福路口（一说在今盘福路整段—市一医院干道—人民北路），北边城墙在今盘福路和越秀公园的镇海路旁。此后，两关一带陆续兴起，成为重要的商业区。

明代广州旧城改造和新城建设，使得广州城北倚越秀山，南抵珠江，东至大东门，西达西濠。此外，地方官还对广州城内的濠渠进行疏浚并建置闸门，使六条溪水环城而流，形成六脉通海、青山入城的格局与内城外郭、北高南低、中轴对称的古城形制。清代广州城几无扩展，仅在新城增筑东西鸡翼城。

（杨芹）

袁崇焕何以被称为"明末爱国领袖"？

袁崇焕（1584—1630），字元素，广东东莞人。万历四十七年（1619）中进士后，先在工部任职，稍后授福建邵武县知县。

明天启二年（1622）正月，袁崇焕进京述职，被破格升为兵部职方主事。当其时，努尔哈赤领兵进犯广宁，明军兵败，山海关外形势危急。袁崇焕单骑出阅关内外，考察地理形势，研究布兵设防。归来后，有"予我军马钱粮，我一人足守此"之语。朝廷欣赏他的才能，擢为山东按察司佥事，监军山海。自此，袁崇焕开启了军旅生涯。

从天启二年至五年（1622—1625），袁崇焕在督师孙承宗的支持下，确立了防守关外的战略，通过大规模兴筑宁远城及一系列整顿军务的措施，明军逐渐在关外站稳脚跟。

天启六年（1626）正月，努尔哈赤统领数万大军，进攻宁远城。袁崇焕率领只有万余人的军队，驻守孤城宁远。他刺血为书，激励将士同心死守；同时坚壁清野，分工拒守。最终以万余人击败来犯之敌，后金军伤亡惨重，努尔哈赤身负重伤，不得不下令回师。同年八月，努尔哈赤郁郁而终，皇太极即位。宁远之战是明金交战以来明军打的首次大胜仗。同年，袁崇焕升为辽东巡抚。

天启七年（1627）五月，皇太极发动宁锦之战。在袁崇焕的正确指挥下，明军接连在宁远、锦州挫败后金军进攻，后金军伤亡惨重、损兵折将，不得不解围撤兵，时称"宁锦大捷"。不料朝廷却将宁锦大捷的功劳归于魏忠贤，袁崇焕遂奏请休养。

不久，明熹宗去世，崇祯帝即位，袁崇焕复出督师蓟辽。由于过分的自信和强烈的道德责任感，袁崇焕对崇祯皇帝轻率许下"五年复辽"的承诺，由此埋下了日后悲剧的种子。

崇祯二年（1629），正当袁崇焕踌躇满志规划复辽大业时，皇太极率大军避开袁崇焕驻守的宁远城，绕道内蒙古入关，兵锋直指北京。在组织援军抵御后金军的过程中，袁崇焕犯下令人惋惜的错误，致使后金军直抵北京城下。虽然京师保卫战以后金军撤退收尾，但袁崇焕却因此失去了崇祯皇帝的信任，加上魏忠贤余党的诬陷，袁崇焕不久便被逮捕入狱。

崇祯三年（1630）八月，崇祯以"谋款谋叛"的罪名将袁崇焕处以残酷的磔刑。袁崇焕一生忠君爱国，落得如此下场，不能不令人唏嘘不已。清军入关后，袁崇焕的冤案才得以昭雪。后人敬重其为人与事功，先后建祠、庙、墓以为纪念。

1952年2月，北京市规划局准备迁移城内所有墓地，进行大规模的城市改造建设。位于北京市崇文区（今属东城区）东花市斜街的袁崇焕祠墓也被纳入迁移范围。当时正值抗美援朝战争期间，叶恭绰认为袁崇焕墓的存在不仅具有历史意义，还有着强烈的政治意义，故而反对迁墓。他和柳亚子、李济深、章士钊联名致信毛泽东，请求保护袁墓。5月25日，毛泽东给叶恭绰回了一信。信中说："近日又接先生等四人来信，说明末爱国领袖人物袁崇焕先生祠庙事，已告彭真市长，如无大碍，应予保存。"

（张金超）

第一次鸦片战争为何始于虎门销烟？

1840年至1842年的鸦片战争，是中国由封建社会变为半殖民地半封建社会的转折点，也是中国近代历史的开端。引发这场战争的导火索，就是虎门销烟。1838年冬，湖广总督林则徐被道光皇帝任命为钦差大臣，赴广东查禁鸦片。次年，林则徐将查缴的2万余箱鸦片，于虎门海口全部销毁。英国政府以此为借口，派出远征军，至广东珠江口外，封锁海口。鸦片战争自此开始。

19世纪上半期，英国率先完成工业革命，成为资本主义头号强国，迫切面向全世界扩大海外殖民地和商品市场。清朝处于闭关锁国状态，只有广州一个对外通商口岸，并且由于长期经济的自给自足，国内民众对外来商品的购买意愿极低。相比之下，英国民众对茶叶、丝绸、瓷器等中国货的需求极旺，因此清朝在贸易中长期处于出超地位。看到一番贸易下来，非但没赚到钱，白银却源源不断流向中国，英国政府极不甘心。为了扭转对华贸易逆差，英国政府最后想到了种植成本低又成瘾性强的一种商品——鸦片。18世纪70年代，英国开始把鸦片从印度输入中国，很快就从对华贸易的入超国变成出超国。随着中国的白银大量倒流回英国，清政府日益感受到巨大的财政压力，鸦片的泛滥也直接导致民生困顿、军队废弛，于是道光皇帝决心禁烟。广州作为唯一的通商口岸，也成为鸦片的主要输入地。林则徐处理禁烟事务，也主要在广州进行。而对于英国来说，鸦片贸易又是不可触碰的奶酪。因此，禁烟运动一起，中英战争随即爆发。

林则徐为什么要把禁烟地点定在广东虎门？首先是技术上的需要。林则徐之前做湖广总督时，采用"烟土拌桐油焚毁法"销烟，但烧完之后，周边的土地成为毒地，庄稼都不能种活，烧完后的渣滓也被烟鬼们一抢而光。受命钦差大臣后，林则徐经过研究，找到了一个更加妥当的方法——"海水浸化法"，即先将鸦片倒入池口，加入盐水，泡浸半日，再投入石灰，石灰遇水便沸，把鸦片溶解；等到鸦片完全溶入水中，再经退潮的海水冲刷，全部流入大海；最后以清水将销烟池洗刷干净，不剩一丝残留。相比火烧，海水浸化法的好处，是不会对土地和空气造成二次污染，同时不留痕迹，无法重新提炼。而这样做的基本条件，就是要有充足的海水。虎门邻海，并且是出入珠江南海门户，去内河不远，便于从广州运送缉查鸦片，刚好符合这一地理条件。

其次是安全上的需要。林则徐来到广东之后，严令洋商三天之内上缴全部鸦片，但鸦片贩子们阳奉阴违，拒绝上缴。林则徐不得不强行封锁了广州的英国商馆，并逮捕了很多鸦片贩子，最终缴到鸦片230多万斤。林则徐的做法，引来英国在华使团和商贩的强烈不满。为保证销烟顺利，需要选择一个安全稳妥的地点。虎门险要天成，沙角和大角两山对峙，又有横档、饭箩排等哨兵般的岛屿礁石和左岸南山（俗名亚娘鞋）并列雄踞；由横档再进五里，大虎、小虎两山，成为第三重门户。这里分布着许多清军炮台，有利于军事的防卫。

（张冰）

为什么说太平天国运动肇始于广府地区？

太平天国运动是清朝咸丰元年到同治三年（1851—1864）期间，由洪秀全、杨秀清、萧朝贵、冯云山、韦昌辉、石达开等组成的领导集团从广西金田村率先发起的反对清朝封建统治和外国资本主义侵略的农民起义战争，是中国最大的一场大规模反清运动。

鸦片战争以前，农民与地主阶级的矛盾已经十分尖锐。鸦片战争后，外国资本主义对中国采取掠夺战后赔款、继续大量向中国输出鸦片、倾销洋货三种主要经济侵略方式，地主阶级对农民的剥削更加沉重，城乡流亡人口大量增加，原来已经尖锐的阶级矛盾更加激化，群众性的革命斗争汹涌澎湃，此伏彼起。其中，两广地区是列强侵略的主要地区，也是反侵略斗争的前沿。

洪秀全出生于广东花县，地方穷困、多次科考失败的经历使他产生了推翻清王朝的念头，《劝世良言》促使洪秀全的革命思想进一步发展。在行动上，洪秀全创立拜上帝教，并发展其堂弟洪仁玕和表弟冯云山信教。1844年，洪秀全和冯云山打掉村塾中供奉的孔子牌位。不久，洪秀全、冯云山离开家乡，到广州、顺德、南海、番禺等广府地区传教。后来，洪秀全、冯云山在广西贵县传教，信教受洗的有一百多人。之后，冯云山到桂平县西北端的紫荆山区，深入广大贫苦劳动人民中进行宣传和组织工作。1844年11月，洪秀全回到家乡，开始一系列理论创作，为拜上帝提供合法性依据，包括《原道救世歌》《原道醒世训》，加上之后写成的《原道觉世训》等文章。

1847年3月，洪秀全同洪仁玕从花县去广州，在罗孝全处学习基督教，在他学习基督教时，正好爆发了广州反抗英军入城的斗争。反侵略斗争的烈火烧旺了洪秀全的革命思想。1849年，洪秀全来到紫荆山区。紫荆山一带，灾荒频仍，人民群众苦难日深，阶级斗争进入高潮时期。洪秀全、冯云山以紫荆山区作为主要基地，大力宣传拜上帝教，把活动范围推向四周的贵县、平南、藤县、陆川、博白和广东信宜、化州等地区。

1851年1月11日，洪秀全在38岁生日当天，在金田村召集团营，正式发动起义，史称金田起义。此后大军出紫荆山区，大败清军，突围北上，攻克武昌，随后浩浩荡荡顺江东下，于1853年占领江宁（今南京），席卷清王朝半壁江山，沉重打击了清王朝的反动统治。

从太平天国发端兴起的历程我们可以看到，洪秀全的家乡花县，随后宣传拜上帝教的顺德、南海、番禺、增城、从化、清远、英德等地，都位于广府地区。由此可以说，太平天国运动肇端于广府地区。

(张金超　丁帅东)

人民海军为何命名国防动员舰为"世昌号"?

邓世昌(1849—1894),清末海军名将,民族英雄。字正卿,广东番禺(今属广州)人。1867年,入福州船政学堂海军驾驶班学习。1874年,以优异成绩毕业。邓世昌擅长测量和驾驶,历任"海东云""振威""镇南""扬威"等舰管带。

1880年,北洋大臣李鸿章"闻世昌熟悉管驾事宜,为水师中不易得之才",遂将其调入北洋水师。是年冬,随记名提督丁汝昌远赴英国接收清政府订造的"超勇""扬威"两巡洋舰。在英国期间,邓世昌专心考察英国海军的情况,不断学习西方先进的军事技术,研究英国海军的军事装备和训练方法。1887年春,邓世昌以参将衔随同叶祖珪等率队赴英国接收清政府向英、德订造的"致远""靖远""经远""来远"四艘巡洋舰。因接舰有功,升副将,获加总兵衔,任"致远"舰管带。

1888年10月,北洋海军正式组建,邓世昌任中军中营副将,仍兼"致远"舰管带。邓世昌平时精于训练,"执事惟谨",人称"治事精勤,若其素癖"。虽然他未出洋留过学,但"西学湛深",为一般同僚所不及。时人称赞他"使船如使马,鸣枪如鸣镝,无不洞合机宜"。特别是他富有爱国精神,"英气勃发",虽"衽席波涛,不避风险",并经常"在军激扬风义,甄拔士卒,遇忠烈事，极口表扬，慷慨使人零涕"。他曾对人说："人谁不死，但愿死得其所耳！" 在邓世昌的精心训练下，"致远"舰成为北洋舰队中整训有素、最有战斗力的主力战舰之一。

1894年夏，日军侵袭朝鲜。8月1日，中日战争正式爆发，双方展开了激烈的海战。9月17日的大东沟海战中，"致远""经远"等舰组成追击队攻击"赤城"，击毙敌舰舰长坂元八郎太，"赤城""几乎陷于进退维谷的极端困境"。对战中，邓世昌指挥的"致远"舰，"气象勇鸷，独冠全军"。因"赤城"舰发射的炮弹击中"来远"（一说"经远"）后甲板，引发猛烈火灾，"致远"舰放慢航速，集中于"来远"（或"经远"）附近救援。14时45分许，前来支援的日军第一游击队接近追击"赤城"的军舰，向"致远"舰猛烈射击，致使"致远"舰起火。15时20分许，"致远"舰突然沉没，舰体向右倾斜。管带邓世昌落水后拒绝援救，蹈海自尽，全舰约250人中仅有数人幸存。

邓世昌壮烈牺牲后，举国震悼，朝廷赐谥"壮节"，按提督例从优议恤并追赠太子少保衔，入祀京师昭忠祠。

因邓世昌在大东沟海战中的英雄壮举，1996年12月28日，中国人民解放军海军命名新式远洋综合训练舰为"世昌"号。这是我国唯一的一艘国防动员舰，以英雄之威名昭示我国海军铮铮风骨，以示永久怀念。

（张金超）

容闳为什么被称为"近代中国留学生之父"?

容闳,1828年出生在广东香山县南屏镇(今属珠海市)一个贫寒之家。

1835年,容闳跟随父亲前往澳门,后入读马礼逊纪念学校。1847年初,容闳、黄宽及黄胜三人随主持校务的布朗牧师前往美国。4月12日,容闳到达纽约。在布朗的帮助下,容闳进入马萨诸塞州的孟松预备学校就读。次年,黄胜由于健康欠佳,不得不终止学业,回到中国。1850年,容闳考入耶鲁学院(今耶鲁大学前身),成为中国最早的留美学生。黄宽于1850年去苏格兰,在接受两年的普通教育后,进入爱丁堡大学医学系。

1854年,容闳毕业于耶鲁,成为第一位毕业于美国一流大学的中国籍学生。在美国求学期间,中国的可悲境况时常浮现于容闳的脑海中,他时常思索如何才能让祖国走向富强。毕业前,他明晰了自己的目标:通过西方教育,让中国变得开明和富强。因此,甫一毕业,容闳放弃了留在美国的机会,返回阔别多年的祖国。

回国后,容闳先后在香港高等法院和上海海关当过翻译,也曾在宝顺洋行经营丝绸和茶叶。1863年,容闳向曾国藩建议创办机器厂,翌年受委托赴美购买机器,筹建江南制造局。1865年回国后,容闳向曾国藩建议派学生出国留学。至1870年,容闳期待已久的派遣留学生的计划，终于获得清政府批准。从1872年到1875年，清廷每年派出30名幼童赴美留学，前后共计120名。容闳被任命为幼童出洋肄业局副监督，此后长期驻美，专管留美学生事务。

1876年12月，容闳被任命为驻美国、秘鲁和西班牙三国的副公使。他曾亲赴秘鲁调查华工状况，以华人在秘鲁遭受迫害的事实，阻止清廷与秘鲁政府订立招募华工新约。

1881年，因保守派反对，清廷下令撤销幼童出洋肄业局，并召回留美学童。至此，容闳殚精竭虑、苦心孤诣促成的"幼童留美"计划戛然而止。值得宽慰的是，容闳的努力并没有白费。尽管留美幼童大多未完成学业，但他们经历了西方近现代教育的洗礼，掌握了先进的科学知识和方法，归国后迅速成长为各行业翘楚，在中国近代化史上扮演了重要的角色，如唐绍仪、唐国安、詹天佑。据统计，这批留美生中，走出了9位工矿负责人，6位总工程师，3位铁路局长，2位大学校长，14位海军将领，7位实业家，24位行政官员。基于容闳在中国近代留学史上的贡献，后人称容闳为"近代中国留学生之父"。

"幼童留美"计划的失败，也彻底断送了容闳对清政府仅存的一点希望。但他始终为国家的富强殚精竭虑：为借款募兵而奔走英伦，支持"百日维新"而遭到朝廷通缉，结识孙中山而支持其革命……诚如美国牧师特韦契耳多所言："他从头到脚，身上每一根神经纤维都是爱国的。"

（张金超）

詹天佑为什么被称为"近代中国铁路之父"?

詹天佑(1861—1919),字达朝,号眷诚,生于广东南海(今属广州市)一个商人之家,原籍安徽婺源(今属江西)。1872年,清廷开始选派幼童留学美国,詹天佑是首批三十名之一。

在美国完成小学、中学学业后,詹天佑考入耶鲁大学,在土木工程系铁路专科深造。詹天佑刻苦钻研,成绩优异,大学第一年即获得数学奖学金。

1881年大学毕业回国后,詹天佑被派往福州船政局学习海军轮船驾驶。1884年10月,回广州任广东实学馆外文教习。他工作认真,教学有方,"官称其能,士服其教"。

1888年,詹天佑到天津参与从塘沽到天津铁路铺轨工程,自此与铁路结下不解之缘。1892年,李鸿章聘英国工程师修建古冶到山海关的铁路。延伸到滦河时,遇到了河面宽阔的困境,英国、德国、日本铁路专家主持建设的桥墩都失败了。詹天佑引进气压沉箱法,结合中国传统的打桩方法施工,建成我国当时最长的铁桥——滦河铁桥。

1905年,清廷委派詹天佑担任京张铁路会办兼总工程师。京张铁路旨在连通北京与张家口,长约200公里。张家口四周都是陡峭的山崖,工程难度极大。此前,中国的铁路都由外国人主持设计、修建，詹天佑因此遭到了巨大的压力。

詹天佑以惊人的毅力投入京张铁路的修建工作中，他亲自勘察，克服施工难度大、设备落后、资金不足等困难，利用"坚井施工法"开挖八达岭隧道、居庸关隧道。在八达岭路段，因地制宜运用"之"字形线路，减少工程量，缩短工期。1909年10月，京张铁路比预期提前两年通车，震惊中外，参加通车典礼的中外来宾多达万余人，场面蔚为大观。京张铁路是由中国人自主设计、建造的第一条铁路，为中国铁路建设赢得了荣誉。京张铁路的修建，培养了中国第一批铁路工程师，也奠定了詹天佑在中国铁路史上的地位，为他赢得"近代中国铁路之父""近代中国工程之父"的美誉。

詹天佑还参与或主持修建了京奉铁路、张绥铁路、川汉铁路、粤汉铁路和汉粤川铁路等，为中国铁路建设事业做出了巨大贡献。

为纪念詹天佑在中国铁路建设事业中的不朽功绩，1922年，中华工程师学会和京绥铁路同人会在京张铁路青龙桥车站上，建立詹天佑全身铜像。1987年，在八达岭长城脚下建造了詹天佑纪念馆。2005年10月12日，纪念京张铁路开工100周年时，位于张家口南站的詹天佑铜像揭幕。

（张金超）

康有为、梁启超何以能够成为维新变法运动的领袖?

康有为,1858年生于南海一个书香之家,人称"康南海"。18岁拜著名学者朱次琦为师,1879年开始接触西方文化,立志要向西方学习。1882年,到北京参加科举考试,回程经过上海,收集了不少介绍社会科学和自然科学的书刊,初步形成了维新变法思想体系。

1888年,康有为再次到北京参加科举考试,首次上书光绪皇帝,请求变法。时值中法战争"中国不败而败",他陈言形势危急,提出"变成法""通下情""慎左右"等改革方案,但受阻未能传达给光绪皇帝。1891年,在广州开办万木草堂,聚徒讲学,提出德、智、体全面发展的教学原则,强调把读书同救国与变革联系起来。梁启超登堂入室,成为其弟子。康有为先后撰成《新学伪经考》和《孔子改制考》,为维新变法提供理论支持,在知识界引起强烈反响。1894年编纂《人类公理》,经多次修改定名《大同书》,提出大同社会无私产、无阶级、人人相亲、人人平等的思想。

梁启超,1873年生于广东新会,自幼接受传统教育。1890

年赴京会试，回程途经上海，接触西学著作，并投康有为门下，由此走上改良维新道路，时人合称"康梁"。

1895年，康有为与梁启超赴京参加会试。正在北京参加会试的各省举人，听说朝廷要与日本订立丧权辱国的《马关条约》，无不愤怒之极。康有为遂起草上皇帝万言书，梁启超协助发动在京应试的18省1300余名举人集会，联名请愿，请求拒和、迁都、练兵、变法。这就是有名的"公车上书"。康有为因此声名大噪。7月，康梁联合在北京创办《万国公报》（后改名《中外纪闻》），"分送朝士，不收报费"。不久又在北京组织强学会，从事政治宣传活动。1896年，梁启超赴上海主持《时务报》笔政，其间撰成《变法通议》等文章。次年，梁启超赴长沙时务学堂任总教习。

1897年，德国强占胶州湾，康有为再次赴京上书请求变法。次年1月，光绪皇帝下令康有为条陈变法意见，他呈上《应诏统筹全局折》与《日本明治变政考》《俄罗斯大彼得变政记》二书。4月，康梁组织了以"保国、保种、保教"为宗旨的保国会，号召救国图强。1898年6月，光绪皇帝召见康有为，任命他为总理衙门章京，准其专折奏事，筹备变法事宜；梁启超受六品衔，负责办理京师大学堂译书局事务。6月11日，光绪皇帝颁布"明定国是"诏，正式启动变法。百日维新期间，康有为草拟了大量奏折。诸多新政上谕，多以康有为的见解为依据。后因慈禧太后发动政变，变法失败，康梁被迫流亡海外。

（张金超）

孙中山为什么被称为"伟大的民主革命先行者"?

在近代拯救民族危亡的道路上,孙中山首次提出了比较明确、系统的民主革命纲领——三民主义,并不断为之而努力。以孙中山为代表的革命党人发动的辛亥革命,不仅终结了延续两千多年的君主专制制度,在中华大地上建立起亚洲第一个共和制国家,而且传播了民主共和的理念,打开了中国进步潮流的闸门。1956年纪念孙中山90周年诞辰时,毛泽东称其为"伟大的民主革命先行者"。

孙中山,1866年11月12日出生于广东省香山县(今中山市)翠亨村的一个贫困家庭。村中有一名参加过太平天国起义的老人,傍晚歇凉时常在孙中山家前的大榕树下给村中的孩子们讲述太平天国起义反清的故事。孙中山听得十分认真,对洪秀全充满了崇仰之情,在和村中小孩玩游戏时,常以"洪秀全第二"自居。

1879年,孙中山随母赴檀香山,投奔长兄孙眉。在檀香山,孙中山进入当地的教会学校学习,较早接受了西方思想文化。1883年归国。居乡期间,在他倡议下,村里采取了一些兴革乡政的措施。孙中山更与好友陆皓东毁坏北帝庙偶像,却因此遭到村民的指责,被迫转赴香港。同年底,孙中山在香港加入基督教。1883—1885年的中法战争中,孙中山目睹清廷腐败,萌发了反清和改造中国的思想，经常发表反清言论，并与改良主义者何启、郑观应等交往。

1894年，孙中山上书直隶总督、北洋大臣李鸿章，提出"人能尽其才，地能尽其利，物能尽其用，货能畅其流"的改革主张，但未被采纳。11月，孙中山再赴檀香山，组织兴中会，喊出"振兴中华"的口号，以"驱除鞑虏，恢复中国，创立合众政府"为誓词。

1895年2月，孙中山在香港联合辅仁文社建立兴中会总会。同年10月，兴中会密谋在广州起义，因事泄失败，孙中山亡命海外。在欧洲期间，孙中山详细考察欧美各国的经济、政治状况，研究多种流派的政治学说。在日本，孙中山结交朝野人士，与康有为、梁启超为代表的改良派商谈过合作问题，但未能实现。

1905年8月，孙中山与黄兴等人以兴中会、华兴会等革命团体为基础，在日本东京创建全国性的资产阶级革命政党中国同盟会，孙中山任总理，同盟会纲领为"驱除鞑虏，恢复中华，创立民国，平均地权"。在同盟会机关报《民报》发刊词中，孙中山首次提出民族、民权、民生三大主义。随后，派人到国内外各地发展组织、宣传革命。他自己也赴东南亚向华侨宣传革命，传播民主共和思想。从1906年至1911年，同盟会在华南各地组织多次武装起义。孙中山制定起义战略方针，并在海外奔走，为起义筹募经费。1907年12月镇南关起义时，孙中山还亲临前线。起义以失败告终，但革命党人前仆后继、屡败屡战，给清廷以沉重打击，给国人以极大的鼓舞，特别是1911年4月27日的广州黄花岗起义，在全国引起了巨大震动。

1911年10月10日，武昌起义爆发，各省纷纷响应。孙中山于12月下旬回国，被选举为中华民国临时大总统。1912年1月

1日,孙中山在南京宣布就职,组成中华民国临时政府。2月12日,宣统皇帝溥仪退位,在中国存延了2000多年的封建专制制度被推翻,亚洲第一个资产阶级共和国成立。任职临时大总统期间,孙中山组织制定了《中华民国临时约法》。自此,"谁要再想做皇帝,就做不成了。所以我们说它有伟大的历史意义"。[①]

民国成立后,为挽救民主共和,孙中山先后发动"二次革命"、护法运动,但都失败了。1918年至1920年,孙中山在上海撰成《建国方略》,对革命经验进行总结,提出了改造和建设国家的宏伟计划。

1917年俄国十月革命取得胜利,孙中山于次年夏致电列宁以示祝贺。1919年爆发的五四运动,给孙中山很大的鼓舞,他高度评价和支持学生运动。8月,委派胡汉民、朱执信、廖仲恺等人在上海创办《建设》杂志,大力宣传民主革命理论。

1920年11月,孙中山回到广州,重举护法旗帜。1921年5月,在广州就任非常大总统,接着出师广西,试图消灭桂系陆荣廷的势力,以两广为根据地北伐。12月,在桂林会见共产国际代表马林,讨论建立革命党和革命武装问题。1922年4月,孙中山在广州会见苏俄的全权代表,希冀从苏俄寻求援助。6月,陈炯明部发动兵变,孙中山被迫再赴上海。此后,孙中山开始寻求与中国共产党和苏俄的合作。

1923年1月,孙中山与苏联代表越飞发表宣言,随即派廖仲恺赴日本与越飞谈判。此时,滇、桂军队将陈炯明部队逐出广州,2月,孙中山回到广州重建陆海军大本营。8月,派出以蒋介石为首的孙逸仙博士代表团到苏联考察政治、党务和军事。10月,

---

① 毛泽东:《关于辛亥革命的评价》,《毛泽东文集》(第六卷),人民出版社1999年版,第346页。

聘请苏联代表鲍罗廷为顾问，负责筹备国民党的改组工作。

1924年1月，中国国民党第一次全国代表大会在广州召开，通过党纲、党章，重新解释三民主义，提出联俄、联共、扶助农工三大政策，欢迎共产党员以个人身份加入国民党。在共产国际和中国共产党的帮助下，5月，孙中山在广州黄埔长洲岛创立陆军军官学校。孙中山深刻认识到，要争取国家的独立富强，必须推翻帝国主义。10月，奉系军阀张作霖和直系将领冯玉祥联合推翻以曹锟为总统的政权。冯、段、张先后电邀孙中山北上，共商国是。孙中山提出废除不平等条约、召开国民会议作为解决时局的办法。11月，离开广州北上。12月底，扶病到达北京。

1925年3月12日，孙中山因患肝癌在北京逝世。逝世前夕留下"必须唤起民众，及联合世界上以平等待我之民族，共同奋斗"的遗嘱，发出"革命尚未成功，同志仍须努力"的号召；同时阐明三大政策，希望与苏联携手并进，以取得革命的最终胜利。

（张金超）

近代广东为什么被誉为"民主革命的策源地"?

在中国近代史上,广东被誉为"民主革命的策源地"。这里不仅是中国民主革命思潮的最早发起地,而且长期处于民主革命实践浪潮的中心地带。

民主革命思潮起源于广东。广东地处南隅,远离中原,受大一统思想束缚较弱,民众素有革命反抗精神。另外,广东是中国海上丝绸之路的发祥地,境内有广州、徐闻等对外贸易港口,并且濒临香港、澳门,经商意识浓厚。到了近代,广东既是中国反抗外国侵略的前哨,也是外国新生事物传入中国的门户。开放的对外贸易环境,催生出较强的商品意识和开放视野,加上岭南地区各个民系多是由中原南迁而来,富有极强的开拓进取精神,使得广东民众更容易接受外来新生事物和思想观念。近代以来,随着西方文明的传入,广东出现一大批开眼看世界,主张向西方学习、寻求救国救民道路的先进知识分子,从太平天国的洪仁玕,到主张"商战"的郑观应,再到倡导维新变法的康有为、梁启超等,他们的思想与实践,为中国民主革命在广东的兴起,提供了重要的思想催化剂。

民主革命运动兴起于广东,也发展于广东。广东是近代民主革命先驱孙中山的故乡,孙中山的革命思想在这里酝酿发展。孙中山出生的前两年，太平天国运动刚刚失败。太平天国领袖洪秀全是广东花县人。孙中山自幼爱听太平天国的故事，稍为年长后，提出要做"洪秀全第二"。走出国门后，亲眼见识到西方的先进，孙中山进一步萌生出强烈的革命救亡意识。

1894年，孙中山在檀香山创立兴中会，会员多为广东人，主要是广府籍华侨。这是近代中国第一个以建立共和制度为目标的革命团体。1895年，孙中山到香港建立兴中会总部，并策划了首次民主革命起义——"乙未广州起义"，举事地点设在广州的双门底王家祠（今广州青年文化宫）。这次起义未发动便失败，却拉开了以武装起义推翻清王朝、建立共和制度革命事业的序幕。接下来的15年间，孙中山接连发动了10次大规模起义，其中7次在广东举行，如1900年的惠州起义，1907年的潮州黄冈起义、惠州七女湖起义、钦州防城起义，1908年的钦廉上思起义，1910年的广州新军起义，1911年的广州起义（黄花岗起义）。这些起义皆以失败告终，但启发了民智，引领了风潮，培养了队伍，使民主革命的浪潮在中国的大地上逐渐蔚然成风。直至1911年武昌起义之前，广东一直是反清革命的主战场。武昌起义正是在广东系列革命起义的基础上，完成了推翻清廷的历史使命。

辛亥革命之后，广东仍然是民主革命的主阵地。1913年，孙中山发动"二次革命"，广东也是最早发动反袁起义的省份之一。此后，孙中山在日本建立中华革命党，在广州地区开展秘密革命活动。1917年以后，孙中山先后三次在广州建立革命政权。1924年，孙中山在广州主持召开了国民党一大，对国民党进行改组，确立了联俄、联共、扶助农工三大政策，并创办黄埔军校，组建了革命军队。对于为什么把国民党一大会议地点选在广州，孙中山说："因为十三年以前，我们都是用广州做革命的起点，广州是革命的发源地,是很光荣的,我们想从新再造民国,还要拿这个有光荣的地方做起点……广州市就是我们创造新民国的好屋基。"1926年5月,广东革命政府派遣国民革命军第四军叶挺独立团和第七军一部为北伐先遣队,从广东挺进湖南,揭开了北伐战争的序幕。这一系列事件,让广东再次成为革命力量汇聚的中心和大革命运动的发源地,并直接影响到中华民族后来的命运。

(张冰)

1911年的广州起义为什么又被称为黄花岗起义？

1911年4月27日（农历三月二十九日）下午，中国同盟会130余名敢死队队员由黄兴率领在广州起义，终因寡不敌众不幸失败。史称广州三二九起义，又称黄花岗起义。

1911年的广州起义被称为黄花岗起义，一个最直接的原因，是起义军的殉难者最后被葬在了黄花岗。130余名敢死队队员中，最后牺牲的有70余人（后经考证，姓名可考的烈士共有86人）。起义失败后，中国同盟会会员潘达微不顾清廷禁令，以《平民日报》记者的公开身份，于5月3日组织了100多人，陆续把72位烈士的遗骨，收殓安葬于广州郊外的红花岗，并将红花岗改称黄花岗。下葬的革命烈士，史称黄花岗七十二烈士，这次起义也因而被称为黄花岗起义。

把1911年的广州起义称为黄花岗起义，也是为了与之前发生在广州的两次起义相区分。19世纪末20世纪初，为推翻清朝的统治、实现救亡图存，革命党人先后发动10次武装起义，其中在广州发生的就有三次，包括1895年的乙未广州起义、1910年的广州新军起义、1911年的三二九起义。1911年的广州起义，是武昌起义前的最后一次，也是最为惨烈的一次起义。经过之前多次起义失败，很多革命者都有些灰心，开始对革命前途失去希望，革命进入低潮期。与此同时，清朝的宪政改革正如火如荼地进行着，大多数中国人逐渐倾向于改革，革命的空间越来越小。在这种背景下，孙中山和黄兴依旧坚持革命救国，他们集结同盟会精英，联合倾向革命的新军，准备发动一次更大规模的起义，以提振士气，一举推翻清政府。

1910年11月，孙中山、黄兴、赵声等革命党人在马来半岛的槟榔屿召开会议，决定再次在广州起事，黄兴担任总指挥。会议计划以广州新军为主干，另选500名（后增至800名）革命党人组成"选锋"（敢死队），先占领广州，再由黄兴率领一军入湖南，赵声率领一军出江西，谭人凤、焦达峰在长江流域举兵响应，然后会师南京，举行北伐，直捣北京。为确保起义顺利，革命党人在香港成立统筹部，以黄兴、赵声为正副部长，下设调度处、储备课、交通课、秘书课、编辑课、出纳课、总务课、调查课，具体领导起义。孙中山还在华侨中筹集了巨款，用以购买武器弹药。统筹部最初将发难日期定在4月13日，计划分十路进攻，黄兴为总司令，赵声为副。"选锋"之外，加设放火委员，预备临时放火，扰乱清军军心。但到了4月8日，发生了同盟会会员温生才暗杀署理广州将军孚琦事件，广州全城戒严，革命军储藏军火的地点多处被破坏；加上美洲的款项和由日本购买的军械未到，发难日期不得不推迟。23日，黄兴由香港潜入广州，在两广总督衙门附近的小东营五号设立起义指挥部。27日，起义军在枪械未到、人员严重不足的情况下，仓促举事。原定的十路进军改为四路，而实际上，由于协调不力等原因，最后除黄兴一部及顺德会党按期发难之外，其余各路均未行动，起义成了黄兴一路的孤军作战。黄兴带领"选锋"，臂缠白巾，手执枪械炸弹，吹响海螺，直扑督署，总督张鸣岐逃走。起义军焚毁总督署后，在东辕门外与水师提督李准派来弹压起义的清军短兵相接。革命党与清军进行了激烈搏杀。清军越来越多，革命党人渐渐不支。黄兴的两只手指被打断，艰难地杀出重围，撤回了香港。黄兴是同盟会的元勋，与孙中山并称为"孙黄"，在推翻清政府和袁世凯的斗争中，黄兴一向出生入死、亲力亲为。广州红花岗后来改名为"黄花岗"，除了取"菊残傲霜""虽败犹荣"的寓意，也是为了表达对起义的直接领导者和参与者黄兴的敬意。

黄花岗起义虽然失败，但七十二烈士的壮烈牺牲深深地震撼了国人。它极大地打击了清王朝的腐朽统治，也让帝国主义国家见识到了中国人的铮铮铁骨。这次起义也加快了全国革命高潮的到来，不久之后武昌起义的一举成功，正是建立在黄花岗起义的基础上。孙中山在《黄花岗七十二烈士事略》序文中说，"则斯役之价值，直可惊天地，泣鬼神，与武昌革命之役并寿"，并为黄花岗记功坊题写了"浩气长存"四字。3月29日后来被中华民国政府定为青年节，以志纪念。

（张冰）

孙中山晚年为什么三次在广州建立政权？

1917—1923年，孙中山三次在广州建立政权。

袁世凯病逝后，黎元洪与段祺瑞分别出任中华民国总统与总理，不久两派因是否向德国宣战问题发生分歧，引发府院之争，张勋借此机会于1917年7月拥立溥仪复辟。孙中山听闻张勋复辟，率廖仲恺、朱执信等人南下广州准备武力讨伐张勋。孙中山尚未到达广州，张勋复辟以失败而告终。但重掌大权的段祺瑞拒绝恢复《临时约法》与国会，孙中山便将斗争矛头指向北洋政府。7月17日，孙中山抵达广州。8月25日，国会非常会议（非常国会）在广州开幕；8月31日，国会非常会议通过《中华民国军政府组织大纲》，对军政府组织的缘起、形式及职权做了规定。9月1日选举孙中山为中华民国军政府大元帅；10日，孙中山正式就任大元帅；翌日，孙中山任命新政府主要人选。第一次护法战争就此开始。

在西南军阀的掣肘下，第一次护法运动至1918年宣告失败。之后，西南军阀内部的矛盾趋于激化，反对桂系的势力联合孙中山于1920年11月在广州再组军政府。1921年4月，非常国会选举孙中山为非常大总统；5月6日，孙中山设总统府于观音山，着手组织政府及西征、北伐工作。但陈炯明却暗中和直系军阀勾结，意图阻挠孙中山北伐。1922年6月，陈炯明炮轰总统府，孙中山避难永丰舰。8月，孙中山离开广州至上海，第二次护法运动就此失败。

1923年陈炯明被逐出广州，孙中山第三次在广州建立政权。同年3月，孙中山就任陆海军大元帅。此后孙中山一边着力击退陈炯明等部对广州的侵袭，一边进行国民党的改组工作。1924年6月，黄埔军校正式开学，此后又平定了商团在广州发动的叛乱，广州政局初步稳定，为此后讨伐陈炯明、邓本殷等军阀，统一广东乃至于国民革命的发起奠定了基础。

孙中山三次在广州建立政权，一是相比于其他地方，广州风气开化，民众更能接受新的思想，有利于发动革命。早在1905年，孙中山在回答程潜如何选择革命基地的问题时，便已经表明了态度：“革命必须依敌我形势的变化来决定”，“至于选择革命基地，则北京、武汉、南京、广州四地，或为政治中心，或为经济中心，或为交通枢纽，各有特点，而皆为战略所必争”，“至于广州，则远在岭外、僻外边徼，只因其地得风气之先、人心倾向革命、攻占较易，并且港澳密迩，于我更为有利”。广州在近代开埠较早，当地民众与外国人打交道相比于其他地方更早，再加之此后香港、澳门被英国和葡萄牙占领，两地文化对广州的影响也极大，因此广州民众也较其他地方激进开放，更容易接受孙中山的革命理论。二是孙中山和革命党在广州有一定的基础。孙中山青年时先后在广州学医、开设药局，通过行医结识了许多军官、传教士、乡绅、会道头目等，为以后的革命打下了基础。1893年冬，孙中山与郑士良、陆皓东、陈少白等酝酿组织革命团体兴汉会，政纲是"驱除鞑虏，恢复华夏"，虽然当时革命团体未能建成，但为日后兴中会的成立作了准备。1895年，兴中会首次在广州发动武装起事，虽并未取得成功，但这是孙中山发动的第一次武装起义。1910年、1911年，孙中山领导的同盟会连续在广州发动了庚戌新军起义和黄花岗起义。1923年，孙中山在召开国民党第一次全国代表大会前说："因为十三年以前，我们都是用广州做革命的起点。广州是革命党的发源地，是很光荣的，我们想从新再造民国，还要拿这个有光荣的地方做起点。好比做新屋一样，必选定一个好屋基，广州市就是我们创造新民国的好屋基。"此外，孙中山许多革命同志也都是广州人。孙中山四个得力助手朱执信、廖仲恺、胡汉民、汪精卫，三个是广州人，一个是惠阳人。由此可见广州在孙中山的人生经历和革命事业中的地位。

（张金超　谢田田）

孙中山为何称"华侨为革命之母"？

清朝统治的近300年间，中国人口由清朝初年的6000万人增长到4亿多人，增长了近6倍，而这一时期的耕地面积只增长了30%，致使人多地少的矛盾加剧，加之后期政局不稳，战乱频仍，自然灾害接踵而至，大量破产失业人员出海谋生，海外华侨人数急剧增加。

出外谋生的华侨，一般都会选择将赚到的钱寄回家乡。据1906年中国驻德国大使估计，南洋侨民每年寄给中国亲属的钱在白银1000万两以上。因为这样，晚清政府抛弃了之前行之既久的"弃侨"政策，代之以"护侨"，并以封官的方式鼓励华侨捐赠。除了财富的流入，海外华侨对于近代民主革命运动也贡献巨大。孙中山特别称赞"华侨为革命之母"。这又是为什么呢？

首先，华侨具有爱国爱乡的优良传统。华侨选择背井离乡、漂洋过海，要么是出于讨生活的需要，要么是被拐骗当了"猪仔"，要么是因政治迫害而被迫流亡。身处异域，经常遭受欺凌乃至迫害，他们迫切希望祖国能够独立富强，使他们的正当权益能够得到保护。其次，华侨更容易接纳革命思想。华侨长期留居海外，对于国外之先进和清廷之落后的对比，有着切身体会，因此更容易接受推翻清廷统治的革命思想。另外，华侨在海外生活习惯于抱团取暖，自然萌生出较强的族群意识。不管他们来自中国的哪个省份，都一律被外国殖民地政府、土著当成"唐人"，这种族群感超越了家乡、省份、阶级，更接近于现代的民族观念。近代各国兴起的"排华"风潮，进一步增强了华侨的族群观念，从而萌生出强烈的民族主义革命观念。孙中山去东南亚和美洲宣传革命时，谈到民族主义，当地华人一听就通，原因就在于此。最后，华侨勤劳，善于经营，有钱者众，愿意也有能力支援革命。近代的海外华人大部分是劳工，少数是工商界老板。相对来说，工商界的政治倾向比较保守，不愿意跟清政府公开冲突，比较支持康有为、梁启超的保皇党，而普通劳工大多支持民主革命。随着清廷日渐式微，革命派在华侨中的影响日益扩大。

海外华侨对民主革命的支持主要有三种形式。一是直接参加革命。兴中会和中国同盟会的首批成员大都是华侨。1905年兴中会成员中华侨就占到70%。同盟会在南洋"各埠均设有分会，会员达数十万众"，仅新加坡、马来亚华侨入会的就有三四万人。清末的历次革命起义中，都有华侨的身影，而且华侨是起义的核心骨干。黄花岗起义殉难的86名烈士中，有32名是华侨。二是捐款捐物支持革命。孙中山发动起义的经费，大多数来自侨胞。据不完全统计，从1894年兴中会在檀香山创建，到1912年中华民国南京临时政府成立，华侨捐款达1000万港元之巨。有许多人为了支持革命而倾家荡产，其中就包括孙中山的哥哥孙眉。三是为流亡的革命志士提供庇护和帮助。孙中山流亡海外期间进行革命宣传，几乎全部依赖各地华侨的热心帮忙。孙中山在1923年10月广州中国国民党恳亲大会的演说中指出，"本党最发达的地方，是海外各埠。海外华侨很多的地方，都有中国国民党。华侨的思想开通较早，明白本党的主义在先，所以他们革命也是在先，每次起革命都是得海外同志的力量。"

辛亥革命之后，海外华侨一如既往地关心并支持祖国的革命和建设事业。抗日战争期间，华侨捐款总计占国民政府军费的43%，为抗战捐款的华侨有400多万人，约占全世界华侨人口的一半。他们还积极认购国民政府发行的救国公债，认购额占国民政府战时公债总额的1/3以上。这些公债战后没有偿还，实际就是捐款。新中国成立后，海外华侨华人也积极支援祖国建设，一大批华侨专家学者回国，成为各个学科的开创者、奠基人。改革开放以来，世界各地的华侨也通过资金、知识和技术的投入，长期为祖国的建设发展贡献着自己的力量。他们是中国革命之母，也是实现中华民族伟大复兴的重要力量。

（张冰）

杨匏安为何被称为华南地区系统传播马克思主义第一人？

广东地区的马克思主义传播虽不及北京、上海影响力大，但却居早，可以说广东是新思想的摇篮，而杨匏安就是在华南地区系统传播马克思主义第一人。

杨匏安（1896—1931），出生于广东香山县南屏（今属珠海市）一个家道中落的茶商之家。父亲早逝，其母知书达理，自小教其诗词歌赋，杨匏安得以接受良好的家庭教育。随后，杨匏安到广州就学，1914年毕业于广东省立第一中学。1915年东渡日本求学，开始接受马克思主义学说。回国后，杨匏安在广州时敏中学任教，兼任《广东中华新报》记者。

十月革命一声炮响，给中国送来了马克思主义。杨匏安以广东为根据地，热情传播马克思主义思想，在广东这片热土上撒播马克思主义的思想火种。1919年10月，他发表《社会主义》一文，简要地介绍社会主义的各种流派，称赞马克思的《资本论》为"社会主义圣典"。11月11日至12月4日，杨匏安在《广东中华新报》上连载《马克思主义（一称科学的社会主义）》，系统阐述了马克思的唯物史观、阶级斗争学说和剩余价值理论。这篇文章的观点、思路与李大钊《我的马克思主义观》一致；而发表的时间与 1919 年 11 月《新青年》第 6 卷第 6 号李大钊的《我的马克思主义观》下半篇几乎同时，是对李大钊在北方传播马克思主义的迅速回应，也是广东地区第一篇系统地介绍马克思主义的文章，具有耕荒播漠的意义。中共中央党史研究室主任胡绳主编的《中国共产党的七十年》，对杨匏安这篇文章评价甚高，在叙述中国早期马克思主义思想运动时，首先提到了李大钊的贡献，其次便提到杨匏安，认为他对马克思主义在中国的早期传播起过重要的作用。五四运动以后，杨匏安撰写、编译了大量宣传介绍马克思主义的文章，对当时在广东盛行的无政府主义思潮产生了极大的冲击，鼓舞了整个华南地区的革命热情。1921 年加入中国共产党之后，杨匏安逐渐成长为一名民主革命先锋战士，以实际行动坚定了他的马克思主义信仰。

1922 年 2 月 26 日，《青年周刊》创办，杨匏安撰写创刊宣言，向读者宣告"我们最服膺马克思主义"，还初步把马克思主义同中国国情联系起来，提出中国革命除了应注重劳工运动之外，"尤其注重的是农民运动"，因为"中国是一个农业国，生产的大部分都是出自农民汗血"。杨匏安在广东系统宣传马克思主义的同时，还积极地投入革命实践，将理论适时地应用于实际。杨匏安为早期共产党事业做出了杰出贡献，尤其是开广东地区之思想启蒙，引领了华南地区马克思主义的潮流。

（刘世红）

中共早期领导人杨殷有哪些革命功绩？

杨殷，1892年8月12日生，广东香山（今中山市）翠亨村人。杨殷的堂叔杨鹤龄是孙中山的同学和好友，杨鹤龄、孙中山、陈少白、尢列时称"四大寇"，常常发表批评外国侵略者和清廷的革命言论。杨殷在少年时代受到民主革命思潮的熏陶，对孙中山不屈不挠、艰苦奋斗的革命精神十分崇敬。

1910年，杨殷考入广州圣心书院读书。次年肄业，加入孙中山领导的同盟会，往返于粤港澳之间从事联络会党等秘密工作。1917年起在广州任孙中山军政府卫队副官，兼大元帅府参军处参谋。1918年5月，孙中山被迫辞去军政府大元帅职务，杨殷也愤然离职。次年初，杨殷在广州西关盐务处稽查处工作，因了解劳动人民的困苦境遇，思想感情逐渐产生了变化。1922年秋，加入中国共产党，同年底被党组织派往苏联学习，使他深受教育和鼓舞，更坚定了为实现共产主义而奋斗的信念。

1923年初回国后，杨殷在广东从事工人运动，并根据国共合作的需要任国民党广州市第四区分部执委，兼任秘书。考虑到杨殷过去在同盟会和工人有广泛的联系，威信较高，1924年春，中共广东区委派遣他到粤汉、广九、广三铁路从事工人运动。杨殷首先在石井兵工厂开展工作，通过组织进步工团"十人团"，逐步把工人组织起来,培养了一批工人骨干。之后,党组织又派杨殷到佛山、顺德等行业工会,发展党员,培养骨干。杨殷深入基层,在工人群众中进行宣传教育和组织工作。

1924年5月1日,广州各行业工会联合召开工人代表大会,决定设立广州工人代表会执行委员会,刘尔崧当选为主席,杨殷任顾问,这标志着广州的工人运动在中国共产党的领导下开始走向统一。1925年1月,杨殷在上海出席中国共产党第四次全国代表大会,在会上介绍广东工人运动的情况。5月,杨希闵、刘震寰在广州发动叛乱,杨殷领导粤汉、广九、广三铁路工人罢工,切断叛军的铁路运输线,配合东征军回师平叛。

1925年上海五卅惨案发生后,由周恩来、谭平山、罗亦农、陈延年等人组成的中共广东临时委员会指派邓中夏、杨殷、杨匏安、苏兆征等组成党团,组织领导广州、香港两地工人的大罢工,声援上海。杨殷利用在广州、香港的社会关系,深入工会和工人群众中做组织发动工作。杨殷还是中国共产党早期情报工作的领导人,注重情报员的培养工作,大革命时期搜集了不少重要情报。在1927年12月的广州起义中,杨殷负责总指挥部参谋团的工作,并在一线指挥战斗,曾率领敢死队攻下敌人重要据点广州市公安局。广州起义后成立了广州苏维埃政府,张太雷任代主席,杨殷任人民肃反委员,捕获并处决一批反动分子。起义失败后,杨殷率队突围到海丰。

1928年7月,杨殷在莫斯科召开的中共六大上当选中共中央委员、政治局候补常委,并任中共中央军事部部长。11月起任中央政治局常委。在上海工作期间,他与周恩来、蔡和森、苏兆征、李立三等领导人一起,经常研究部署各地的武装斗争和红军的领导工作。杨殷还亲自到苏鲁皖等地领导武装暴动,为建立农村武装割据，发展壮大中国工农红军做出重要贡献。1929年8月24日，由于叛徒白鑫的告密，杨殷与彭湃等一批共产党人在上海被捕。在狱中，他视死如归，以凛然正气同敌人进行了顽强斗争，宣传中国共产党的政治主张。8月30日，杨殷与彭湃等被反动当局秘密杀害于上海龙华。

1933年7月，中华苏维埃共和国中央人民政府决定将江西省兴国县一部分划设新县，命名杨殷县。1933年10月，中华苏维埃共和国中央革命军事委员会决定，将中国工农红军第一步兵学校命名为中国工农红军彭（湃）杨（殷）步兵学校。2009年9月14日，杨殷被评为"100位为新中国成立做出突出贡献的英雄模范人物"之一。

（张金超）

在广州召开的社会主义青年团第一次全国代表大会历史地位如何？

1921年7月，中国共产党的成立，给青年运动提供了发展契机。8月，张太雷从苏俄回国，带回青年共产国际要求中国创建青年团的工作指示。11月，中共中央局发出相关通告。次年2月，中共中央局决定成立团临时中央局，施存统为临时中央局代理书记，负责整顿和恢复中国社会主义青年团的工作。各地团组织重新登记，逐步恢复。

中国社会主义青年团第一次全国代表大会（以下简称"团一大"）原定在上海召开，广东社会主义青年团负责人谭平山在致团中央的信中，建议"大会地点，如能改在广州更好，因为比较的自由"。团中央采纳了这个建议，这充分体现了中央对广东青年运动的肯定和重视。

团一大能够在广州召开，是多方面综合的结果。中国共产党创立时期，中国的大部分地区处于封建军阀和帝国主义的控制之下，党、团的发展受到严重制约。然而，深受孙中山民主思想的影响，广东革命的形势却迅速发展，政治环境相对自由。中国共产党一大召开后，中共广东组织的主要负责人谭平山于1921年11月开始组建广东社会主义青年团，到1922年3月，在广州的团员就发展到400余人。加上马克思主义在广东的广泛传播及共产党、共产国际对广东青年运动的重视，团一大在广州召开可谓水到渠成。

1922年5月5日至10日，团一大在广州东园召开，开幕日恰逢无产阶级革命导师马克思诞辰104周年纪念日。出席大会的代表25人，代表全国15个地方团组织、5000多名团员。中共中央局书记陈独秀和青年共产国际代表达林也出席了会议，其中广州代表人数最多，有谭平山、谭植棠、谢英伯、陈公博四位。大会的主要任务是制定和通过团的纲领和章程，建立团的中央领导机构。陈独秀、达林分别做了"马克思主义两大精神"和"国际帝国主义及中国社会主义青年团"的演讲。陈独秀希望广大青年"能以马克思的实际研究精神，研究社会上各种情形，最重要的是现社会的政治及经济状况"，"发挥马克思实际运动的精神，把马克思学说当作社会革命的原动力"。大会讨论通过《中国社会主义青年团纲领》《中国社会主义青年团章程》《青年工人农人生活状况改良的议决案》《关于政治宣传运动的议决案》《关于教育运动的议决案》《中国社会主义青年团与中国各团体的关系之议决案》等文件。

团的纲领确定中国社会主义青年团是"中国青年无产阶级的组织"，最终奋斗目标是在中国建立"一切生产工具收归公有和禁止不劳而食的初期共产主义社会"，革命任务是"一方面为改良工人农人的生活状况而奋斗，并为青年妇女、青年学生的利益而奋斗；一方面养成青年革命的精神，使向为解放一般无产阶级而奋斗的路上走"。中国社会主义青年团完全接受了中国共产党的政治主张，第一次明确地提出"铲除武人政治和国际资本帝国主义的压迫"。大会选出第一届中央执行委员会，高尚德（君宇）、方国昌（施存统）、张椿年（太雷）、蔡和森、俞秀松当选执行委员，方国昌被推选为书记。

此外，大会一致同意中国社会主义青年团加入青年共产国际，成为它的一个支部。这表明中国社会主义青年团从一开始就坚决地站在国际无产阶级革命方面，站在列宁领导的第三国际一边。

这次大会的召开，宣告中国社会主义青年团正式成立。大会总结了历史经验，确立了基本原则，指明了发展方向，使中国社会主义青年团实现了思想上、组织上的统一，成为纲领明确的、全国性的先进青年组织，成为中国青年运动史上的里程碑。

2012年5月8日，为庆祝建团90周年，在团中央、省委、省政府的关心支持下，广州市委、市政府在东园旧址附近修建的团一大纪念广场落成揭幕。这是广东省首个共青团历史文化主题纪念广场，全天候对外开放，如今已成为青少年教育基地、团队仪式教育活动阵地、团员青年便民服务窗口和市民休闲文化场所。

（张金超）

中国共产党第三次全国代表大会为什么在广州召开?

中国共产党自 1921 年在上海诞生以来，一直把上海作为党中央领导机关的办公地址。党的一大和二大都在上海召开（一大后半段改在浙江嘉兴南湖召开）。到了党的三大，中共中央特别将会议地点选在了广州，这也是中国共产党的历史上唯一一次在广州召开的全国代表大会。之所以这样做，这是与当时的革命形势以及广东在全国的政治地位分不开的。

广东是民主革命先行者孙中山的故乡，也是近代仁人志士抵御外侮、反抗专制，追求国家富强、民族解放的热土和基地。辛亥革命后，以广州地区为中心的革命运动从未停止过。中共一大后，广东党组织迅速发展，党员人数由最初的 9 人发展到二大时的 30 多人，数量仅次于上海，名列全国第二。日益高涨的革命气氛，使前来考察的苏俄、共产国际代表对广州产生了非常好的印象，也增强了他们推进国共合作的信心。参加完党的一大后到广州进行考察和拜会孙中山的马林称，在上海所看到的情景令他对中国革命运动及其前途感到悲观，但南方之行让他坚定了信心。他甚至断言："广州是我们共产党人能开展工作的唯一地方。"1922 年 5 月，共产国际在华工作全权代表利金，在给共产国际执委会远东部的报告中也建议"中央局从上海迁往广州",理由是广州有广泛的合法条件,有最先进的工人运动,也是国民党的活动中心。

1922年7月18日,共产国际正式命令中共中央将驻地迁往广州。不过,这一命令由于陈炯明的兵变并未马上实施。1923年初,陈炯明被驱逐出广州,孙中山在广州重建军政府。广东的共产党和社会主义青年团组织得到了整顿和恢复,各项工作迅速展开。孙中山为争取苏俄的援助,对共产党领导的革命运动持积极态度,国民党改组也在如火如荼推进当中。看好广州这种良好的革命氛围,第三次来华推进国共合作的共产国际代表马林,再次提出将中共中央局迁到广州。1923年4月,中共中央机关由上海迁至广州,主要办公地点设在新河浦路的春园。5月,中共中央执行委员会发出通知,次月在广州召开三大,核心议题就是研究和推进国共合作。

1923年6月12—20日,中共三大在广州召开。共产国际代表马林参加了会议。陈独秀主持会议,并代表第二届中央执行委员会作报告。大会议程主要有三项:一是讨论党纲草案,二是讨论同国民党建立革命统一战线问题,三是选举党的中央执行委员会。会议传达了共产国际关于国共合作的指示,分析了建立革命统一战线的必要性,以及把孙中山领导的国民党改造成为工人、农民、小资产阶级与民族资产阶级革命联盟的可能性。经过讨论,大会决定采取共产党员以个人身份加入国民党的形式实现国共合作,同时保持共产党在政治上、思想上和组织上的独立性。

大会选举新的中央领导机构,陈独秀、蔡和森、李大钊、谭平山、王荷波、毛泽东、朱少连、项英、罗章龙等9人当选为中央委员,邓培、张连光、徐梅坤、李汉俊、邓中夏5人为候补中央委员，由陈独秀、蔡和森、毛泽东、罗章龙、谭平山5人组成中央局，陈独秀为委员长，毛泽东为秘书，罗章龙担任会计。毛泽东被选为中央局秘书，这是他首次进入党的领导核心层。会议上，毛泽东还就发动中国农民参加革命的重要性发表了见解，他根据自己从事湖南农民运动的经验指出："中国共产党不应只看见局处广州一隅的国民党，而应重视全国广大的农民。"大会还委托毛泽东和谭平山起草了我党历史上第一个农民问题决议案。

中共三大成功解决了建党初期党内在国共合作问题上存在的重大分歧，统一了全党的认识，促进了第一次国共合作的实现，使共产党活动的政治舞台迅速扩大，加速了中国革命的步伐，为波澜壮阔的大革命做了准备。中共三大所确定的建立国共合作革命统一战线的策略，也成为中国共产党夺取革命胜利的三大法宝之一。

（张冰）

黄埔军校中有哪些著名的共产党人？

在孙中山的革命生涯中，长期未能掌握属于自己的军队，是起义屡屡失败的重要原因。在共产国际和中国共产党的帮助下，孙中山日益认识到建立革命武装的重要性。1924年创立的黄埔军校，即孙中山和国民党为"按照苏联式样建立一支军队"的产物。

在黄埔军校的创立过程中，共产党人扮演了重要角色。1921年，共产国际代表马林来华。在陈独秀的介绍下，马林在桂林与孙中山会面。马林承诺苏俄会向孙中山提供经济和军事援助。1923年1月越飞与孙中山发表联合宣言后，又在日本与廖仲恺进行了具体会谈。越飞承诺向孙中山提供革命资金、武器援助，并帮助筹建军事学校。随后，孙中山委派蒋介石率领"孙逸仙博士代表团"，赴苏俄考察党务和军事。代表团中，共产党员张太雷任俄文翻译，另有共产党员沈定一。这次考察为黄埔军校的建立打下了基础。

1924年1月，国民党第一次全国代表大会通过了创立军校案，并委托参加大会的代表到各地招生。叶剑英受廖仲恺邀请，参加了军校筹备工作。中共积极响应号召，动员参加黄埔军校。参加国民党一大的毛泽东到上海负责长江流域和北方各省转来的考生，进行秘密复试和转送工作。何叔衡负责湖南的招生工作，共产党人赵自选就是经他初试录取后，又转介绍到上海交毛泽东接收复试的。国民党人邓文仪也承认，他是共产党人介绍来的。据周恩来回忆，当时黄埔军校约600名学生，大部分是中国共产党从各省秘密活动来的左派青年，其中党团员五六十人，占十分之一，如徐向前、周逸群、陈赓、周士第、卢德铭等。

1924年5月，军校第一期学生正式入学。6月16日，举行开学典礼，孙中山亲自发表演说。根据演说的精神，中国共产党积极地选派优秀干部到校任职。周恩来、包惠僧、邵力子、鲁易、熊雄、聂荣臻等分别担任过政治部主任、副主任、代主任、秘书等职，恽代英、萧楚女、张秋人、安体诚、高语罕等担任过政治教官等职，金佛庄、茅延桢、郭俊、唐同德、严凤仪、曹石泉、徐成章、徐天炳、张子清等担任过军事教官、队长、区队长等职。中国共产党人在军校卓有成效的工作，既为军校培养了大批优秀人才，又壮大了自己的力量，扩大了共产党的影响。

黄埔军校根据列宁创建红军的经验，设立了党代表和政治部。军校的一切命令，都必须经党代表副署再交校长执行，未经党代表副署的命令无效。政治部负责军校的政治思想教育工作，政治部主任是党代表的参谋长，特殊情况下，可行使党代表职权。设立党代表和政治部，是新军队区别于旧军队的一个显著标志。黄埔军校政治部主任，这是周恩来回国后担任的第一个职务。

周恩来以"真正在军校推行列宁创造红军的经验"为准则，根据孙中山的"武力与国民相结合"的建军纲领，在政治动员中，强调军队要遵守群众纪律，以求得国民的支持和援助；要求各级党代表以自己的模范作用带领官兵遵守群众纪律，宣传队和"血花剧社"要竭力开展宣传群众工作。他指示政治部给"校军"官兵每人发一条红巾，系于颈上，以示"校军"与其他军队的区别。

这既给"校军"官兵以政治荣誉感,又赋予他们政治责任感。这样,就把政治部职能由对内担负师生和官兵政治训练的任务,发展到对外担负宣传民众的任务,使革命军向着军民一致的方向发展。通过全面的进步的政治知识教学,多样化的进步思想教育,强有力的战时政治工作,黄埔军校多数师生实践了孙中山提倡的"忍苦耐劳,努力奋发"的学习精神、"一心一意为国家奋斗"的革命精神、为民众利益"不要身家性命"的牺牲精神、勇于冲锋陷阵的战斗精神。

黄埔军校能在短短的几年里取得如此成就,与中国共产党所做的努力和所给予的影响密不可分。

(张金超　唐万田)

为什么说广州农民运动讲习所的创办推动了农民运动的兴起？

广州农民运动讲习所（简称"农讲所"）是第一次国共合作期间，由共产党人彭湃等倡议，以国民党名义开办的，培养农民运动干部的学校。其宗旨是"培养成农民运动之指导人才"。1924年7月，第一届农讲所开学，直至1926年9月第六届开学，共培养近800名农民运动干部，推动了农民运动的兴起。

农讲所的创办标志着农民问题和农民运动受到重视。孙中山及其领导的革命党，起义屡屡失败，一个重要原因就是忽略了在中国人口占多数的农民，对农民问题重视不够。俄国十月革命后，孙中山逐渐意识到农民问题的重要性，将目光转向农民。在共产党内，部分早期共产党人已经认识到农民的重要性，并积极投身于农民运动中。其中，彭湃在海陆丰地区领导的农民运动声势浩大，为以后的农民运动积累了经验。第一次国共合作实现后，在彭湃等共产党员推动下，广州农讲所正式开办。

第一届农讲所所址设在越秀南路惠州会馆，学员包括参加过革命运动有一定斗争经验的学生、接受新三民主义并开始从事农民运动的农民、从事过工人运动的工人。除进行政治课教学，学员在黄埔军校接受为期10天的军事训练，并组织对农村和农民运动的调查。毕业典礼上，孙中山到会致辞，指出："你们这次毕业，到各乡村去联络农民，这是我们国民党做农民运动所办的第一件事，农民是革命的基础，诸君赶快去宣传联络，农民都联络了之后，我们的革命，才可以大成功。"

第一届毕业学员中，有24人被委派为国民党中央农民部特派员，分赴各地开展农民运动。后来，他们在推动广东农民运动方面发挥积极作用，成为主持各重要农民协会区域的战斗员，被称为农民运动的"推进机"。至第四届，农讲所培养了300多名农运指导人才，使广东"农民运动有风起云涌之势"。

1926年5月至9月，毛泽东任所长的第六届农讲所在今广州市越秀区中山四路42号（原为番禺学宫）举办。第六届是规模最大、学习时间最长、学科最为全面的一届，周恩来、萧楚女、彭湃、恽代英等著名共产党员任教员。

毛泽东除担任所长，负责主持所务工作外，还亲自给学生讲授"中国农民问题""农村教育""地理"三门课程。毛泽东还经常带领学员参加政治运动、到农村调研，使得理论与现实有机结合。其间，毛泽东提出"农民问题乃国民革命的中心问题"，指出"农民不起来参加并拥护国民革命，国民革命不会成功；农民运动不赶速地做起来，农民问题不会解决；农民问题不在现在的革命运动中得到相当的解决，农民不会拥护这个革命"。这是继《中国社会各阶级的分析》之后，毛泽东对农民问题的认识的进一步深化，为以后工农武装割据思想的形成奠定了基础，为新民主主义革命道路的开辟指明了方向。

（张金超　谢田田）

为什么说省港大罢工在中国工运史上是空前的，在世界罢工史上是罕见的？

1925年爆发的省港大罢工是中国共产党在第一次国内革命战争时期领导的一次大规模罢工。罢工由声援上海发生的五卅运动而起，斗争矛头直指英帝国主义。

6月19日，罢工先在香港爆发。21日，广州沙面洋务工人迅速响应，两地参加罢工的工人有二十多万。罢工工人在中国共产党领导下，以广东革命根据地为依托，向英帝国主义展开了英勇斗争。罢工到1926年10月10日基本结束，长达16个月之久，其声势之大、时间之长，不仅在中国工运史上是空前的，在世界罢工史上也是罕见的。

省港大罢工中，为了克服反动势力对罢工斗争的干扰破坏，妥善解决罢工队伍内部存在的问题，统一对反帝斗争的认识和步伐，罢工工人创造了罢工工人代表大会和罢工委员会作为团结广大罢工工人、与帝国主义进行斗争的指挥部的组织形式，同时还创建了一支坚强的忠实捍卫罢工利益的革命武装队伍——罢工工人武装纠察队。

大罢工沉重打击了英帝国主义，推动了全国反帝斗争的深入发展。罢工委员会采取封锁香港的政策，使香港和广东的贸易断绝,和其他地方的贸易也受到严重影响。航业几乎全部停顿,商业也一落千丈。经过大罢工的洗礼,打倒帝国主义、废除不平等条约的口号深入人心,在思想上政治上为大革命的深入发展作了准备。

大罢工促进了广东革命根据地的统一和巩固,推进了广东地区革命形势的发展。1926年7月,国民革命军誓师北伐。罢工委员会特成立运输委员会,动员工人踊跃参加运输工作,对北伐的胜利起到了促进作用。中共广东区委在停止罢工的宣言中说:"省港罢工坚持十五个月之久,其最大功绩是帮助革命政府肃清反革命派,截断香港牵制广东的影响及对反革命的接济,如此,使革命基础强固起来,为中国反帝国主义运动建立了一个大本营。对于这一个目的,你们亦已做到,广东的革命基础已巩固了,广东工农已有百万以上的组织了,国民政府已有力进行北伐以扩大革命基础及帮助他省的工农组织起来。"

省港大罢工进一步锻炼了工人阶级的队伍,从而为新的斗争播下了革命的种子。通过罢工斗争的实践,广大工人进一步认清帝国主义、封建军阀是中国工人阶级和劳动人民的敌人,进一步认识到只有团结起来坚决斗争才能取得民族独立和自身的彻底解放。

省港罢工工人在中共广东区委和罢委会党团的领导下,建立了一套相当于政府机构的完备组织,制订了一系列正确的政策和策略,使罢工能在复杂的斗争中长期坚持。正如邓中夏所说,省港罢工是工人阶级掌握政权的一次学习。它所创造的一些经验对于中国工人运动和中国革命有着深刻的意义。

(张金超 唐万田)

国民革命军第十九路军如何在淞沪抗战中拼死抵抗日军？

国民革命军第十九路军前身是粤军第一师第四团，1926年改为国民革命军第四军，1930年番号改为十九路军，由东莞人蒋光鼐任总指挥，罗定人蔡廷锴任军长。十九路军是中国战斗力最强的军队之一，被誉为"铁军"，官兵以广东人居多。

1931年九一八事变后，第十九路军调防上海。面对民族危亡的严峻形势，受过大革命洗礼的十九路军官兵，在全国爱国民众及中国共产党"停止内战、一致对外"方针的感召下，抗日激情高涨，宣誓反对内战，团结抗日。

1932年1月28日，日军在上海制造事端，肆意挑衅。奉行"攘外必先安内"政策的蒋介石当局对于日本的挑衅非但没有作应有的备战措施，相反却妥协退让，一再要求前方部队"避免冲突"。1月28日23时30分，日军海军陆战队2300人在坦克掩护下，占领淞沪铁路防线。中国驻军十九路军坚决抵抗，一·二八事变爆发。

十九路军将领蒋光鼐、蔡廷锴和淞沪警备司令戴戟于当日发表《敬告淞沪民众书》，公开表明十九路军的立场，表示"宁为玉碎而荣死，不为瓦全而偷生"。

虽然武器装备远远落后于日军，但十九路军英勇奋战，在吴淞要塞保卫战等重要战役中，以少制多，打退以飞机掩护、大炮铁甲车开道的日军，震惊中外。

十九路军奋起抗战的消息传遍了神州大地，举国上下群情振奋，要求政府毅然实行抗战的呼声响彻全国。战役打响后，国民党中央政治会议通电支持十九路军抗战，孙科、李宗仁等留沪的国民党中央执委联名致电蒋介石、汪精卫，指出政府此时应下定抵抗决心，并调集军队增援十九路军。宋庆龄、何香凝发动和带领妇女界、医务卫生界、文化界等人士支援前线。南京、北平、广州、天津、武汉、长沙、杭州、济南、成都、昆明、重庆、西安等城市，纷纷集会通电，声援十九路军。各地很快形成自九一八事变以来的第二次大规模的抗日救亡运动高潮。

在前所未有的强大压力下，蒋介石对十九路军抗战由观望转向直接参与。2月初，在十九路军的一再催促下，南京军政部决定调动草创时期的空军参战。

然而，敌人加紧火力进攻，战斗异常激烈，达到白热化，十九路军和第五军将士肉搏奋战，伤亡枕藉，在无兵增援、腹背受敌的情形下，十九路军不得已于3月1日夜撤退至第二道防线。3月3日，蒋光鼐、蔡廷锴、张治中、戴戟暨全体师、旅、团长发出"泣告国人通电"，历述淞沪抗战经过及后撤缘由，慷慨陈词，呼吁抗战到最后，"不与暴日共戴一天"。

在英、美、法、意等国调停下，1932年5月5日，南京国民政府与日本签订《淞沪停战协定》。

淞沪抗战时间长达一个多月，是近代中国第一次卓有成效的抗击日本侵略者的尝试。在兵力数量和武器装备处于明显劣势的情况下，中国抗战部队顶住了日军多次疯狂进攻，迫使日军三易主帅。日军伤亡近万人，仍然没有达到在上海消灭中国部队的作战目标，狠狠打击了日本帝国主义的侵略气焰，增强了民族自信心和自尊心，提高了抗战胜利的信心，同时也大大提高了中国的国际地位。爱国人士章太炎极为兴奋地说："自清光绪以来，与日本三遇，未有大捷如今者也。"

由于第十九路军官兵阵亡近2000人，其中大部分官兵祖籍广东，为偿烈士生前"马革裹尸还"的夙愿，战后将部分阵亡将士的忠骨或遗物移至现沙河顶，建成十九路军淞沪抗日阵亡将士坟园，1990年更名为广州市十九路军淞沪抗日阵亡将士陵园，1995年1月民政部公布为全国第一批爱国主义教育基地。

（李兰萍）

港九大队在抗日战争中有哪些英勇事迹？

抗日战争时期，在香港有这样一支部队，他们敢打敢拼，坚持在敌占区打击日寇的嚣张气焰，直至1945年8月15日日本宣布无条件投降。这就是港九大队！那么，港九大队在抗日战争期间究竟有哪些英勇事迹呢？

自1938年广州沦陷后，香港成为内地对外联络与物资秘密输入的重要通道。1941年12月7日，日军挑起珍珠港事件，偷袭了美国太平洋海军舰队基地珍珠港。在中国境内，为了进一步打击中国军民抗战的信心，并破坏援华路线，使得中国孤立无援，日军于1941年12月8日凌晨发动了香港战役。12月25日香港总督杨慕琦宣布无条件投降，自此香港也成为沦陷区。

在这样的情况下，广东人民抗日游击总队决定在港九地区组建指挥部，统领香港各地游击队。1942年2月3日，港九大队正式成立，大队长蔡国梁，政委陈达明，成员以香港"新界"居民子弟为主，包括农民、学生、海员等。

香港沦陷后，日军对香港进行经济掠夺、军事管控、文化奴役。港九大队派出大批队员深入乡村，积极在乡村地区组织抗日力量，先后组建沙头角、元朗、市区、西贡、大屿山、海上中队。

在敌强我弱的情况下，港九大队以游击战为主，采取"化整为零、集零为整"的战略战术，坚决贯彻执行"敌退我进，敌驻我扰，敌疲我打，敌退我追"的游击战术，涌现出许多感人的抗战英雄人物。

1943年11月，沙头角中队袭击了日本宪兵队的翻译官林老虎，并在上水打死日军宪兵军曹、特务头目小贞。西贡区沙田短枪队副队长刘黑仔带领队伍，击毙一名日本兵，活捉日军特务与中国特务各一名。

除了在陆地开展游击战外，港九大队还联合护航大队一起，给予日本海军沉重打击。在几年的海上游击战中，港九大队共击沉俘获军舰近50艘，击毙日军近100名，俘虏30余人，击毙伪军近100人，俘虏50余人。

港九大队在营救行动上更是令世界为之震惊。香港沦陷后，大批抗日民主人士和中国数百名知名文化人士滞留香港，情况十分危急，在粤南省委、香港市委的协助下，港九大队展开了紧张的营救活动，冒着生命危险，在布满日军哨卡的香港地界撕开了一道道口子。经过6个多月的紧张营救工作，将近900名知识文化界人士和民主人士获救，包括何香凝、梁漱溟、邓文钊、乔冠华、茅盾等人。茅盾事后评价这一行动为"抗战以来最伟大的抢救工作"。

港九大队在营救英国和其他外国人士上同样发挥了极其重要的作用，曾营救30余名英国官兵、50多名印度人，总计超过80名外国人士获救，促进了中国与反法西斯国家之间的友谊。港九大队还在九龙和广州保护商人，并重创了启德机场。

总而言之，港九大队充分发挥了自身的优势，采取游击战术，使日军疲于应对，给予日军沉重打击，是中国抗日战争史不可分割的一部分！

（张金超　张智鹏）

1945年广州地区对日受降始末是怎样的？

1945年，中国抗日战争进入全面反攻阶段。8月15日，日本正式宣告无条件投降。18日，第二方面军司令官张发奎被任命为广州地区受降主官，主持接受华南日军投降。

9月7日，国民党新编第一军孙立人部进入广州。9月9日，由粤汉铁路南下之第十三军第八十九师到达广州。9月16日上午，广州地区的日军签字投降仪式在中山纪念堂举行。张发奎坐上吉普车，率同各接机官员、新一军三十八师，举行隆重的入城进军仪式。队伍从机场出发，经搭建有凯旋门的中华北路（今解放路）、一德路、长堤、靖海路、泰康路等，至中山纪念堂前结束。沿途市民张灯结彩，大放爆竹，夹道欢迎。随后，日方投降代表日军第二十三军司令官田中久一、参谋长富田直亮、海南岛日军指挥官肥厚大佐等神情沮丧地走进会场。10时，受降仪式正式开始，张发奎端坐中央，其他人员分坐两旁，日军降官登台向中方受降官员鞠躬后，垂首听取李汉冲宣读"国字第一号命令"。该命令规定：日军受令后，应即就现集中地，依我方指定之仓库，按先重武器后轻武器之顺序，自行卸下一切装备，纳入仓库……日军卸下武器后，依原部队建制，徒手进入指定之集中营，以战俘身份听候处理；田中久一及各部队长即解除指挥权,田中久一改为日俘官兵善后联络部部长等。命令宣读完毕,田中久一签署投降书。

受降当日,广州市区的日军全部集中在珠江南岸(今海珠区)。9月23日,第二方面军开始接收日军的武器装备。沦陷时期,日军强行接收了大批省营和民营的工厂,在日本投降后,这些工厂陆续回到中方手中,其中包括有岭南锯木厂、广东制药厂、制革厂等。至1946年1月底,接收工作结束。至此,广州地区的对日受降工作正式落下帷幕。

(张金超　莫翠端)

1949年广州是如何解放的？

1949年10月1日，开国大典在北京天安门广场隆重举行，中央人民政府主席毛泽东庄严宣告中华人民共和国成立。而此时，华南、西南、中部部分地区及大多数海岛还没有解放，华南地区核心城市广州也在其中。

1949年4月，人民解放军百万雄师渡过长江解放南京，国民党的统治名存实亡。残存的国民党势力逃到广州，企图负隅顽抗。8月1日，中共中央任命叶剑英为华南分局第一书记、张云逸为第二书记、方方为第三书记，并指示叶剑英到江西赣州与二野四兵团、四野十五兵团负责人及方方等人会合，部署解放广东。11日，叶剑英奉命离开北平南下。与此同时，中共中央组织部挑选一大批干部，组成南下工作团，陆续输送到广东各地，作为接管城市的干部力量。

9月初，华南分局、南下大军、两广纵队的主要领导人在赣州会师。9月7—24日，华南分局召开作战会议、三次扩大会议及高级干部会议，研究确定了解放广东的作战方案，史称"赣州会议"。

9月22日，人民解放军以雷霆万钧之势，分路飞越粤北天险五岭山地，突破敌人吹嘘的"粤湘赣防线"。9月28日，根据赣州会议决议,叶剑英、陈赓联名签发了《广州外围作战命令》,兵分三路向广州进军。

10月2日,广东战役打响。至13日,完全摧垮敌军三道防线,广州东、北、西三面处在人民解放军的包围中。在解放军的强大攻势下,国民党当局决定放弃广州。撤退前夕,国民党军队炸毁了横跨珠江两岸的海珠铁桥,居民被炸死炸伤近1000人,船只被炸沉100多艘,100多名政治犯被集体屠杀。

10月14日,在人民解放军即将进入广州之时,中共地下党员、广州市警察局保安警察独立大队大队长程长清策动保安警察大队、13个警察分局及国民党广州市政府自卫队共2000多官兵举行起义。当日,人民解放军经由广州北郊进入市区,分头占领"总统府"、"行政院"和绥靖公署等国民党军政机关,华南大都会广州宣告解放。是日为广州解放纪念日。18日,中国人民解放军广州市警备司令部成立。21日,广州市军事管制委员会成立,叶剑英为主任。28日,成立广州市人民政府,叶剑英兼任市长。

11月11日,中国人民解放军炮兵队举行入城仪式。广州市各界人民举行庆祝广州解放大会,20多万人参加游行,盛况空前。下午,叶剑英、方方等党政军负责人在市人民政府门前检阅入城部队和部分游行队伍。

(张冰 莫翠端)

貳

广州黄埔古港

 西村窑凤头壶

石湾陶

广船模型

清宁宫内的广锅

清代广州十三行的外贸景象

永安百货公司

港珠澳大桥（图片来源：视觉中国）

桑园围（图片来源：西樵山旅游网）

今日美丽深圳(图片来源：视觉中国)

中山古镇灯饰一条街

历史上广府的沙田是如何开发的？

沙田，指的是在沿海地带由江河带来的泥沙冲积而成的土地。广府沙田的开发可以追溯到宋代，但大规模的开发要到明代以后。到清代，沙田主要集中在香山、番禺、东莞、宝安、新会、台山等县沿江出海口的地区。沙田开发是当地人民持之以恒、不断探索筑堤围田和改善生产技术的成果。

兴筑堤围，将沙坦改造成耕地，成为可垦之地，通常有两种做法：一种是先垦后围，由潮田（不筑围便加以利用的沙田）发展为围田；另一种是先围后垦，即将浮露的沙坦拍围垦耕。人们在沿海沙田地带修筑简单低矮的海堤或滨海小围来减少海水浸没，加速泥沙沉积，达到防潮、防咸及加速沙坦形成的效果。

宋代，广府人民正式开发沙田，广州边海诸县皆有沙田，新会、香山尤多。宋末，小榄附近已是开阔平原，番禺沙湾一带由于沙田的开垦，成为"烟火万余家"的繁华之地。

广府人民首先开发了西江、北江老三角洲（即以三水河口镇为顶点，北以西南水道，南以西江到甘竹滩段正干为界的三角洲范围），在那里圈筑基围，并置排灌设施，通常称为围田区。随着宋元时期老三角洲的形成，江河入海口向前伸出到由市桥台地，经沙湾青罗嶂、顺德大良、中山小榄至新会一线。西江和北江的河水，经由这些台地山丘之间冲出，注入这一线以外的海湾中，不断向海外伸展。由这些江河水夹带而来的泥沙和来自上游的腐殖质开始在这些山丘台地的背面积聚，形成新的浅滩、沙坦，由此开始了珠江三角洲新沙田区大规模开垦的过程。

明初珠江三角洲迅速扩张，沙坦的面积不断扩大，为人们提供了更多可以围垦的土地。明中叶以后，在香山冲决三角洲的西海十八沙和东海十六沙、番禺冲决三角洲和新会崖门之内的大片沙田等被开发出来，形成沃壤，称为沙田区。其中，香山、新会、番禺和东莞的沙田面积较多，估计民垦和屯垦的围田面积达万顷以上，成为历史上沙田开发的一个重要阶段。清代则进入堤围修筑、围垦发展的全盛时期。

明清时期，沙田开发多以人工方式进行。开垦沙田"其利颇多"，民众深耕"已成之沙"，围垦"新成之沙""未成之沙"。开垦好的沙田，以稻作为主。随着农业商业化的发展，沙田成为粮食生产的重要区域，珠江三角洲逐渐发展出成熟精细的基塘农业，成为全国著名的商品经济发达的"鱼米之乡"。

明清时期沙田的开发和宗族的发展是联系在一起的。从堤围的兴修到沙田的开发，乃至管理防卫，都需要有组织的群体力量。由沙田的开发，形成以宗族组织为核心、乡族士绅对地方产生控制力的社会结构。清代宗族占有的沙田非常多，各宗族多以开发沙田作为增值族产、增强经济实力的主要方式，因此常与周围的宗族势力产生竞争，以获得沙田的实际控制权。珠江三角洲边缘山区的瑶民、浮荡江海的疍民和因破产而沦为流民者，则成为沙田开发的劳动力来源。在大宗族的役使下，他们以耕垦糊口，并因此定居下来。

（杨芹）

古代广府陶瓷是怎样走向海外的？

广东陶瓷生产的历史源远流长，在曲江、石峡等新石器时期末期的遗址发现有烧制陶器的窑址。南越国时制陶业已是重要的手工业部门，两汉时烧制技术大有进步，东汉末部分陶器的形制已接近瓷器，器形圆正规整，器壁厚薄匀称。

越南、印尼出土过汉代风格的瓦砖、陶魁等，类似的器物在广州汉墓也有发现，说明当时可能已经有陶瓷器物销往海外。南朝时，广州等地陶瓷继续出口海外。1975年在西沙群岛北礁礁盘发现的南朝青釉六耳罐残件、青釉小杯，与韶关、英德出土的同时期同类器物相同。

唐代广东陶瓷生产遍及各地，考古发现的唐代窑址，粤东10处，粤中8处，粤西9处，粤北1处，基本上为馒头窑和龙窑，分布在陶土、瓷土丰富的沿海或江边城镇。同时，与活跃的海外贸易相关，广府开始出现一些面向国际市场、专供出口的外销瓷生产基地，如南海、新会官冲、三水、广州西村等窑场。唐代"广州通海夷道"所及的亚洲、印度洋、波斯湾地区和东非海域，都发现不少广东陶瓷。例如在西沙群岛附近海域，发现过唐代广东青釉罐。印度尼西亚海域发现的"黑石号"沉船也出水了数量较多的广东窑口的瓷器。在菲律宾，出土过与唐代广州西村窑产品一样的凤头壶。唐代广府陶瓷在海外有广阔的市场。

宋代广东瓷业进入兴旺期,已发现窑址80多处,在东南亚各地发现的宋瓷,大部分是广州的外贸商品。广州西村窑等民间窑场烧制外销瓷尤为著名。

西村窑在今广州西村,窑炉烧造主要集中于北宋。产品有青白瓷、青瓷、黑瓷三种,釉色以青釉为主,也有米黄、黑、褐、深赭等色。西村窑充分利用窑口所在地——广州的瓷器输出集散处优势,积极仿烧外窑产品,以占有海外市场。粗瓷主要模仿浙江的青瓷,而精瓷主要模仿景德镇的青白瓷。器物造型繁多,凤头壶、刻花凤纹大碗为代表作。西村窑瓷器在国内较少见到,除广州南越国宫署遗址宋代文化层等地发现外,绝大部分在东亚、东南亚、中亚、西亚及东非的国家和地区出土。

明清时期,由于海外市场扩大和沿海通商之便,广东吸引了大量景德镇窑工前来开窑制瓷,出现了仿烧景德镇青花瓷的窑场。因传统、技术、原料等不同,广州陶瓷在胎质、釉色、图案等方面发展出自己的特色,产品大量供应海外市场,广府陶瓷在海外大放异彩。

石湾窑是明清时期的民窑,以陶塑和建筑陶器闻名中外,民谚有"景德瓷,石湾陶"。知名陶瓷厂家甚多,如"祖居唐"等。石湾窑以善仿钧窑而著称,也创制出独具特色的窑变釉。釉色丰富,刻画细腻,以人物、鸟兽等陶塑产品为主,兼有园林建筑材饰、丧葬祭品和仿古名窑制品等。观音、罗汉、佛像等陶塑,重视人物神情、动态、服饰的刻画,生动传神,惟妙惟肖。

清代行销国内外的瓷器产品中,出现了以织金彩瓷为代表的"广彩"瓷器,采用半成品的加工方法生产。广彩的生产作坊原分布于广州西关一带,后迁往今同福路一带。制品多取材于景德镇的白瓷胎，加以彩绘烘烧。图案多以人物、山水、花鸟为题材，不重写实，突出装饰，也有仿制西洋图案，绘画徽章、船舶、西洋风景的。产品有花瓶、盆、盘、金鱼缸、茶具、碗碟、酒器、奶杯、咖啡壶等。清嘉庆、道光年间（1796—1850），广州十三行的商人专设广彩出口的瓷庄和洋行，产品多按外国客户的要求加工定做，融汇中西，深受西方人的青睐。

时至今日，广府的陶瓷产品依然吸引着海外目光，佛山是全球较大的陶瓷生产基地和陶瓷商贸物流集散地，保持着良好的出口势头。

（杨芹）

为何说广州是中国海上丝绸之路的重要发祥地之一？

古代东西方交往的主要途径之一是取道海路，自中国东南沿海港口，往南穿越南海，进入印度洋、波斯湾地区，乃至东非、欧洲；或从北方沿海通过东海、黄海前往日本、朝鲜。此路被称为海上丝绸之路。历史上，广州由于地理位置、历史传统等原因，始终是南海沿岸的主要对外贸易港和南海交通枢纽，是海上丝绸之路的重要发祥地。

秦汉之际，番禺（今广州）作为南越国的国都和岭南中心城市，是南海北岸著名的都会和舶来品集散中心，是能够成批制造在内河与沿海航行的船只的造船基地。南越国"文帝陵"出土的波斯风格圆形银盒、两河流域工艺制作的金花泡饰、非洲原支象牙、镂孔熏炉、乳香等，皆来自海外。南越国繁荣的对外贸易，不仅奠定了广州南海沿岸主港的地位，而且为汉代海上丝绸之路发展打下了坚实的基础。

汉元鼎六年（前111），汉武帝平南越，派遣使者从北部湾沿海的徐闻、合浦等地前往南海地区，最远到达印度半岛南部的黄支国（今印度）和已程不国（今斯里兰卡），这是海上丝绸之路发展史上的里程碑。这一时期，广州与南海周边国家也有贸易往来。广州汉墓出土不少外国人形象的陶俑，正是当时东西方海上交往的见证。

魏晋以后，随着东西方海洋贸易繁盛，一个以南海—印度洋为中心的大规模的国际海洋贸易网络逐步形成。广州既是唐代西行贸易航线的起点，又是海外各国从海上进入中国的门户，与国内外市场建立起密切的商业联系。唐朝人形容广州"雄藩夷之宝货，冠吴越之繁华"。

北宋平南汉，在广州置市舶司，后在杭州、泉州、明州等地置市舶司，"唯广最盛"。南宋广州贸易仍甚繁盛，市舶收入可观。元代泉州港的重要性超过广州，但广州仍然是南海北岸的主要贸易港口。《大德南海志》记载，与广州有贸易往来的国家和地区达到140多个，从广州出发的航线可以达到东南亚、南亚、东非、北非及地中海北岸的希腊、意大利、西班牙等国。

唐宋时期，中国海外贸易臻于鼎盛，贸易管理成就斐然，许多管理制度在广州首创，继而向其他地区推广。例如唐代在广州首置市舶使，开创了古代海外贸易管理的新制度，为宋以后所继承沿用，至清代才为海关制度所取代。北宋神宗年间制订的《广州市舶条》，是我国历史上第一部海洋贸易管理的专门法规，对后世影响甚为深远。元朝于1314年颁行的、被认为是中国古代第一部完整和系统的海外贸易管理法规的延祐《市舶则法》，就是在《广州市舶条》的基础上制订的。广州为我国古代海外贸易管理制度建设做出了重大贡献。

明清时期，海上丝绸之路进入崭新的发展阶段，传统的南海商道演变成连接全球的海洋贸易网络。明初于广州设置市舶司，包揽了对南海周边诸国的朝贡贸易，重返中国对外贸易首港地位。终明一代，闽、浙市舶司时置时罢，惟广州市舶司一直不变。明中叶澳门开埠，成为广州外港，居于连接全球海运航线的中心枢纽，在东西方交往中的地位，其他沿海港口难以比肩。

清朝统一台湾后，于沿海设置粤、闽、浙、江四海关，由于历史、地理、政治等因素，中国与西方国家的贸易逐渐集中到广东，形成了以广州—澳门为中心的贸易架构。乾隆二十二年（1757），清廷为抑制外商向北方港口扩大贸易的企图，将对欧洲贸易限于广州，即所谓的"一口通商"。此后直到鸦片战争后五口通商，将近一百年的时间里，广州成为西方人唯一可以进入和从事贸易的中国口岸（葡萄牙租居的澳门除外）。

广州作为面向南海的重要港口，自秦汉、唐宋至明清，长期是中外贸易的中心地，两千余年经久不衰，不仅在中国历史上独一无二，在世界历史上也是罕见的。广州是海上丝绸之路的重要发祥地。

（杨芹）

古代从广州开始的市舶制度的作用有哪些?

国家直接设置机构经营海外贸易,始于唐代。隋唐王朝奉行对外开放政策,鼓励中外通商交往,对外贸易盛况空前。唐代以前,海外贸易由沿海地处海上交通要冲的地方政府集中管理,南海诸国来中国贸易,既没有专门的管理机构,也没有形成完善的管理体制。唐初设市舶使于广州,总管东南海路对外贸易,开创了中国外贸史的新局面。

至迟在唐开元二年(714),广州已设市舶使。市舶使或以专官充任,或由岭南地方长官兼任,甚至出现宦官任市舶使的。市舶使以"市舶使院"为办事机构,主管东南海路邦交和贸易,在唐代对外关系史上占有重要地位。一方面,市舶使掌管海外诸国朝贡事务。另一方面,市舶使总管东南海路通商贸易,包括对商舶征收进口货物税以及禁止民间私下交易进口货物中之专卖商品、以低价征买专卖商品等。唐朝设置市舶使,直接管理海外贸易,目的之一就是开拓财源,增加收入。唐前期市舶征榷仅"官市物"一项。唐中期以后,国家财政长期紧张,对市舶征取大为增加。通过征榷制度,朝廷获取相当可观的市舶收入。

为鼓励贸易,唐朝对外商采取优待政策。至迟在唐开元二十年(732),广州已设置蕃坊和蕃市,方便外国商民居留交易。

蕃坊位于广州城外西郊，范围包括今广州市中山路以南、人民路以东、大德路以北、解放路以西一带，以光塔路及其附近为中心。蕃坊侨居外商数以万计，以阿拉伯人和波斯人为主。蕃坊领导者蕃长，以蕃商为之，掌坊中事务，并协助市舶使征税、收购舶货、招徕外商贸易。

设置市舶使后，广州成为全国外贸中心和东西方国际贸易大都会的地位已确立不移，国内其他城市无能出其右者。

宋代重视海外贸易，采取对外开放政策，并把唐以来的市舶制度发展成为有完整的管理机构和系统的制度条文的贸易管理体系。宋开宝四年（971），广州设市舶司，管理市舶事宜。宋朝另有杭州、泉州、明州（今浙江宁波）等市舶司。在众多市舶司中，广州始终是举足轻重的，所谓"自祖宗以来，兴置市舶，收课入倍于他路"。在北宋及南宋很长一段时期内，广州港一直执海外贸易之牛耳，有"唯广最盛"之说。

宋代市舶司"掌蕃货海舶征榷之事，以来远人，通远物体"，具体负责抽解（抽税）、博买进口商品、抽博货物的送纳与出售、维护港口、检查进出船只、发放"公凭"（贸易许可证）、禁止走私等事务，也参与贡使的接待与蕃商的招徕、蕃坊的监督与管理等。市舶机构设有市舶使、市舶判官及管库、杂事等一应官吏。宋代市舶官制有一个演变过程，但总的趋势是从地方行政职能中分离出来，向正规化的专职管理方向发展。宋神宗时，制定了中国历史上第一部海洋贸易管理条例《广州市舶条》，并在国内其他地区推广。

明初于广东、福建、浙江设市舶司，闽、浙市舶司时置时罢，唯广州市舶司长存不变。市舶司制度在中国外交、外贸管理上运作了近千年，直到清康熙年间设置四海关才退出历史舞台，但其不少机制仍然在海关体制内沿用不替。从广州开始创立的市舶司制度，在中国古代海外贸易史上延续了千年之久，对海上丝绸之路发展起着重要的促进作用。

（杨芹）

如何从桑园围发展到桑基鱼塘？

珠江三角洲的桑基鱼塘，是明清时期发展起来的耕作养殖方式，通过挖深鱼塘、垫高基田、塘基植桑、塘内养鱼等方式，成功地把种桑、养蚕、养鱼有机地结合起来，降低成本的同时，提高经济效益，营造了良好的生态环境。桑基鱼塘构成了珠江三角洲农业生产的主要特色。

珠江三角洲是由东、西、北三江汇合冲积而成的平原，全年气候温和，雨量充沛，日照时间长，土壤肥沃，适宜农作物生长，是盛产蚕桑、塘鱼、甘蔗的重要基地。珠江三角洲的蚕桑生产有悠久的历史，早在汉代已有种桑、育蚕、丝织等生产活动。唐代，各地商人和外国人纷纷来广州贸易，贩运绢丝。

唐宋以前，珠江三角洲不少部分地区地势低洼，常闹洪涝灾害，水患严重威胁当地生产和人民生活。北宋徽宗时期，在南海和顺德两地相邻的西江沿岸，修筑了著名的"桑园围"，即河岸堤围，堤大且长，有效地防治了洪涝灾害。历元至明，珠江三角洲的水利建设仍以堤围为主。清代珠江三角洲的新筑堤围，是在明代堤围基础上向珠江下游扩展的，即从顺德的杏坛、北滘和新会的潮莲一线以下，一直延伸至海边，主要分布于顺德、新会、香山（今中山、珠海）、东莞等县境。据不完全统计，珠江三角洲至少新筑堤围69条（沿海小围未计在内），长达69792丈。经过宋元以来的经营，珠江三角洲成为堤围纵横之区，水利设施相当完善，有利于桑基鱼塘等先进耕作方式的发展。

桑基鱼塘得以出现和发展，也离不开国际生丝市场的开拓与扩大，广东生丝远销海外，经由广州港输出。由于生丝畅销，促进了蚕桑业的迅速发展。南海九江，顺德龙山、龙江，鹤山坡山（古劳一带）等地，桑地面积大为增加，著名的桑园围和古劳围就在这一带。当地农民经过长期种桑养蚕有了丰富的经验，发现养蚕的蚕沙（蚕粪）是很好的饲料，可用来养鱼。种桑养蚕日益增多，蚕沙量多，塘鱼的饲料也多，淡水鱼业也发展起来了，三角洲池塘养鱼的地区也在逐渐扩大，到明初，已发展成以南海九江和顺德陈村为中心的基塘养鱼生产地带。

珠三角人民根据地区特点，因地制宜地在低洼地，把土地挖深为塘，饲养淡水鱼；将泥土复于鱼塘四周成基，减轻水患。人们逐渐明白，桑多、蚕多、蚕沙多，塘鱼也多。桑基鱼塘这种特殊的生产方式经过长期生产实践逐渐发展起来，并很快传到三角洲各地，居民纷纷以"农桑养蚕为业"，甚至出现了"弃田筑塘，废稻树桑"的高潮。

到清代，植桑养蚕已非常普遍，广东成为全国生产丝和丝织品的最主要省份，诸如线纱、牛郎绸、五丝、八丝、云缎、光缎等丝织品享誉海内外，明末清初屈大均有"五丝八丝广缎好，银钱堆满十三行"之句，反映了蚕丝出口的盛况。鸦片战争以后，缫丝新式技术逐渐输入。由于新式缫丝业迅速发展，推动了蚕桑业的发展，生丝大量出口。南海、顺德等县部分地区，成为有桑塘无稻田的地区，桑基鱼塘面积再次扩大。到20世纪初，珠三角桑基鱼塘仍在发展。

如何从桑园围发展到桑基鱼塘？

  桑基鱼塘是珠三角地区一种具地方特色的农业生产形式，以其生产上的良性循环，水陆资源相结合而出名。它营造了理想的生态环境，收到了理想的经济效益，同时减少了环境污染，是人类改造自然的重要成果。桑基鱼塘作为绿色、低耗、环保、循环的最佳生态农业经济系统，是生态文明建设中的一个典型示范。

  明清时期，桑园围内形成了以桑基鱼塘为代表的基塘农业系统。2020年12月8日，佛山桑园围入选第七批世界灌溉工程遗产。作为首个以基围水利为主体的世界灌溉工程遗产，桑园围有着900多年历史，是我国古代最大的基围水利工程之一。桑园围也造就和见证了桑基鱼塘的发展。

（杨芹）

明清时期佛山为何被誉为中国"四大镇"之一？

湖北汉口镇、江西景德镇、广东佛山镇、河南朱仙镇并称中国古代"天下四大镇"，四大名镇各有特色，但都有发达的手工业生产和繁盛的商业贸易。佛山镇因"工擅炉冶之巧，四远商贩恒辐辏"而跻身四大名镇。

明清时期，佛山是南方的手工业重镇，尤以冶铁为著。佛山一带拥有丰富的铁矿资源，明正统、景泰年间，佛山冶铁业迅速崛起。成化、弘治年间，佛山居民大半以冶铁为业，嘉靖以后佛山成为全国有名的铁锅、铁线和铁钉的产地，生铁产量近3000万斤，生铁加工量达2500万斤。明末佛山有炉户数万家。清代佛山仍然是全国冶铁中心，雍正、乾隆年间臻于鼎盛，从业者超过3万人，生铁产量及铁加工量均在5000万斤左右。佛山"铁之炉数十，铸铁之炉百余。昼夜烹炼，火光烛天"，呈现出一片诸炉并冶、火光冲天的铸铁生产特有的热闹景象。

佛山冶铁生产分为"铸造"与"炒铁"两大类，铸造生铁产品主要有铁锅、农具、日用铁具等。明代佛山有"炒铸七行"，即铸锅行、铸铁灶行、熟铁行、铁线行、铁锁行、农具杂器行和铁钉行。以铸锅行为首，产量巨大，"广锅"更远销国外。佛山还铸造大型器物，现存广州五仙观的青铜巨钟铸于明洪武十一年

（1378），重达1万斤。佛山祖庙内北帝铜像铸于明景泰三年（1452），重达5000斤，是国内现存最大的北帝铜像。

清政府规定两广所属冶炼工场炼出的铁锭，全部要运往佛山加工，如在当地铸造，则属私铸，在稽禁之列，与私盐同罪。正是这种"官准专利"制度限制了其他地方的冶铁业发展，而促成了佛山冶铁业的兴盛。佛山成为广东省内最集中、规模最大的冶铁中心。

陶瓷业是佛山另一重要手工业，最著名的是离佛山镇6公里的石湾乡。这里有丰富的陶泥资源和合适的建窑岗地。在明天启年间，石湾已有陶业组织八行，到清代发展为二十余行，成为综合性的陶瓷生产基地。石湾陶实现了一系列技术突破，烧制出色彩鲜艳夺目的彩釉陶瓷，还有人物雕像（石湾公仔），产品大量出口东南亚等地。佛山丝织业在明嘉靖年间已也发展到相当规模，生产已经划分为十八行。产品除一部分内销外，更多的是销至海外市场。

佛山地处珠江三角洲平原，位于西江、北江干流通往广州的要冲，水陆交通极为便利。佛山周围环绕着大小十二条河流，上溯浈水，可抵两京，通陕洛，以及荆吴诸省；向西可达云贵高原，通四川盆地；向南可达雷州半岛、琼州海峡。特别是唐宋以后，北江航道南移汾江，佛山交通地理位置更加突出，为"东南一大咽喉"。

手工业的发展和交通的便捷，带动了商业贸易的繁荣。佛山是清代广东第二个工商业城市。嘉庆、道光年间，佛山商业、服务业达七十多个，工商店铺在三千家以上，商品有三四千种，商贾云集。市场的货物来自全国各地，本地产品也远销国内各省，乃至南洋、澳大利亚、美洲等地。乾隆至道光年间，佛山设有十八省会馆及二十二家洋馆,并形成若干商品专业街巷。道光年间,佛山商业发展至顶峰,是货物运输的枢纽。"川广云贵各省货物皆先到佛山,然后转输西北各省。故商务为天下最。"正因为如此,佛山也被时人称为"天下四大聚"之一。到清末,佛山得风气之先,成为我国近代民族工业的发祥地之一,诞生了中国第一家新式缫丝厂和第一家火柴厂。

(杨芹)

广船何以成为中国古代四大船型之一？

广船为我国古代四大船型之一，其余三大船型分别为沙船、福船、鸟船（也有说三大船型，即广船、沙船和福船）。广船产于广东，广义的广船是古代广东建造的木质船的统称。广船制造起源很早，一般认为先秦时期就已存在，唐宋发展成熟，定型于元明，成为我国的一种著名船型。

岭南地区地处热带或亚热带，气候湿热多雨，植被丰富，有大片原始山林，其中不乏桂树、楸木、柯树、梓楼、乌婪等造船良木。岭南濒临南海，自古有航海与造船的传统，史称先秦时期的百越族"习于水斗，便于行舟"。他们的生产和生活同江河湖海关系密切，也需要舟船之利。千百年来，岭南地区是沟通中外关系的重要门户，船舶制造是发展南海海上交通与海外贸易的必备条件。

广州是中国古代著名的造船基地，早在秦汉时期就有较发达的制船业。唐宋时期为我国古代造船史上的第二个高峰时期，广船也在这个时期发展成熟。广州等地海外贸易繁荣，内河交通活跃，为造船业的发展创造了有利条件。海船建造中心大多设在南方沿海，广州尤为著名，所造船只精良，适于远洋航行。唐代往来于广州与波斯湾、印度洋等海外诸国的中国海船，长达20余丈，能载客600—700人。这种海船可能就是海商在广州订造的。

宋代又以广州建造的"木兰舟"最为闻名。"木兰舟"取材自广西钦州山中，船体由紫荆木打造，坚硬似铁，色如燕脂，可在海水中浸泡数百年而不腐坏；桅杆则由乌婪木制成，纹理紧密而又牢固异常，被时人称为"凌波之至宝"。以"木兰舟"为代表的广船一般都是大型商船，深阔各数十丈，还拥有当时最先进的导航设备指南针。水密隔舱等造船技术也已普遍运用到远洋船舶中。

明朝时期，广州、潮州、东莞、新会、高州、阳江、海口都是广东有名的造船中心。明代广船分为海船、内河船和战船三类。海船船底圆而高，船底贴有龙骨，转弯趋避较为灵便，便于航行在山礁丛杂的南洋海域。海船使用坚固厚重，兼具柔性和耐水性的铁力木为制作材料，能抵挡大风浪；还充分发挥了摇橹的动力，在风力不足的情况下依然能行走迅速。广东的海船建造，代表了明代中国造船业的最高水平。广东战船武器装备有佛郎机炮、铳炮、鸟枪，可掷火球。内河船种类很多，多用樟木制造，船底薄而平，无龙骨。其中黑楼船和盐船是广东著名的船只，既可在内河航运又可出海。

清代广船比明代更为进步，船型首尖体长，吃水深，梁拱小，甲板脊弧不高，抗风浪，行驶平稳。清代广船把中国造船的技术水平推向了新的高度。

（杨芹）

清政府为什么指定广州为唯一的通商口岸？

所谓"一口通商"，是指经朝廷特许广州为唯一口岸经营对外贸易。在历史上，广州曾有过二次"一口通商"，分别是明嘉靖年间、乾隆至鸦片战争期间。

第一次从明嘉靖二年（1523）因"争贡之役"开始，严申海禁，废罢泉州、宁波二市舶司，"止存广东司"，中外商人来中国贸易"俱在广州，设市舶司领之"，广州成为全国对外贸易的唯一口岸，前后共43年。第二次在1757—1842年，即从清乾隆二十二年开始，至道光二十二年签订《南京条约》为止，共85年。现在人们提到"一口通商"，大多是指第二次。

康熙二十三年十月（1684年12月），清政府宣布开放"海禁"。次年，又下令"开放贸易"，并指定广州、漳州、宁波、云台山四地为通商口岸，设立粤海关、闽海关、浙海关、江海关，管理对外贸易和征收关税的事务。乾隆二十二年十一月（1757年12月），清政府宣布封闭闽、浙、江三海关，仅保留粤海关对外通商。

清政府实行"一口通商"的主要原因有两个：一是出于国防安全的顾虑。在四口通商之后，外国商人屡次违反清政府的禁令，并有"移市入浙"的倾向，企图直接打开中国丝茶产地的市场，把宁波变成另一个澳门；贸易之外的文化冲突也存在，且愈演愈烈，这一状况令清政府感到不安，认为江浙物产丰富，若渗入外国势力，将对其统治不利。二是广州的地理优势。将通商口岸定为一个，可以有效减少外国商船与中国版图的接触点，而广东位于南方，远离中央，且沿海多有礁滩，水道崎岖。通过"一口通商"，可以大大降低外国人觊觎中国商贸乃至版图的威胁。四口通商时期，粤海关 80% 以上的商船停靠在广州港，广州是世界各国与中国贸易的集散地，广州有完善的洋行制度和经商奇才。更重要的是，粤海关的海防比浙海关坚固，有利于防范洋人，保证巨额税收。所以清政府宣布彻底关闭闽、浙、江三省海关，只保留粤海关对外通商。自此，广州成为中国对外通商的唯一口岸，也成为我国对外贸易的第一大港。

鸦片战争后，中英两国签署《南京条约》，中国被迫开放广州、厦门、宁波、福州、上海五处为通商口岸，广州一口通商的局面宣告结束。

（李兴国　刘世红）

十三行为何被誉为"金山珠海，天子南库"？

明清时，随着商品经济的进一步发展，牙商（亦称牙人，在交易中为买卖双方说合，并从中抽取佣金的商人）人数大大增加，形成一个专门的行当，称为牙行。随着清康熙二十三年（1684）开放海禁，对外贸易逐渐兴盛，但官府规定所有进出口商货须经洋货行进行。康熙二十五年（1686），广州成立洋货行。作为官府与外商交涉的中介，洋货行对官府负有承保和缴纳外洋船货税饷，传达官府政令、代递外商公文、管理外商等义务。这些洋货行初为牙行性质，乾隆年间组成公行，专揽丝、茶及大宗贸易。洋货行最少时四家，最多时达二十六家，通称"十三行"，实际上是清政府特许的垄断性商业组织。

屈大均在《广东新语》一书中写道："吾粤金山珠海，天子南库，自汉唐以来，无人而不艳之，计天下所有之食货，东粤几尽有之，东粤之所有食货，天下未必尽有之也。"十三行作为"金山珠海，天子南库"的美誉即由此而来。

自乾隆二十二年（1757）清政府实行广州"一口通商"之后，广州独享外贸特权，成为清代前期的贸易"特区"、对外贸易的中心，开辟出通商贸易的广阔天地，在中西经济文化交流中起到了特殊作用。据清宫档案，乾隆十九年（1754）到港洋船27艘，税银仅52万两；乾隆五十五年（1790），洋船增至83艘，税银达到110万两；到鸦片战争前，每年入港贸易的洋船多达200艘，税银突破180万两。

作为对外贸易的物流中心，广州十三行是华南商贸繁荣的源头，每年为宫廷输送大量的珍奇洋货，当时称之为"采办官物"，其中有紫檀、象牙、珐琅、鼻烟、钟表、玻璃器、金银器、毛织品及宠物等等。洋行商人根据清朝帝后的具体要求，按照内廷出具的清单，从洋船上逐件采买。乾隆帝极其痴迷西洋珍宝，他在乾隆二十三年（1758）的一道谕旨中，要求洋行"买办洋钟表、西洋金珠、奇异陈设或新样器物"，"皆可不必惜费"，以致这时期广东洋货贡品数量之庞大和质量之上乘达到巅峰，堪称奢靡已极。对舶来品的欲望，刺激了广东督抚、粤海关监督依靠十三行这一洋货市场竞相采购进口货之风，从而带来宫廷内的洋货热。特别是限定广州一口通商之后，十三行便成为皇家唯一可以倚赖的西洋奇器供应地。乾隆年间，十三行每年进口洋货上千件，其中有一半左右由广东贡入。据《广东新语》记载："当盛平时，犀象如山，花鸟如海，番夷辐辏，日费数千万金。饮食之盛，歌舞之多，过于秦淮数倍"。十三行给皇家生活带来了无尽的享乐，成为帝后倚赖的"天子南库"。这也是清王朝在全国实行闭关锁国政策，而唯有广州一口例外的原因之一。

据外国人估计，鸦片战争前夕，广州"城市人口绝不会少于一百万"。人口规模如此巨大的城市，离不开发达工商业和强大社会财富支持。这同样需要海上贸易收入。有学者估计，在清康熙三十九年（1700）到道光十年（1830）的130年间，仅广州一港的白银净输入量在9000万英镑到1亿英镑之间，约合西班牙银元4亿。

1842年,清政府被迫签订不平等的《南京条约》,其中规定,英商可赴中国沿海五口自由贸易,取消广州行商垄断外贸的特权。1856年,具有170年历史的十三行商馆被一场大火化为灰烬,广州十三行从此消失于商业舞台,十三行在经营对外贸易上独领风骚的辉煌遂成为历史。

(李兴国　刘世红)

为什么说继昌隆缫丝厂开了近代民族工业的先河?

珠江三角洲地区是我国蚕业中心之一。这里土地肥沃,雨水充沛,气候适宜,一年四季都可以养育桑蚕,每年能收六至八次蚕茧,蚕丝产量仅次江浙,位居全国第二位,也是近代以来广东出口产品的大宗。

近代以前,以一家一户为单位的土法养蚕缫丝,已经延续了上千年。直到清朝咸丰、同治年间,仍然是以小农生产方式经营缫丝业。无论是丝织品生产速度,还是产品质量,都无法和欧洲工业发达国家的机器生产相提并论。这对于中国缫丝技术的改进提出了客观的要求。广州土丝生产技术和生产方式的改进,是在19世纪70年代开始的。它的标志就是我国近代第一家机器缫丝厂——继昌隆缫丝厂的创办。

继昌隆缫丝厂是由广东南海西樵乡人陈启沅创办的。他于1854年前后在南洋经商,对国外先进的缫丝技术和国内的情况都比较了解。1873年,陈启沅在故乡南海简村创办继昌隆缫丝厂。缫丝厂起初规模很小,后来逐渐扩大。改用机器,每日可缫丝四五十斤,"每一个女工可抵十余人之工作"。而新法所缫之丝,粗细均匀,丝色洁净,丝的弹性也较大,因此售价也较手工缫丝高出三分之一。

以 1873 年继昌隆缫丝厂为开端，新式缫丝工业在珠江三角洲地区迅速发展。到 1881 年，广州、顺德、南海地区的丝厂增加到十家。

继昌隆除了引进国外先进机械设备外，还采取了很多现代企业模式。其意义不仅限于引进技术，还有引进经营理念。其成功经验主要有四方面：一是利用原料产地设厂，发挥本地资源优势，降低了生产成本（包括本地蚕茧和本地充裕而廉价的劳动力）；二是引进国外先进的机器设备，注重产品质量，达到丝色稳定、粗细均匀、挑净丝皮的目的；三是引进资本主义的企业管理制度，上下班以鸣笛为号，设立全勤奖和超产奖，以提高工人生产的积极性；四是身为司理的陈启沅及出资的哥哥陈启枢均为华侨，资本较雄厚，见多识广，做到丝厂、丝庄产销一条龙，不仅可减少中间盘剥，而且能及时掌握国际市场上的信息，使产品始终适销对路。

从这个意义上来讲，陈启沅在当时的社会历史条件下，创办近代机器缫丝工厂，改革了我国几千年来落后的手工缫丝方式，开了近代民族资本主义工业的先河。

（刘世红）

近代洋行中的买办为何广府人较多？

"买办"，最早专指明清时期为朝廷采办用品的商人或经办人员。鸦片战争后，专指外国在华洋行雇佣的为他们购销商品、介绍商品交易的中国商人。近代的买办出现于我国闭关锁国的局面被打破之后，在我国走向世界的过程中有过重要的地位和影响。

清乾隆二十二年（1757），广州实行"一口通商"之后，外国商贩雇佣从事采购物料、备办伙食的人员，成为中国近代早期的买办，他们由清政府指定的行商进行管理。鸦片战争之后，1844年《中美五口通商章程》（即《望厦条约》）规定，外商雇佣买办人员，费用多少由商民自行议定。由此，买办人员开始逐渐变为从属于外商的仆役头目。

买办人员所从事的工作范围很广泛，因营业内容不同业务及权限也有所不同。有普通商店买办、轮船买办、银行买办、仓库买办、保险买办等。买办不仅是外国企业或商人在华洋行的总管、账房和银库保管员，而且还是大班的机要秘书，在商馆的商贸活动中起着重要的作用。他们既精通洋行和中外贸易业务，又熟悉外国语言文字，拥有较好的职业道德和经济实力，逐步成为近代中国历史风云中不可忽视的一股力量。随着时代的演变，"买办"的概念也有所扩大，他们既是外商的雇员，又是独立商人，成为构成新生的中国资产阶级的主要力量之一。

中国近代最早充当买办的是广东人，尤其在澳门和香山县（今珠海、中山市）一带。这是因为，洋商一开始主要在广东活动，进入新开口岸，大半雇佣广州原有的买办或由他们辗转荐引的故旧亲友。而自16世纪葡萄牙人占据澳门后，澳门与香山县的贸易就很频繁。而香山又正处于广州和澳门之间，当时两地有很多洋行和外商。很多广东人与西方人有所接触，熟悉外语，与外国人沟通有语言优势。鸦片战争后，随着中国对外通商口岸不断增加，买办制出现，买办阶层形成并迅速发展，广东买办及其资本迅速向各通商口岸转移。早期广东买办的代表人物，几乎都是香山人，香山人几乎成了买办的代名词。在晚清，唐廷枢、徐润、郑观应和席正甫并称晚清"四大买办"。除了席正甫籍贯为江苏苏州吴县，其余三人均为香山人。

到20世纪初，买办制度逐渐被洋行经理制、高级职员制、经销代销制和合伙制等所取代。这种变化主要体现在日本、美国、德国企业，英国、法国许多老企业仍然采用买办制。到了抗日战争时期，特别是太平洋战争后，欧美外商相继歇业，买办也随之消失。

(李兴国　刘世红)

新宁铁路为何被誉为近代中国第一条民营铁路？

"为了去看一个朋友，我做了一次新宁铁路上的旅客。我和三个朋友一路从会城到公益，我们在火车上大约坐了三个钟头。时间长，天气热，但是我并不觉得寂寞。"1938年，巴金先生在散文《机器的诗》中记录他作为新宁铁路乘客的经历。他写道："到了潭江，火车停下来。车轮没有动，外面的景物却开始慢慢地移动了。这不是什么奇迹。这是新宁铁路上的一段最美丽的工程。这里没有桥，火车驶上了轮船，就停留在船上，让轮船载着它慢慢地渡过江去。"这些描述勾起了今人对新宁铁路的无限遐想。

新宁铁路以新宁县（今台山市）为中心，北接公益、直达江门北街，南至斗山，西抵白沙。新宁铁路于1906年动工，1920年建成通车，长130余里，总投资800万元。在晚清修筑的一众铁路中，新宁铁路的名气不如吴淞铁路、唐胥铁路、京张铁路、粤汉铁路，其独特性和重要性常被忽略。其他铁路或由中外合资承办，或由中国政府督办，或由中国人自行设计、施工，或由中外技术人员共同设计施工，新宁铁路却是华人投资、华人设计、华人建造的近代中国第一条民营性质的铁路。

新宁及邻近地区由于近海的地理优势便于出海。19世纪中叶开始，这一地区接连发生大规模的社会动乱，如洪兵起事、"土客械斗"事件,加之天灾不断,大批破产农民、小手工业者到国外谋生。这些走向海外的新宁人,以辛勤的汗水,换得寄回家里的侨汇。久居海外的华侨,对西方的铁路、公路和航运交通有切身的经历和感受,深刻认识到现代化的交通运输对地方繁荣的重要性。新宁地区交通不便的现实,激起他们改变现状的雄心。尤其是一些参加过美国、加拿大铁路修建的人,要求更加强烈。

19世纪末期,西方列强掀起了掠夺中国铁路权利的狂潮。1903年之后,全国各地爆发了争回路权的斗争。正当国内争回路权运动方兴未艾之时,陈宜禧(1844—1929)从美国返回家乡台山。陈宜禧早在同治初年便赴美谋生,1865年美国修筑太平洋铁路时,他被招收为铁路工人,此后长期从事铁路修筑和经营管理等工作。在争回路权运动的推动下,陈宜禧毅然放弃在国内兴办织造公司的计划,改办铁路。自1904年9月起,陈宜禧带着兴建新宁铁路的倡议,前往香港、美国,争取台山旅港乡亲、旅美华侨的支持。经过一年多的努力,新宁铁路于1906年开始正式动工修建,1920年建成通车。

新宁铁路公益至斗山段建成之时开始经营客运和货运业务。由于台山的工业相当落后,货运需求量低,客运量虽有但并不大,加之地方军阀对铁路公司的豪夺与土匪的明抢,新宁铁路的收益并不乐观,新宁铁路在艰难中运营,直至1935年已处于破产的边缘。1937年7月全面抗日战争打响,新宁铁路成为日军轰炸的主要目标。在战火中,新宁铁路遭到毁灭性打击,基本只剩下残缺的路基。

新宁铁路存在时间不长,但对台山社会经济的发展产生了明显的影响。铁路建成后,台山籍华侨取道江门回乡或出国,不再像铁路建成以前需要费时三五天。新宁铁路所通过的地方及沿线附近的白沙、水涉、大江、四九、五十、三合、大塘、沙坦等许多圩镇因铁路得益甚多，公益、斗山最为突出。这些圩镇店铺林立，商业繁盛，基础设施一应俱全。城镇建设迅速发展，尤以台山县城最为明显。新宁铁路的修建，也带动了台山某些现代工业的建设，推动了台山公路、航运交通及建筑业的发展。新宁铁路的建成，直接影响到台山的社会阶级结构。新宁铁路的工人，包括新宁铁路属下的机器厂、印刷厂的工人，约1600人，他们构成了台山县第一支近代产业工人大军。这支工人队伍集中，和外界的接触增多，容易受先进思潮的影响，他们大多数来自农村，和农民保持着密切的关系，加之他们的经济地位低下，政治上又毫无权利，成为当时台山社会政治生活中最激进的革命力量。因此，新宁铁路被誉为近代中国第一条民营铁路是实至名归的。

（张金超　李雅欣）

中国近代四大百货公司的创始人为何都是香山人?

上海,地处我国长江三角洲的入海口,有"东方的巴黎""西方的纽约"之称,其得天独厚的自然和社会环境吸引了大量商人资本。20世纪初,香山籍华侨马应彪、郭乐、郭泉等敏锐地感知到国内发展百货的机遇,纷纷在上海投资,创办了名噪一时的中国近代四大百货公司——先施、永安、新新、大新。

先施公司,1900年1月8日由香山(今中山)籍华侨马应彪于香港创办,是香港早年规模最大的百货公司,也是香港第一家华资百货公司。1910年,先施公司在广州设立分店。1917年,马应彪在上海成立先施百货的分店。先施百货坐落于南京路北侧,是当时南京路最高的建筑。

永安公司,1907年由郭泉、郭乐兄弟在香港创立。1918年,郭氏兄弟及合伙人在上海创立永安分公司,选址于南京路的南侧,与先施公司隔街相望。

新新公司,1926年由原先任职于先施上海公司的刘锡基、李敏周等建立,其名源自《大学》"苟日新,日日新,又日新",饱含每天都要奋发上进之意。

大新公司,1936年由蔡兴、蔡昌创立。"大新"二字含规模大、设备新、更大更新之意，饱含创始人后来居上、赶超前三家公司、一统上海百货业的雄心壮志。

有研究指出，早在20世纪早期，上海便提前进入消费社会，而在这一波消费主义兴起的过程中，百货公司是相当具有代表性的企业形式。由近代香山人所创立的四大百货公司成为南京路上一道亮丽的风景线，南京路在四大百货公司的带领下发展成为中外闻名的商圈。

从内部条件分析，首先，香山人善于接受新鲜事物，富有创新精神。这与香山独特的地理位置有很大的关系。香山紧邻珠江水系与太平洋过渡的水域，香山人视野相对开阔，对于新鲜事物的接受程度高于内陆居民。传统社会对商人地位的贬低并不能影响他们经商的决心，因中外海上交通的频繁，近代香山人更具商品经济观念。兼收并蓄、广采博纳，使得他们更易于接受外来新鲜事物，商品经济观念随之增强。

其次，香山人长于经商，颇具经商天赋。香山位于中外海上交通的关键区域，当地人拥有经商的传统和丰富的经商经验。明中后期葡萄牙人占据澳门后，香山与海外的贸易活动更加频繁，从内地经香山销至澳门再运往海外的商品有生丝、丝织品、瓷器、糖、火药、棉布等数十种。在长期的对外贸易活动中，香山人逐渐"悉夷情、通夷语"。在与外来文化，特别是16世纪以来在与西洋文化的长期接触过程中，香山人主动将西方语言和西方文化融入香山本土文化之中。鸦片战争前后，西洋传教士纷纷在香港、澳门等地开设英文学校，这为毗邻港澳的香山人学习外国语言文字、了解西洋文化提供了方便和机会。

最后，香山人尤其是香山华侨，心系祖国，具有强烈的爱国情怀。上海开埠通商后，外国商人被上海潜藏的巨大商机吸引而蜂拥而至。曾在广州和香港经营的洋行也纷纷到上海拓展业务。上海的外国公司在立业之初仍需要中国商人居中协调，不少长期和洋人打交道的香山人因此而进入商场。20世纪初，随着民族资本主义的不断发展，香山华侨心系祖国，纷纷在上海创办企业。

从外部条件分析，首先，商人的社会地位随着西方的侵略不断提高。重农轻商，是中国几千年来封建社会普遍的价值认同。自鸦片战争起，西方列强用坚船利炮轰开了中国的大门，争夺中国的原料产地和巨大市场，商风日盛，国内商品经济的发展促使商人的社会地位明显上升。同时，多年战乱造成的国库亏空，给了商人一展实力的机会，商人的地位迅速提高。商业的发展与商人地位的提高相辅相成，近代商业亦在商人地位的上升中迅速繁荣。其间，香山人郑观应的商战思想和孙中山的商贸思想应运而生，提出"以商立国"的主张，对商业和工业的能动作用、对新兴商人的地位进行了合理化的强调。郑观应、孙中山等将社会对商人和商业的认识上升到理论高度，这些思想对中国近代经济思想史及商业发展，产生极为深远的影响。

上海拥有在全国名列前茅的城市基础配套设施，便于商业贸易。拥有经商传统且长于经商的香山人，对上海作为新贸易基地发展"百货"行业的机遇可谓十分清楚。

（张金超 李雅欣）

深圳、珠海是如何走上经济特区的道路？

改革开放初期，中央选定广东为改革开放的先行试验区，建立了深圳、珠海和汕头三个经济特区。其中，深圳和珠海都属广府地区。广府地区成为改革开放中重要的实验基地。

那么，深圳和珠海是如何走上经济特区的道路，从而成为改革开放的先行地区和前沿阵地？答案就是：在石破天惊中实现突进，在敢为人先中寻求突破。特区的"特"就体现在"闯"字上。

广府地区自古就是中国对外经济和文化交流的重要窗口。早在西汉时期，海上丝绸之路初开，广州、徐闻即为重要起点。近代以来，广府人更是屡开风气之先，走出了一大批引领变革图强的时代先驱。千年岭南开放包容、崇尚实干的文化积淀，成为激发广东改革开放先行一步的重要基因。尤其是深圳、珠海，毗邻港澳，华侨众多，且地处边陲，即使试验失败，也影响范围有限，不会有太多的"包袱"。

1979年7月15日，中共中央、国务院批转广东省委和福建省委《关于对外经济活动实行特殊政策和灵活措施的两个报告》，决定先在深圳、珠海两市试办出口特区，待取得经验后，再考虑在汕头、厦门设置。1980年8月，全国人大常委会通过《广东省经济特区条例》，标志深圳、珠海等经济特区正式诞生。

在此之前，中央批复同意设立蛇口工业区。蛇口工业区为改革开放打响了"开山第一炮"，吸引了不少外资企业投资建厂，同时也汇聚了国内外人才。他们喊出了"时间就是金钱，效率就是生命"的口号，被誉为"冲破思想禁锢的第一声春雷"。

依赖中央赋予经济特区的优惠政策，深圳吸引着来自全国乃至世界各地的财富，变成了一片投资热土。改革开放前，深南大道还只是一条小马路，两旁是成片矮平房。据1982年底的统计，三年时间内深圳在曾经的山坡、水塘、烂地上，建起了800多幢18层以下的楼宇，并有37幢18至44层的高层建筑在兴建中。有人说，几天不上街便不认得路了。高楼大厦如雨后春笋般冒出，国贸大厦的建设更是创造了三天一层楼的"深圳速度"。

为解决经济建设中的资金紧张问题，通过借鉴香港的经验，1983年7月，宝安县联合投资公司对外发行股票集资，被视为中国股市发展的起点。深圳市于1986年10月制订了《深圳经济特区国营企业股份化试点暂行规定》，由此奠定了中央后来选择深圳作为股份制试点城市的基础。深圳证券交易所于1990年12月开始营业，在随后的二十年，深刻影响了数以亿计的中国人民，为推动改革开放作出了巨大贡献。

此外，深圳创造出约1000个"国内第一"，包括第一个打破平均主义"大锅饭"工资制度、第一家外汇调剂中心成立、第一家股份制保险企业创办，等等。经过数十年建设和发展，今天的深圳，已成为一座具有影响力的国际性都市，拥有全球第三大集装箱港、亚洲最大陆路口岸、中国五大航空港之一，拥有华为、招商、平安、腾讯、万科、正威、恒大7家世界500强企业。

珠海"摸着石头过河"，屡开全国风气之先：开科技重奖先河，开办全国第一家"三来一补"企业——香洲毛纺厂，开办全国第一家中外合资酒店——石景山酒店，创建全国第一个跨境工业区——珠澳跨境工业区，在全国率先实现12年免费教育。1979年，新中国第一家中外合作旅游企业石景山旅游中心在珠海签约诞生；1985年，中国银行珠海分行在珠海发行国内第一张人民币信用卡——中银卡；等等。更难能可贵的是，珠海在推动经济社会高速发展的同时，保持了良好的生态环境，留住了蓝天白云、青山绿水，塑造了山海相拥、陆岛相望的特色城市风貌。1998年，珠海荣获联合国"国际改善居住环境最佳范例奖"。如今，珠海已从昔日珠江三角洲上一座落后的边陲小镇，一跃成为现代化花园式海滨城市。

（李兰萍）

中国内地第一家合资的五星级宾馆有多厉害？

白鹅潭，曾是广州著名地标——羊城八景之一"鹅潭夜月"的所在地。自古以来，它的美景引来无数诗人赞美与讴歌。而坐落在白鹅潭畔的白天鹅宾馆，作为内地第一家与香港合资，由国人设计、建设和经营的，并在改革开放后第一家对民众开放的五星级宾馆，为这一风景增添了更为丰富的内容，成为改革开放初期广州的标志性建筑。

随着"文化大革命"结束，国门悄然打开，海外游子、港澳同胞纷纷返回家乡，探望久别的亲人。然而，国内基本设施建设落后，住宿成为一大问题。对此，中央决定利用外来资金合建酒店。霍英东、彭国珍等香港工商业人士积极响应。1979年初，霍英东、彭国珍与广东省旅游局签署《白天鹅投资与兴建旅馆计划意向草案》。由霍英东、彭国珍与广东省旅游局共同投资，并向银行贷款若干。按当时汇率折算，白天鹅宾馆建设投资近1.8亿元人民币。在选择宾馆地址时，霍英东相中了沙面。沙面曾是租界，在这里建造一座高级酒店，"能长民族志气"。在确定宾馆名字时，考虑到沙面过去叫白鹅潭、白天鹅飞得快且高，最终定名"白天鹅宾馆"，寓意宾馆将会像白天鹅一样振翅冲天、一鸣惊人。

项目从中央到地方均给予高规格重视。广东省委第一书记习仲勋亲自致函，推动项目审批。广东省副省长梁威林担任白天鹅宾馆首任董事长。广东省旅游局副局长朱一明兼任首任总经理。广州市副市长林西更是全程参与筹建和项目规划及建设。

白天鹅宾馆是中国第一个采用大型室内中庭设计的酒店，设计师由莫伯治、佘畯南等一代岭南建筑大师担任。宾馆的外观是现代化的风格，内部设计则完全中国化。"故乡水"设计更是中庭的点睛之笔，以壁山瀑布为主景，小桥、山石、亭子、流水，别有洞天，富有岭南特色。从此，来广州白天鹅宾馆看"故乡水"，成为很多华侨归国的保留项目。"故乡水"萦绕着游子的思乡情怀，被称为白天鹅宾馆园林景观的灵魂所在。不少来此参观的市民都会在此停留观赏、拍照留影。"故乡水"不仅见证白天鹅的历史，还承载了老广们的集体记忆。

白天鹅宾馆的建设冲破了当时意识形态的束缚，在经营中创新采用了诸如直接信用卡支付、直接外汇付款等模式，在改革开放初期发挥了积极的示范作用，客观上带动了大批外资通过广州这个"南大门"投向内地。

白天鹅宾馆于1979年7月动工，1983年2月正式对外营业。开业后实行"四门大开"，即使是不在宾馆消费的普通市民，也可进门参观，凸显广州平民城市的气质和乐于分享的精神。白天鹅可谓中国最亲民的五星级宾馆。1985年7月1日，白天鹅宾馆成为内地第一家被吸收进"世界一流酒店组织"的成员。1984年到1986年，邓小平曾三次参观白天鹅宾馆并题词。

白天鹅宾馆为国人打开了一扇看世界的窗，也向外国友人展现了中国的新气象。自开业以来，白天鹅宾馆既入住过英女王、美国总统等 40 多个国家的 150 位元首和王室成员,也迎来过参加广交会的八方商贾。

(李兰萍)

东莞为什么被称为世界制造工厂？

如果说近代史上著名的虎门销烟事件，让人们认识了东莞，那么今日"世界制造工厂"的美誉更是让东莞名闻天下。

东莞市位于广东省中南部，珠江口东岸，因地处广州之东，境内盛产莞草而得名。又因为属南亚热带海洋性气候，有发展农业生产的优越自然环境，素有"鱼米之乡"和"水果之乡"的称谓。因其北接广州，南连深圳，毗邻港澳，是广州与香港之间水陆交通的要道与经济走廊，又有"东莞宝地"之称。这样得天独厚的条件，使东莞在改革开放的背景下，从一个农业县走向今日的"世界制造工厂"。

改革开放前，东莞经历了人民公社化、"大跃进"、"文化大革命"等一连串政治运动，农业生产曲折起伏，缓慢发展，人们生活陷入困顿，发生了不少偷渡港澳的事件。

改革开放初期，香港加工业开始向外转移，东莞利用毗邻香港，劳动力和土地资源丰富、价格低廉，又有几十万香港乡亲的条件，成功"借船出海"；又以"三来一补"（即"来料加工""来件装配""来样加工"和"补偿贸易"）作为突破口，利用外资，发展外向型经济。

1978年9月，东莞县委成立了"来料加工装配办公室"，全国第一家来料加工厂——东莞太平手袋厂正式开工。此后"三来一补"企业像雨后春笋般在东莞发展起来。东莞以此为切入点，大力发展外向型经济，推进农村工业化，以产业为支柱的现代制造业和高新技术产业不断升级优化，逐渐从毛织、胶丝花、藤制品等简单加工业发展为劳动密集型与技术资金密集型相结合的电子、通信、机械、服装、家具制造等多种行业。在此过程中，东莞充分利用以企业招来企业的做法，在当地经济社会发展中发挥了极大的作用，这种模式后来被称为"以商招商"。

"借船出海""以商招商"等办法产生了"滚雪球"效应，形成了一批特色鲜明、在全省乃至全国都有一定影响的经济强镇。

虎门镇在改革开放中率先打开国门，全镇65万常住人口中约有35万人以服装为主要产业。目前，虎门成为中国服装名城、南派服装重要的生产基地。虎门服装交易会成为中国四大服装展销活动之一，虎门每年一度的时装节和大连的时装节齐名，"北有大连，南有虎门"，为人所称道。

大朗毛织产品60%销往中国香港及欧美、俄罗斯、东南亚等国家和地区，人称"凡有冬天的地方基本都可以见到大朗的毛衣"。大朗镇被中国纺织工业协会授予"中国羊毛衫名镇"的称号。

厚街家具产业蓬勃发展，有"家具之都"的美称。"家具大道"成为珠江三角洲国际家具及机械、材料、配件的大型集散基地。目前全国（含港澳台）七成以上品牌家具企业均来厚街参加每年的国际名家具展。不仅厚街，东莞经营家具产业的大岭山镇也是"中国家具出口重镇""中国家具出口第一镇"。

长安镇是华南地区最大的机械五金模具产业集散地，被授予"中国机械五金模具名镇""广东省五金模具产业升级示范区"等荣誉称号。每年一届的"中国（长安）机械五金模具展览会"已成为长安积极引进和培养机械五金模具产业的行业龙头的重要途径。

石碣镇被称为珠三角电子产业圈第一重镇,其户籍人口不到4万,面积不足36平方千米,却聚集了450多家电子企业。目前,在石碣生产的计算机资讯产品品种达110种以上,有9种产品产量居世界第1位,5种产品产量居世界第2位,1种产品产量居世界第3位。

东莞曾连续创下多个全国之最,如拥有全国最大的PC生产线,电脑磁头、机箱、半成品等占全球总产能力的40%左右;电脑驱动器和敷铜板占全球总产能的30%左右;电脑键盘占全球总产能的16%左右。东莞制造的电脑资讯产品占国际市场份额12%—40%的有10多种,一台整机电脑95%以上的零配件可以在这里配齐,世界上每5台电脑就有1台是东莞生产的。业界有"东莞塞车,全球缺货""不论你在哪里下单,都在东莞制造"之说。随着鞋类、服装、玩具、家具等产品大量远销国际市场,世界上每十双运动鞋就有一双产自东莞。不仅如此,全球每4部智能手机就有1部来自东莞,全球有80%的知名家具品牌扎堆东莞。

东莞用了40年时间迅速从一个农业县发展成为一个以国际加工制造业闻名的新兴城市,创造出令世人瞩目的"东莞奇迹"。在2020年广东制造业500强榜单中,东莞上榜企业数量达78家,全省排名第二。有关资料显示,2018—2020年,东莞以占全球出货量的四分之一成为全球智能手机制造第一市,在全球出货量最多的五大厂商中,东莞占据三家——华为、vivo、oppo。以智能手机为代表的智能产业,让东莞在全球先进制造业的版图上拥有了闪耀的一席之地。

东莞,起步于制造,发达于制造,扬名于制造。

(李兰萍)

顺德家电家具产业是如何崛起的？

顺德地处珠三角中部，毗邻港澳，是广东省最大的侨乡之一，这样优越的地理位置和条件对于顺德与世界经济快速接轨起到了至关重要的桥梁作用。顺德也是我国最早的民族资本主义发祥地之一，近代以来，顺德先后出现过缫丝产业集群、制糖产业集群和机器制造集群。这些都孕育了顺德人较强的商品经济意识以及敢为人先、敢闯敢干的开创奋进精神，他们身上体现了粤商"重利、务实、稳健"的特质。

改革开放初期，顺德还是一个农业经济主导的地区。改革开放后，广东顺德的名号越来越响亮，以本土民营经济为主体的家电、家具及相关产业成为广东走向全国乃至世界的名片。

早在20世纪60年代，聪明能干的顺德人就在大良新宁路建起了大良最早的五金电器加工厂。80年代，顺德家电业近十家国有企业、集体企业（社队企业）性质的农机厂和农械厂转型生产电风扇，不少农民也创办电风扇生产企业，顺德成为名副其实的中国电风扇制造中心。随后，顺德又向电饭锅、电冰箱、空调、消毒柜、热水器、微波炉等家电领域集群化进军，顺德家电产业规模越来越大，成为全国最大的家电生产和供应基地，全国品种最多、规模最大的家电配件生产基地。

顺德拥有初具规模的家电生产企业及配件类企业2000多家，崛起了美的、格兰仕、科龙等众多的优秀家电企业，建起了全国最大的电冰箱、空调器、微波炉、电饭煲、电风扇、消毒碗柜、热水器生产基地，在全国家电行业具有举足轻重的地位。顺德家电拥有的中国驰名商标和中国名牌占全国30%以上。曾经，全球销售的每3台微波炉中，平均就有1台是"世界工厂"格兰仕生产的；平均每26秒就有一台"容声牌"冰箱走下生产线。

顺德凭借产业规模庞大、名牌云集、配套完善、技术领先四大优势被称为中国名副其实的"家电王国"。2006年，顺德被授予"中国家电之都"称号。截至2017年，顺德家电拥有"美的""海信科龙""万家乐""格兰仕""容声""万和"等9个驰名商标，占同期全国家电行业驰名商标总数的近1/3；拥有"万家乐""格兰仕""容声"等31个广东省著名商标；拥有"美的"电冰箱、"亿龙"电热水壶、"格兰仕"微波炉等57个广东省名牌产品。顺德已成为中国家电名牌最集中和数量增加最快的地区。"中国家电看广东，广东家电看顺德。"一提起家电采购，采购商首先想到的是广东顺德。

顺德的家具制造业令人刮目相看，素有"中国家具制造重镇""中国家具商贸之都"和"中国家具材料之都"的美称。

由于改革开放后国内经济的发展拉动了家具消费需求，顺德龙江镇、乐从镇的农民敏锐地捕捉到了这一商机，开始生产加工家具，并沿325国道摆摊销售。乐从镇政府针对这一自发的市场现象加以适度规划、服务，使前铺后厂的家具市场很快初具规模。以乐从为例，乐从家具市场低成本从港台进口原辅材料和部分成品，学习借鉴国外和港台先进的设计及制造工艺，生产出令人耳目一新的家具，价格低廉销量大，以"滚雪球"的方式迅速把市场做大，不但积累和总结出一套办厂办店的经验，同时也获得了可观的效益，使乐从家具市场在短时间内完成了原始积累，走上了规模发展的道路。乐从家具市场的商品在类别上从套房家具、办公家具、休闲家具、儿童家具、厨房家具到灯饰、布艺等应有尽有；在品种上从实木家具、板式家具、钢木家具、玻璃家具到竹藤家具、木皮家具等样样齐全。凡在国内其他地方难以买到的家具，在这里可以较低的价格买到。乐从家具市场在一定程度上引领着中国家具市场的发展潮流。

如今，顺德在325国道乐从镇路段两侧，建成了面积超过200万平方米的家具专业商场，在此从事经营活动的家具企业达2100多家；乐从镇还建成全国最大的家具博览中心。与乐从相邻的龙江镇更是"村有家具厂，户有家具人"。全国家具企业有3万余家，广东占去1/3，顺德又占了广东1/3。

顺德拥有"顺德家电""顺德家具""伦教木工机械""顺德涂料"等集体商标，还获得了"中国燃气具之都""中国涂料之乡"等美誉。顺德的北滘镇和容桂镇分别获得了"中国家电制造业重镇""中国家电模具城"的称号，乐从镇和龙江镇分别获得了"中国家具商贸之都"和"中国家具设计与制造重镇""中国家具材料之都"的称号。

（李兰萍）

何谓"深圳速度"?

今天我们看到的深圳国贸大厦在鳞次栉比的楼群里显得有些陈旧,但二十年前,它却是"深圳速度"的代名词。最早的一批建设者,在荒芜的小渔村,用汗水和泪水实现着人生的理想和追求,也写下了深圳建设的神话。

所谓"深圳速度",最初是由建筑业得名。1981年,深圳市政府推出全国第一个工程招投标方案,建设国际商业大厦,实施重奖重罚,工期提前一天奖励港币1万元,反之则罚款1万元。中标的中国冶金建筑公司承包该项目前,平均需要25天盖一层楼,承包后仅用8天就盖了一层楼。最终,该公司提前94天完工,也如数领到94万元港币的奖金。几年后,高53层共160米、当时号称"神州第一楼"的深圳国际贸易大厦,更如神话般腾空而起,创造出世界建筑史上前所未有的速度——3天盖一层楼。

1984年1月24日,春节前夕,邓小平首次视察深圳特区。他登上罗湖商业区22层高的国际商业大厦的天台,眺望初具规模的罗湖新城区。陪同视察的深圳市委书记梁湘、副书记周鼎指着建设中的大楼向小平同志汇报:这些楼超过了香港7天盖一层的速度。邓小平高兴地说:"我都看清楚了。"

1984年3月15日,新华社向全世界发布一条消息:正在建设中的中国第一高楼深圳国际贸易大厦主体建设速度创造了"三天一层楼"的新纪录，这是中国高层建筑史上的奇迹，标志着我国超高层建筑工艺达到了世界先进水平。于是"三天一层楼"就成为"深圳速度"的内核迅速传遍大江南北，震惊中外。"深圳速度"也由此成为中国改革开放进程中的一个标志性事件，载入了特区建设、中国建设的史册。

当时深圳经济特区各方面发展迅猛，远远将国内其他地区抛在了后面，可以说是"一天一个样"，几天不见的话就会"大变样"。到处都是热火朝天的大建设场面，深圳大街小巷到处都响彻着"时间就是金钱，效率就是生命"这个振聋发聩的口号，不论是谁那时候来到深圳都会被这种日新月异、一日千里的氛围所感染，被这座城市所蕴含的勃勃生机所激励。

这样的城市发展速度，甚至从世界历史上来看也是不多见的。所以，"深圳速度"的说法一经提出，迅速得到全国的普遍认同，很快就在大江南北传开了。

"深圳速度"的提出，最根本的原因，就是人的思想解放了。对于改革开放初期的国人来说，由于"文革"时期的耽误，中国发展已经慢得太多了，错过了许多机遇，只有"只争朝夕"，才能把过去所浪费的时间赶紧补回来。只有用超速度才能弥补和追赶与其他先进国家和地区落下的距离。应该说，这种快速发展的愿望代表着一个时代的呼声。

其实，"深圳速度"绝不仅仅局限于建筑业。深圳经济特区自1980年建立以来，采取特殊的优惠政策和灵活的管理方法，吸引外资前来投资设厂和兴办各项事业，并以法律形式规定下来。深圳特区生产力获得极大提高，经济和社会获得全面、持续、高速发展，投资环境获得大幅改善，人民生活水平获得显著提高。

经过40年的建设和发展,深圳已从一个昔日的边陲小镇发展成为一座颇具规模,具有一定国际影响力的新兴现代化城市。深圳特区的建立和发展,展示了中国政府和人民集中精力进行社会主义现代化经济建设的巨大成就。

(李兰萍　李兴国)

中山古镇是怎样华丽转身成为中国灯饰之都的？

中山古镇位处珠三角腹地，与港澳毗邻。几十年前，古镇还是一个桑基农田交错、四季花果飘香的农业镇。经过中国改革开放的洗礼，如今这里已经闻名遐迩，变成了车水马龙、高楼耸立、以照明为支柱产业的中国"灯饰之都"。

20世纪70年代末，国门打开，随着古镇与港澳的联系渐渐增多，人们发现了进口小家电的商机。后来，古镇人看到玻璃壁灯比小家电的利润高出许多，迅速转行灯饰业。不足两年时间，数里长的灯饰作坊、工厂如雨后春笋般冒出，这里很快成了灯的海洋，到处是灯饰店、灯具厂。起初，多数是夫妻店、兄弟厂，从佛山、南海和顺德等地采购灯饰配件进行简单的组装、拼凑和仿造后，再向全国各省市推销。1991年开始，古镇多家企业在昆明、成都、温州、沈阳等城市设立办事处。一场全民创办灯饰企业的热潮开始在古镇掀起，"提灯走天涯"成为古镇人的缩影。

古镇人天生有一种包容、吸收和消化外来文化的能力。一些灯饰厂，几乎每星期都派人去香港看国外灯饰的款式，回来后立刻进行模仿和改造，以至有"香港灯饰一日有新款，一个星期便传遍古镇"的说法。90年代中期，古镇灯饰的品种变幻万千、层出不穷，基本上每隔三个月便呈现新的灯饰潮流。

随着国内灯饰市场勃兴，古镇灯饰供不应求。腰包鼓了、腰杆硬了的古镇人不甘于小作坊生产，开始自购注塑造模设备和五金配件冲压机械，自产灯饰配件，并抓住灯饰产品外形变化吸引用户，不断地引进、吸收港澳台地区的流行式样，所制作的新产品甚至影响到当时的全国灯饰生产销售基地温州、宁波。

随着生活条件的改善和房地产业的发展，人们发现灯具除了照明功能，还能用于装饰，起到美化环境、调节氛围的作用。90年代中后期，在全球制造业迁移大背景下，台湾的灯饰生产向古镇转移，台商不仅带来了充裕的资金、先进的技术设备，还带来了更为宽广的销售渠道，吸引了大量的温州商贾，古镇生产的灯饰更为抢手，灯饰业进入更大规模的发展阶段。

1996年，古镇灯饰一条街形成规模，三四百家灯饰企业入驻。随着灯饰产业的发展，灯饰一条街不断延伸，至有十里之长，集聚经营各种灯具的商户逾1300家。1999年，灯饰长街成了古镇首届灯博会的主会场。这场颇具创意、稍显乡村风味的灯博会，吸引了国内的几十万名客商，还招徕了40多个国家和地区的客人，彻底打开了古镇灯饰的外销之门。在这以后，古镇灯饰企业激增。古镇有登记注册的灯饰企业1400多家，当地人口平均每5人中，就有1人从事灯饰产业，每4户人家中就有1户是灯饰业老板。古镇灯饰产品占国内市场份额已达60%以上；中国普通家庭平均每买2套灯饰产品，至少有1套是古镇生产的。古镇成为国内最大的灯饰专业生产基地和批发市场。

在国际市场上，"古镇制造"已成为"中国灯"的代名词。在灯饰业界有"国际灯饰看中国，中国灯饰看古镇"的说法，古镇成为与意大利、法国并列齐名的世界灯饰生产基地和销售市场。

2002年古镇被中国轻工业联合会授予"中国灯饰之都"荣誉

称号，古镇灯饰业进入一个全新的营商时代。近年来节能灯成为新宠，古镇迎来一次新的发展机遇。

几十年间，古镇由"提灯走天涯"的创业者华丽转身，发展出以古镇为核心辐射周边三市十一镇区、年产值逾1000亿元的灯饰产业集群。

（李兰萍）

世界最长的跨海大桥是怎么建成的？

"一桥连三地，天堑变通途。"伶仃洋上，烟波浩渺，海天一色，港珠澳大桥如同一条巨龙飞腾在湛蓝的大海之上。2018年10月23日，伴随着欢快的迎宾曲，这座世界最长的跨海大桥建成通车了。

港珠澳大桥总投资约729亿元，全长50多公里，起点是香港大屿山，经大澳，跨越珠江口，最后分成Y字形，一端连接珠海，一端连接澳门。大桥公路等级为双向六车道高速公路，设计行车速度100公里/小时，设计使用寿命120年。港珠澳大桥的通车，受到世界的瞩目。面对如此的世界奇观，人们不禁好奇，它是怎样建成的？

1983年，为缩小珠三角与香港的经济差距，香港商人胡应湘提出建设一座西起珠海、跨越伶仃洋、东接香港的跨海大桥以连接香港与珠江西岸的构想。1997年12月，伶仃洋大桥方案获国务院正式批准立项。2001年，伶仃洋大桥先期工程淇澳大桥建成通车。2002年，为了拉动经济，扩大对珠三角的经济辐射，香港特区政府向中央提出修建港珠澳大桥的建议。2003年7月，国家发改委与香港特区政府共同委托完成了《香港与珠江西岸交通联系研究》，确认了港珠澳大桥的必要性及迫切性。2009年10月

28日，国务院常务会议正式批准港珠澳大桥工程可行性研究报告；12月，港珠澳大桥正式开工建设。

横跨在香港、珠海、澳门之间的伶仃洋海床结构非常复杂，同时有着恶劣的气候环境和超长的跨海距离，让许多外国专家望而却步。要在伶仃洋上建设一座巨长的跨海大桥，需要解决的问题很多。其中一个难题就是淤泥问题。上游的珠江每年携带大量的泥沙经由伶仃洋流入大海，一旦超过一定的限度，桥墩就可能导致泥沙堆积，从而阻塞航道。工程师们采用了非常巧妙的方法，在伶仃洋航道下面修建一条海底隧道，用一组巨型圆钢筒，直接固定在海床上，中间填土形成人工岛，解决了海底的淤泥问题。

港珠澳大桥是我国第一次在外海环境下建沉管隧道，施工技术极其复杂，在世界范围内也是施工难度最大的工程。在国内专家和施工人员6年多的持续努力下，2017年5月2日，港珠澳大桥沉管隧道最后一个组件安装成功。至此，世界最大的沉管隧道——港珠澳大桥沉管隧道顺利合龙。

2018年10月23日，港珠澳大桥开通仪式在广东省珠海市举行。中共中央总书记、国家主席、中央军委主席习近平出席仪式，宣布大桥正式开通：港珠澳大桥的建设创下多项世界之最，非常了不起，体现了一个国家逢山开路、遇水架桥的奋斗精神，体现了中国综合国力、自主创新能力，体现了勇创世界一流的民族志气。这是一座圆梦桥、同心桥、自信桥、复兴桥。

港珠澳大桥通车后，港珠澳之间的陆路通行时间由4小时缩短为30分钟，粤港澳三地将紧密连接在一起。这是具有国家战略意义的跨越珠江口伶仃洋海域的世界级跨海通道，对推进三地融合，打造湾区"1小时生活圈"，促进珠江两岸经济社会协调发展和粤港澳大湾区建设将发挥重要作用。

（李兰萍　李兴国）

为什么粤港澳大湾区建设如此重要?

粤港澳大湾区由香港、澳门两个特别行政区和广东省广州、深圳、珠海、佛山、惠州、东莞、中山、江门、肇庆九个珠三角城市组成,总面积5.6万平方公里,总人口突破7000万人,是中国开放程度最高、经济活力最强的区域之一,在国家发展大局中具有重要战略地位。

推进粤港澳大湾区建设,是以习近平同志为核心的党中央作出的重大决策,是习近平总书记亲自谋划、亲自部署、亲自推动的国家战略,是新时代推动形成全面开放新格局的新举措,也是推动"一国两制"事业发展的新实践。2019年2月18日,中共中央、国务院印发的《粤港澳大湾区发展规划纲要》提出,粤港澳大湾区不仅要建成充满活力的世界级城市群、国际科技创新中心、"一带一路"建设的重要支撑、内地与港澳深度合作示范区,还要打造成宜居宜业宜游的优质生活圈,成为高质量发展的典范。那么,中央为什么提出建设粤港澳大湾区呢?其中包含着许多深层的考虑。

首先,这是贯彻落实新发展理念,推动高质量发展,不断提升国家经济创新力和竞争力的需要。当前,我国的经济发展由高速增长阶段转向高质量发展阶段。伴随技术模仿空间缩小和改革红利逐渐减弱，全要素生产率增速持续下降，中国亟须通过科技创新、产业升级，向国际价值链高端攀升，培育新经济动能。粤港澳大湾区经济实力雄厚，经济发展水平全国领先，产业体系完备，集群优势明显，经济互补性强。香港、澳门服务业高度发达，珠三角九市已初步形成以战略性新兴产业为先导、先进制造业和现代服务业为主体的产业结构。2020年大湾区经济总量约11万亿元，是我国开放程度最高、经济活力最强的区域之一。以全国不到1%的国土面积、5%的人口总量，创造出全国12%的经济总量，相当于世界第十二大经济体的体量；并且创新要素集聚，国家级高新技术企业总数超过1.89万家，居全国第一位，PCT国际专利申请量占全国56%，有条件在贯彻新发展理念、实现经济高质量发展上作示范。

其次，这是继续深化改革开放，构建与国际接轨的开放型经济新体制，建设高水平参与国际经济合作新平台的需要。改革开放以来特别是加入WTO（世界贸易组织）之后，中国通过大规模"引进来"，参与全球价值链分工，取得了举世瞩目的成就。如今，我国深化改革、扩大开放的基础条件和外部环境已发生深刻变化，全球资源的流动和优化组合对市场规则的一致性及国际标准的兼容性也提出更高要求。粤港澳大湾区是中国国际化水平最高和全球投资最活跃的区域之一，对外贸易总额、利用外资总额等重要经济指标，已和国际三大湾区处于同一行列。通过发挥香港、澳门作为自由开放经济体和广东作为改革开放排头兵的优势，打造国际一流大湾区，有助于构建与国际接轨的开放型经济新体制，建设高水平参与国际经济合作新平台，为全国改革开放再出发提供新鲜经验。

再次，这是优化区域功能布局，做强珠三角地区、带动周边地区加快发展的需要。当前，湾区经济形态成为全球经济重要增长极与技术变革领头羊，世界级城市群也随着开放型经济快速发展在湾区崛起，对于优化国家发展格局、促进经济高质量发展起到重要引擎作用。粤港澳大湾区城市群的产业格局多元化，并拥有世界上最大的海港群、空港群及高速、轨道系统等快速交通网络，是世界物流量最大的区域。交通条件便利，拥有香港国际航运中心和吞吐量位居世界前列的广州、深圳等重要港口，以及香港、广州、深圳等具有国际影响力的航空枢纽，便捷高效的现代综合交通运输体系正在加速形成。通过粤港澳大湾区建设，努力打造成国际一流湾区和世界级城市群，有助于充分发挥其优化空间布局和集聚生产要素的重要功能，为实现构建区域经济发展新格局、打造中国经济升级版提供有力支撑。

最后，这是丰富"一国两制"实践，为港澳发展注入新动能，为港澳居民（特别是青年人）拓展发展空间，保持港澳长期繁荣稳定的需要。"一国两制"是香港、澳门保持长期繁荣稳定的最佳制度，也是香港、澳门与祖国共命运、同发展的最佳方案。进入新时代，港澳发展与内地发展的关系更加紧密，内地发展也需要继续发挥港澳的作用。当前，粤港澳三地在市场互联互通、生产要素高效便捷流动等方面还存在不少难题。特别是近年来，香港经济增长放缓，贫富差距拉大、阶层流动性趋弱等社会问题有所加剧，香港社会稳定大局遭遇诸多挑战，亟须探索一条融合两地优势、促进"一国两制"的有效出路。建设粤港澳大湾区，有助于充分发挥粤港澳综合优势，深化内地与港澳合作，促进香港和澳门融入国家发展大局，增进香港和澳门同胞的福祉，保持香港和澳门社会的长期繁荣稳定。

（张冰　刘世红）

深圳为什么能成为中国特色社会主义先行示范区？

2019年8月18日，《中共中央 国务院关于支持深圳建设中国特色社会主义先行示范区的意见》明确提出"支持深圳高举新时代改革开放旗帜、建设中国特色社会主义先行示范区"。

选择深圳作为中国特色社会主义先行示范区，并不是偶然的。从发展成就看，深圳是中国特色社会主义先行示范区的最佳选择。

就经济发展水平来讲，深圳在一线城市中保持领先地位。2018年深圳人均生产总值达到19.3万元，比广东全省高1.21倍，比北京和上海分别高37.9%和42.2%。按新发展理念的要求，深圳在践行五大发展理念方面居于全国领先地位，是中国最接近现代化强国目标的城市。深圳创新发展能力不仅在国内领先，成为中国高科技产业发展的一面旗帜，而且开始在全球显现其巨大的影响力。另外，深圳在生态文明建设、开放水平等方面均有亮丽的表现。

从创新精神看，深圳引领全面深化改革、全面扩大开放以及实施创新驱动发展战略具有天然的优势。深圳是我国人口最年轻的大城市，多元包容的文化造就了深圳人创新、敢为天下先的品质，富有敢想敢干的精神。我国改革开放许多先例都是起源于深圳。深圳自建立经济特区以来，一直是改革的"试验田"、开放的"窗口",承担为改革开放先行探索的使命。尤其以"摸着石头过河"的智慧和"杀出一条血路"的勇气,为全国改革开放和现代化建设积累了宝贵经验,为探索中国特色社会主义道路作出重大贡献。中央作出支持深圳建设中国特色社会主义先行示范区的决定,其要义就是要继续发挥这一关键性作用。

从发展自主性看,深圳干部群众一直具有强烈的危机感和发展的超前意识,这是做好先行示范、发挥先行示范作用的先决条件。深圳干部群众有开阔的发展视野,善于谋划未来,凡事想在前头。从回应20世纪80年代"特区失败论"、90年代"特区不特论""深圳抛弃论",再到有效应对亚洲金融危机、全球金融危机的影响,深圳都能正视危机,面对未来,主动应变,从而锻炼出强烈的先行意识。

从发展机制看,深圳不仅形成了相当完善的市场机制,而且党和政府的作用发挥得很好。中国特色社会主义最本质的特征是中国共产党领导,发挥统揽全局、协调各方的核心作用。可以说,深圳是我国改革开放以来处理好市场与政府关系的典范。

(王小广)

陈献章画像

伦文叙画像

陈澧画像

朱次琦画像

湛若水雕像

高剑父

人民音乐家冼星海

粤剧表演照

清晖园

高剑父之《虎啸山月高》
（图片来源：高剑父纪念馆）

高奇峰之《虎啸》

傅抱石、关山月合作《江山如此多娇》

杨孚《南裔异物志》有哪些学术价值？

《南裔异物志》又名《异物志》，东汉杨孚所撰，详记汉代岭南社会风物风情，是岭南第一部物产专著、我国第一部地区性的物产志，也是第一部见于史志著录的粤人著作，具有较高的学术价值。

杨孚（生卒年待考），字孝元，东汉时南海郡番禺县（今广州）人。章帝时举"贤良对策"，授议郎，成为参与议政、指陈得失的皇帝近臣。他以直言敢谏著称，屡屡向皇帝提出自己对政事的意见。杨孚在参与政事之余，勤奋治学。随着中央王朝对岭南统治的加强，岭南地方长官以向皇帝"竞事珍献"为名，大肆搜刮民财，指为"异品"。杨孚专门撰写《南裔异物志》，详细列举岭南奇珍异宝人情风俗，让中原人士对岭南地区有所认识，消除对岭南特产的神秘感。

杨孚《南裔异物志》开创了史学新门类。"异物志"是我国古代出现的一种特殊典籍，兴起于汉朝，繁荣于魏晋，衰落于唐朝，到宋朝逐渐消失。主要记载某地区或国家的新异物产、社会生产、历史传说、风俗文化等。这种典籍多由个体书写，带有鲜明的个人特色，很多记载可以补正史之缺。《南裔异物志》便是已知最早的"异物志"著作。后世纷纷仿效，以"异物志"为书名的专志不断涌现。

《南裔异物志》是一部专记岭南风物的志书，对汉代岭南的物产种类详加记述，既有陆产，也有水产，种类繁多。陆产主要有粮食作物、果树植物、辛香料作物、林木作物等，水产有珠类、贝类、鱼类、虾类、龟类等，其翔实性和实用性至今为人称道。书中系统提供了汉代岭南动植物的种类及其生长情况，以及它们在经济开发方面的应用；详尽记载了汉代岭南手工业和手工技术的发展，实录如雕题、儋耳、黑齿、穿胸、鼻饮、巢居等岭南习俗，真实反映了当时岭南的生产水平和风俗习惯。

《南裔异物志》还收录东南亚诸国的民俗风情、海外作物移植岭南等情况。这些记载足见岭南古代海运外贸的发达和对外往来的频繁，对研究东南亚古史、中西交通史和汉代海外交通贸易史，有重要的史料价值。

《南裔异物志》不仅是首部岭南地方物产志书，也是广东诗歌创作开端之作。《异物志》中有赞，均为四言诗体，韵语藻雅，寓意蕴藉，很有诗歌的美感。清初著名学者屈大均谓其"亦诗之流也"，对后世文学影响深远。

杨孚的《异物志》至宋代已散佚。屈大均著《广东新语》时，殷切希望有人能把它搜辑成帙。后清代南海人曾钊从《齐民要术》《初学记》《太平御览》《太平寰宇记》诸书中辑录成两卷本，颇为完整。其中确为杨孚所撰者为一卷，直称《异物志》。1982年广东人民出版社出版梁廷枏等《南越五主传及其它七种》，杨孚《异物志》亦收录其中。

另外，相传广州"河南"之名也得自杨孚。杨家住在珠江之南下渡头村，杨孚晚年致仕从河南洛阳归番禺定居，将由洛阳带来的松柏，种植于宅前。这些松柏很奇怪，有年冬天居然"引来"

大雪盈树，人们便传这种异相是因松柏思念家乡所致，是杨公的品行感动了上天，遂将他的居地昵称为"河南"，至今仍沿作广州市区珠江南边的代称，士民尊称他为"南雪先生"。后人在杨孚旧宅故址（今广州市漱珠冈）建杨议郎祠表示对他的敬仰之情。

（杨芹）

葛洪《肘后备急方》与屠呦呦荣获诺贝尔奖有何关系?

2015年10月5日,中国药学家屠呦呦"因为发现青蒿素——一种用于治疗疟疾的药物,挽救了全球特别是发展中国家数百万人的生命"获得"诺贝尔生理学或医学奖"。这是中国人第一次获得诺贝尔生理学或医学奖。

屠呦呦在诺贝尔奖颁奖典礼上作主题演讲《青蒿素的发现:传统中医献给世界的礼物》时提到:"当年我面临研究困境时,又重新温习中医古籍,进一步思考东晋葛洪《肘后备急方》有关'青蒿一握,以水二升渍,绞取汁,尽服之'的截疟记载。这使我联想到提取过程可能需要避免高温,由此改用低沸点溶剂的提取方法。"

屠呦呦提及的葛洪(约281—341),字稚川,自号抱朴子,丹阳句容(今属江苏)人。葛洪是中国历史上著名的道教理论家、医药学家、炼丹家,著有《抱朴子》《肘后备急方》《神仙传》等,其中《肘后备急方》是重要的医药著作。葛洪曾两次来到岭南,在罗浮山隐居,修道炼丹,最后在罗浮山终老。这段隐居的经历,是葛洪医学实践的重要组成部分,对后世岭南中医药学说的发展具有关键性意义,因此葛洪被尊为岭南医学开山始祖。

《肘后备急方》当写成于岭南。岭南气候炎热，降雨多，湿气大，气候环境与内陆完全不同，如风湿、疟疾、蛊毒这类疾病长期困扰人们。葛洪治瘴疟用"常山、黄连、豉（熬）各三两，附子二两（炮）捣筛，蜜丸。空腹服四丸，欲发三丸，饮下之，服药后至过发时，勿吃食"（方第十六）；治脚气用"豆豉、大豆、小豆、牛羊乳、蜀椒"（方第二十一）；等等。书中所列的疾病包括传染性热病、内科杂症、外科急症、妇科、男科、儿科、五官科和虫毒伤等门类，每个门类都是详细说明病症，简略提到病源，再根据症状来选择药方。

葛洪治病，又常配以灸，在《肘后备急方》的许多方中，常兼施灸法。但葛洪针对寻常百姓不懂穴位，提倡灸法而不是针法，往往只指明大致分寸，不求穴位准确，以便百姓自己操作。其妻鲍姑也是历史上著名的女灸家，她习惯就地取材，常常采用广州越秀山满山遍野生长的红脚艾，做成艾绒，进行艾灸治疗。葛洪考虑普通民众的实际情况，《肘后备急方》选用的都是容易获得的药，几乎是随处可得，就算要购买也是很便宜的。油、盐、酱、醋、鸡蛋、面粉等日常食品可以入药，连鸡、鸭、鹅、猪、狗、牛、马等家禽家畜的血、肉、毛、粪便等也可以药用。

《肘后备急方》也是我国第一部临床急救手册。古人衣着袖子比较宽大，经常把东西往袖筒中塞，"肘后"就是随身携带的意思。"备急"指防备危急情况。《肘后备急方》还有一个名字叫《肘后救卒方》，"救卒"指救治突发之病，碰到急病的时候直接根据症状翻阅，使用起来简易方便，相当于现代所说的"袖珍急救手册"。

（杨芹）

惠能为何被尊为禅宗六祖？

禅宗，中国佛教宗派之一，以专修禅定为主，故名。至唐后期，禅宗几乎取代其他宗派，成为中国佛学的主流。

禅宗于南朝时由达摩传入中国。达摩，相传为南印度人，南朝宋末（一说南朝梁时）航海到广州。达摩登陆广州的地方，被称为"西来初地"。后人在此建西来庵，清朝改名华林寺（位于今广州市荔湾区下九路西来正街）。相传达摩一苇渡江后，在嵩山少林寺面壁参禅，少林寺因而被称为禅宗祖庭，达摩被称为禅宗初祖。

至第五世弘忍门下，禅宗分成北方神秀的渐悟说和南方惠能的顿悟说两宗，有"南能北秀"之称。但北宗数传即衰，独南宗盛行，成为禅宗正系。

惠能（638—713），一作慧能，俗姓卢。祖居范阳（今河北涿州）。其父行瑫，唐高祖武德年间左迁新州（今广东新兴县），遂落籍岭南。惠能幼年丧父，移居南海，家境贫困，以卖柴奉养母亲。某日在卖柴回家的路上，听到有人诵念《金刚经》而产生向佛之心，乃离家往黄梅（今属湖北）东禅寺，拜五祖弘忍为师。

惠能在东禅寺劈柴、舂米数月后，有一天，弘忍命各人作偈呈验，以选择法嗣。大弟子神秀作一偈云："身是菩提树，心如明镜台；时时勤拂拭，莫使惹尘埃。"惠能也作一偈，云："菩提本无树，明镜亦非台；本来无一物，何处惹尘埃！"弘忍觉得惠能不但道出了禅的本意，而且比神秀理解得更深透。从"空无"的观点看，惠能的悟性显然比神秀高，所以弘忍决定选惠能为法嗣。他暗示惠能晚上三更到方丈堂。是晚三更，弘忍向惠能宣讲《金刚经》，至"应无所往，而生其心"，惠能大悟。弘忍便传其衣钵，并对惠能说："你为禅宗第六代祖，善自护持，广度有情，流布将来，无令断绝。"弘忍亦即送惠能离寺往九江渡口，临别又叮嘱他速回南方，暂作隐晦，待时行化。

惠能遵照弘忍"逢怀则止，遇会则藏"之机语，日夜兼程返回广东，隐遁于四会、怀集的大山之中，与猎人和当地村民一起生活劳作，历尽磨难。同时，他身承六代祖师之位，韬光养晦，严谨修行，勤练禅法，脱离浮躁，顿悟佛性，等待禅机。

唐高宗上元三年（676）正月，惠能从怀集到南海法性寺（今广州光孝寺）。印宗法师讲《涅槃经》，有二僧辩论风吹幡动，一个说风动，一个说幡动，争论不已。惠能插口说："不是风动，不是幡动，仁者心动。"大家为之惊诧。印宗法师契悟询知惠能是禅宗法嗣，即拜为师，集众僧在法性寺内菩提树下，为惠能剃发，请名德智光禅师等为他授具足戒。居二月，惠能开示禅门，说般若波罗蜜法。其后不久，即移居曹溪宝林寺。韶州（今韶关）刺史韦璩久仰慕惠能的道风，请他讲法，听众超过千人。惠能在曹溪说法30余年，禅法大盛。所说法语，由弟子法海记录，整理为《法宝坛经》，传于后世，是唯一一部被称为"经"的中国僧人撰述，在禅门中的地位类似于《论语》之于儒门，被称为禅宗的"宗经"。唐玄宗先天二年（713），惠能圆寂，终年76岁。

惠能是唐代杰出的佛教领袖,一生精深持戒,苦修佛道,法施有间,德惠神州。他的禅学集中在《法宝坛经》,禅学思想的主要特点是"识心见性"和"顿悟成佛"。前者是他的心性本体论,说明"心""性"是众生成佛的依据;后者是他的宗教修行方法论,提出宗教修行的原则和方法。他的禅学使佛教义理简单化、通俗化,不仅易于为社会各阶层接受,而且成功地完成了中国佛教从诠释佛法到创造理论、改变修持方法的转变,使禅宗成为中国化最彻底的佛教宗派。他用通俗简易的修持方法,取代繁琐的义学,形成了影响久远的南宗禅,法系不断繁衍,枝繁叶茂,在唐代以后成为中国禅宗的主脉。

(杨芹)

明代白沙心学有何历史地位？

心学，是儒学的一个流派，其理论源于孟子"尽心"论。宋代陆九渊是心学的创始者。迄至明中叶，陈献章创江门学派，开心学新篇。白沙心学，熔儒、释、道于一炉，开启了明代心学的序幕，成为儒学发展史上的一个重要转折点。

陈献章（1428—1500），新会（今属江门）白沙里人，世称白沙先生。年轻时师从理学大家吴与弼，因与老师的观点不尽相同而退学返乡。抵家后，闭门谢客，筑书舍"春阳台"，专心读书。陈献章一生三次会试落第，晚年彻底断绝出仕的念头，致力于人才培养。

在精神修养上，陈献章提出"静养端倪"，主张"静坐"为涵养的门户，由"静坐"而求"静"，由"静"而体认"内心"，力主处世、办事、致知皆求之吾心，走的是与二程、朱熹不同的道路。陈献章高扬"宇宙在我"的主体自我价值，突出个人在天地万物中的存在意义，但强调"道"是"宇宙在我"的前提条件；认定在唤醒道德自觉，高扬人的能动精神之时，必先承认"道"的客观性，主体精神的发挥必须遵循外在的规律。陈献章认为"道"是万事万物所存在的依据，贯通于万物之中，心通过"静一至虚"而得道、会理、存诚。这无疑合理地阐述了主体与客体的辩证关系，检讨了宋明以来,或过于注重客观的"理",或过于注重主观的"心"的偏向。

陈献章援禅入儒,改造儒教。陈献章不立文字,视语言文字如"糟粕秕糠",指责时人读书"诵其言而忘其味"。但他并不是反对读书,而是要"以我观书",反对"以书博我",实际上是以主体之心为参照,在确立主体地位的前提下去读书,而不是为了博闻强记。

陈献章生逢明初,当时朱学为显学,天下士子非程朱之书不读,非程朱之学不讲。一家独大,必然导致学术僵化,丧失生机。陈献章以"宗自然""贵自得"、涵养心性、静养"端倪"的思想体系,打破程朱理学沉闷和僵化的模式,创立白沙心学,开明朝心学先河,在宋明理学史上是一个承前启后、转变风气的关键人物。陈献章的学术思想,对中国文化尤其是岭南文化的发展,产生了深远的影响和积极的作用,确立了岭南文化在整个中国文化发展中的地位。他的学说被誉为"独开门户,超然不凡""道传孔孟三千载,学绍程朱第一支"。陈献章也因此被尊为"大儒""圣人",辞世后追谥"文恭",是古代岭南唯一一位从祀孔庙的学者,故有"岭南一人"之誉。

陈献章之后,其弟子湛若水(1466—1560)继承与弘扬白沙学说,构建了富于岭南特色的陈湛心学。

湛若水,号甘泉,广东增城人。28岁时师陈献章,仅三年时间即深谙白沙心学之真谛,提出了"随处体认天理"的命题。

湛若水对陈献章的学说理论有继承,也有发展。在"静养端倪"的基础上,湛若水提出"随处体认天理"的主张,即人可以"随时""随地"进行认知与涵养,而不受时间、空间和方式的限制。湛若水还提出一系列的"合一"理论,包括"理气合一论""理心合一论""知行相兼论""理欲合一论"等，使岭南心学显得更系统与精微。

湛若水出生于岭南，足迹却遍及岭南内外，学说的影响力也远远超出岭南地区。他终生致力于教育，"无处不授徒，无日不讲学"；年逾九旬还跨越五岭，赴湖南、江西讲学。他在全国各地创办的书院近40所，弟子数千人，且遍布大江南北，其中不乏颇具声望者。他们既能在学术上与湛若水相呼应，又能别开新义，形成别具岭南特色的心学流派和心学体系。

湛若水与王阳明都是同时代著名的心学领袖，他们同时讲学，各立门派和宗旨，湛若水的主旨为"随处体认天理"，王阳明的主旨为"致良知"。二人虽有学术上的论辩，但友情笃深。学界普遍认为通过湛若水，王阳明受到白沙心学的影响。甘泉学派在流播中与阳明学派等学术流派既交锋又融和，多次辩论，体现出调和折中、融会贯通的特征，深化了岭南文化的思想内涵。因此，以湛若水为代表的甘泉学派不但为岭南心学注入了新的活力，而且促进了整个中晚明时期心学的发展与繁荣。

近年来，甘泉文化逐渐受到关注，首届"甘泉文化节"于2014年在湛若水的家乡增城举办。

（杨芹）

黄佐《广东通志》为何成为明代广东省志中的佼佼者？

黄佐（1490—1566），广州府香山县荔山（今属珠海）人，字才伯，号希斋，晚号泰泉，明中后期岭南著名理学家、史学家、方志学家。

黄佐出身书香门第，少有才名。正德十六年（1521）进士，嘉靖元年（1522）选为庶吉士，入翰林院修学，期满后未谋求官职，反而力请回乡侍奉其母。直到嘉靖七年（1528）才起复为官，至嘉靖二十五年（1546）后不再入仕。黄佐学识宏富，博通经史，一生著述丰硕，尤长于史志修纂，《广东通志》便是其中杰作。

广东之有《通志》，始于明代。在黄佐主纂《广东通志》之前，已有广东巡按御史戴璟于嘉靖十四年（1535）纂修《广东通志初稿》40卷，为广东设置行省以来的首部通志。但因编写仓促，不免有潦草芜杂和门类不恰当之处。因此，地方官提议重修，特聘广东著名学者黄佐主持。黄佐《广东通志》纂于嘉靖三十六年（1557），两者相隔仅22年，这种一朝（嘉靖朝）两修省志实属鲜见。

黄佐本人在纂修《广东通志》前，已成功编纂过六部重要的方志及专志，包括《广州人物传》（24卷）、《广州府志》（70卷）、《广西通志》（60卷）、《南雍志》（24卷）、《香山县志》（8

卷)、《罗浮山志》(12卷)。这些丰硕成果为黄佐纂成高质量的《广东通志》奠定了坚实基础。

《广东通志》始修于嘉靖三十六年(1557),嘉靖四十年(1561)刊刻面世,后有补刻,纪事至嘉靖四十三年(1564)。黄佐《广东通志》分图经、事纪、职官表、选举表、舆地志、民物志、政事志、礼乐志、艺文志、列传、外志十一门。在《广东通志初稿》的基础上,黄佐广泛搜集各府州县志,又派人问求地方耆老、访索经籍,以补旧志之不足。全书内容丰富,史料翔实,对《广东通志初稿》多有匡正。尤详于人物,系统收录秦汉至明代广东名宦、乡贤,重视对历史人物业绩的记叙。特别注意人与社会环境的互动,并着力凸现岭南的地方特色。如根据岭南沿海的地理位置,特别收录海外与中国通商通航的"夷情"及"市舶司纪事"等内容。这些数据和材料出自当时官方档案文献,却不为国史或他志所收录,因而是研究明代岭南政治经济文化所亟需的珍稀史料。《南海图经》《南海县志》等早已佚失的前代典籍,也幸得黄佐收录其名称、时代、作者甚至序跋,才使后世可略知其内容体例和纂修过程。

明代广东省志,前有嘉靖初年戴璟所修的、长于教化的《广东通志初稿》,后有任职地方多年熟悉舆地民情的郭棐所修的万历版《广东通志》,但黄佐所修的嘉靖版《广东通志》在学界的评价远在戴、郭所修志之上,历来为学者所重。黄佐《广东通志》为深入研究广东政区沿革史、社会经济与岭南文化发展史提供了珍贵史料,具有很高的文献价值。

(杨芹)

意大利人利玛窦与广府地区有哪些渊源？

利玛窦，本名 Matteo Ricci，字西泰，1552 年 10 月生于意大利中部马切拉塔（Macerata）省，1568 年前往罗马学习法律，1571 年 8 月加入耶稣会成为一名见习修士。1577 年 5 月 18 日，利玛窦前往葡萄牙，随后辗转前往印度果阿。

明万历十年（1582），利玛窦从果阿来到澳门。在利玛窦之前，耶稣会就已在澳门修筑了教堂，并几次尝试以澳门为据点进入中国内地，但都未能成功。第二年，经过不懈努力，利玛窦随同另一位传教士罗明坚（Michele Ruggieri）终于获两广总督郭应聘许可，到达总督府所在地——今肇庆，并受到肇庆知府王泮的礼待。他们向知府表示会遵守法纪，获批准暂时定居及修建住所和教堂。于是，利玛窦就在西城外西江岸边的崇禧塔附近，建起我国第一座天主教堂——仙花寺，还是知府王泮亲自取名。

为减少传教过程中的阻碍，利玛窦在肇庆期间继续系统研习中国语言、书法等传统文化，了解当地的风俗习惯，广泛涉猎儒、释、道等方面的经典，熟悉中国国情。利玛窦还身体力行，主动披儒服，戴儒帽，学汉人的礼仪，与儒士亲密交往，表达对儒家文化的亲近感，在行为上表达对中国文化的强烈认同。

利玛窦也传入欧洲文艺复兴时的成果。他在教堂接待室的墙上，挂着一幅用欧洲文字标注的世界全图，向民众传播地理知识。但是，有人不喜欢那张地图把中国偏置在东方的右边。为了满足国人的中心意识，利玛窦重新绘制了一张世界地图，把中国的位置放在正中，全图用中文加以注明，这就是著名的《山海舆地全图》。地图刊刻后，肇庆知府王泮分赠各省要人。利玛窦还在当地给民众演示、解释天体运行规律，实际上已把地球是圆球体之说传入中国，改变了以往人们对天地形状的认知，后来有学者即称："地圆之说，直至利氏东来始知之。"

此外，利玛窦在教堂里陈设了自鸣钟、角玻璃棱镜、天球仪和地球仪、西文图书及其他西洋物品，在家里绘制日晷或者把日晷刻在铜版上。还向人们介绍欧洲的图画和塑像、数学计算法、印刷技术等，使当地民众大开眼界。他们从西方带来了圣母像、地图、星盘和三棱镜等新鲜物件，还带来了欧几里得《几何原本》等典籍，利玛窦利用各种机会向普通百姓和官员介绍西方现代数学、几何、世界地图、西洋乐等西洋事物。万历十二年（1584），利玛窦制作并印行了《山海舆地全图》一幅，近代地理学知识首次进入中国人的视野。在著述方面，他和罗明坚一起翻译了《十诫》《主的祈祷》《圣母赞歌》和《教理问答书》等书，合作撰写了《天主实录》。他还和罗明坚合编了我国第一部中西文字典——《葡华字典》，首创用拉丁字母注汉字语音，对沟通中西文化交流起了一定作用。

万历十七年（1589）王泮调离后，利玛窦因新任两广总督刘继文的原因，被逐出肇庆，前往韶州（今韶关）传教。在韶州期间，还收礼部尚书瞿景淳之子瞿汝夔为徒，教他研习地球仪和欧几里得的原理，学习绘制各种日晷的图案，准确地表示时辰，并用几何法测量物体的高度。他还将儒家经典四书译成拉丁文，使我国的传统文化得以西传欧洲。

利玛窦在肇庆、韶州的 12 年,为其后来入京奠定了基础。万历二十三年(1595),利玛窦北上前往南昌、南京,后又到北京,受到明神宗的召见,进献自鸣钟、万国图等,取得在京传教特权,并与士大夫交往,暗中从事测绘地图、调查中国物产等活动,也介绍一些西方有关历算、水利、测量等方面的知识,客观上促进了中西文化的交流。万历三十八年(1610),利玛窦在北京逝世,在华传教 28 年,是天主教在中国传教的最早传教士之一。

(杨芹)

为何称"南园五子"开粤诗风雅之先?

"南园五子",又称"南园五先生",是元末明初广州五位诗人的并称。元朝末年,天下动荡,群雄并起。广州地区尚未遭遇兵乱,得到暂时安定。元至正十八年(1358),青年诗人孙蕡、王佐与十多位诗友,于广州南园抗风轩(故址在今文德路)结社唱和,号为南园诗社。南园诗社自元末建社以来,开粤诗风雅之先,对岭南诗坛影响甚大。而以孙蕡为首的南园诗人,标榜汉魏,力追三唐,尤重风骨,对以"雄直之气"著称的岭南诗派的形成起了重要作用,在中国诗史上占有一定地位。

"南园五子(五先生)"为诗,上追曲江张九龄之风,力矫元代诗歌创作上的纤弱萎靡,岭南诗风为之振起。有《南园五先生集》传世。

孙蕡(1337—1393),字仲衍,号西庵,南海人。为"南园五先生"之首,有《西庵集》。孙蕡才华横溢,他的诗既有气象雄浑的一面,又有清圆流丽的一面。如《下瞿塘》写舟行险滩急流,笔力遒健;《骊山老妓行》述老歌妓的沧桑之感,音调谐婉;《广州歌》写广州风物与繁华,形象鲜明。明清以来,学者对其诗评价很高,推许为"岭南明诗之首"。孙蕡于书无所不读,富于才情,写起诗文一挥而就。初读起来好像并无刻意经营,细加体味,则气象雄浑,兴喻深致,有魏晋风度。

王佐(1337—?),字彦举,人称听雨先生,南海人。他与孙蕡关系最密,同为南园诗社的发起者。王佐才思雄浑,其诗忧时感事,寄慨深沉,时人称其"才思雄浑,体裁甚工",其诗"句意沉着","比之高适、岑参"。他和孙蕡的文思诗才各有千秋,时人已有评价谓"构辞敏捷,王不如孙;句意沉着,孙不如王"。孙蕡《南园歌赠王给事彦举》云:"沧洲之盟谁最雄?王郎独有谪仙风。"对其推崇备至。著有《听雨轩集》《瀛洲集》。

李德,字仲修,人称易庵先生,自号采真子,番禺人。李德工于文辞,尤邃于经学,对《毛诗》《尚书》研究尤精。其诗多效李白、李贺,险拗奇崛,但也有一些较为恬淡清新可诵的小诗。著有《易庵集》。

黄哲(?—1375),字庸之,番禺人,人称雪篷先生。黄家世代为荔湾大姓。黄哲年幼即孤,刻苦读书,通五经。向人家借文选手抄,深味究竟,因能作诗,达到晋、唐境界。其诗以乐府和古体居多,重视气骨。近体诗亦用笔刚劲,不乏佳制。黄哲是"南园五先生"中,最早为朱元璋所招用的。他性好山水,结庐蒲涧,栖息其中。著有《雪篷集》。

赵介(1343—1389),字伯贞,番禺人。赵介博通六经,对星官医卜、佛老之书,无所不究,多才多艺,诗学一门造诣尤深。他气宇豪迈,胸怀豁达,兴至则挥毫赋诗。何真降明以后,孙蕡、王佐、李德、黄哲先后被援引出仕,唯独赵介杜门不出,闭门读书,无意仕进。他在居所前种了两棵松树,名所居为"临清",寓陶渊明"临清流而赋诗"句意,表明淡泊名利之志向,因此被人称为"临清先生"。著有《临清集》。

元末明初南园诗社崛起,流风所至,民间翕然景从。一时名士如别驾黄楚金、征士蔡养晦等，皆豪吟剧饮，更唱迭和，文士宗之。论者谓"南园五先生"与"吴之四杰""闽之十才子"，开有明一代风雅之宗。明初广东民间诗社，除广州南园外，顺德有陶园，东莞有凤台、南园，若珠江三角洲文士结社吟咏之风，亦盛于他方。而一百余年后的明嘉靖年间（1522—1566），又有欧大任、梁有誉、黎民表、吴旦、李时行等五位岭南诗人，追慕前人，重结诗社于南园抗风轩。他们继南园诗社之故事，续南园诗社之风雅，在沉寂下去的岭南诗坛重张大旗，在海内也蜚声一时。后人为区别前后两次结南园诗社之诗人，将元末明初之五诗人称为"南园前五先生"，将明中叶之五诗人称为"南园后五子"，也称"南园后五先生"。

（杨芹）

为什么说没有岭南之行就没有汤显祖的《牡丹亭》?

明万历十九年(1591),汤显祖做出了一件在他从政生涯中最拉风的事情——他呈上了准备已久的《论辅臣科臣疏》。因为此一疏,当朝的首辅申时行不得不告老还乡,贪污官员杨文举、胡汝宁等受到了行政处分。汤显祖上疏的壮举,在朝野间产生了良好的舆论,对晚明的士气是一大振奋。当时因为这些壮举而被贬,是一件荣耀的事,但也激怒了皇帝,皇帝果然把他发配到了岭南。

汤显祖带着美好的想象,高兴地上路了,甚至有点迫不及待。这趟旅游最大的收获,就是成就了中国戏曲史上最杰出的作品之一《牡丹亭》。可以说,没有广东之行,就没有汤显祖的《牡丹亭》。

《牡丹亭》女主角杜丽娘,在第十出《惊梦》里上场就道:"晓来望断梅关,宿妆残。"古梅关,属广东南雄。而柳梦梅一岭南书生,直接脱胎于汤显祖在广东领会到的男子精气神。可以说,汤显祖来广东"游览"了一遭,以明朝广东男子为原型的柳梦梅就成了《牡丹亭》中的第一男主角。

汤显祖九月初从家乡江西临川出发,至月底翻越梅岭进入广东,再从保昌(今南雄)下水之后,途经曲江(其间登岸往游南华寺)、乳源、英德、翁源、清远、三水、佛山,十月初七小雪前后到达广州城(至十一月初七从罗浮山下来乘船赴澳门,刚好一个月,除去东莞之行,也有二十多天,停留时间之长,除成长求学和仕宦之地,无逾于此;遍游广州东西南北,作诗二十余首,也不可谓不多)。时值洋商夷舶及各省商人客船云集,繁华盛景,令其极为震撼,他写下了堪称表现广州的最佳诗篇:"临江喧万井,立地涌千艘。气脉雄如此,由来是广州。"(《广州二首》之一)

他还去了有"未有羊城,先有光孝"的光孝寺:"菩提岂无树,天竺有灵僧。色与波罗翠,香随薝卜凝。根芽初佛满,花叶几人能。密意经三绕,无劳问葛藤。"(《光孝寺》)

汤显祖被贬岭南,最远曾到徐闻,徐闻的"贵生书院"与汤显祖有渊源,《牡丹亭》也有关于它的传说。

汤显祖从广东回来之后,下笔如有神,柳梦梅、杜丽娘等角色,就是有赖于这趟贬谪之旅所触发的灵感。

有一种看法,认为柳梦梅的原型,是汤显祖的挚友——东莞人祁衍曾。祁衍曾至情至性,文采斐然,汤显祖在南昌和他一见如故。祁衍曾对醇酒妇人有痴情之举,汤显祖作诗称赞他"看君似是有心人"(《送祁羡仲访琅邪丁太仆》)。这样的痴情,和《牡丹亭》中的柳梦梅为了掘墓帮杜丽娘还魂而不怕被砍头,遥相呼应。

另一个催生了《牡丹亭》的就是罗浮山的梅花。汤显祖在游览完光孝寺之后就去了罗浮山,那个地方他想去很久了。他坦言"吾平生梦……葛洪丹灶……而不可得",葛洪丹灶之类的道教遗迹就在罗浮山上。而且,罗浮山的梅花非常有名。

惠州背靠罗浮山,宋时苏东坡被贬惠州,就一连写过三首咏梅花的诗。第一首是《十一月二十六日松风亭下梅花盛开》;第二首《再用前韵》则点明了"罗浮山下梅花村,玉雪为骨冰为魂";第三首是《花落复次前韵》。汤显祖必然晓得这三首诗,而且把它当成攻略,要在此刻的罗浮山下,再遇梅花美人了。

据研究资料显示,汤显祖当时在蝴蝶洞避雨,有句云:"洞中避风雨,梦蝶愁飞举。美人湿不来,暗与梅花语。"(《罗浮上帘泉避雨蝴蝶洞,迟南海崔子玉不至四首》)汤显祖还有《出朱明观》也说:"消息梅花月,归舟兴不忘。"除了梅花、美人,汤显祖在罗浮山上还想到了山鬼。其《望罗浮夜发》云:"披衣天门外,幽篁听山鬼。"可见梦中与美人相会和人鬼之恋的意趣,此时已经进入汤显祖的头脑。

早在《牡丹亭》诞生之前,已经有明代话本小说《杜丽娘慕色还魂》。当汤显祖到达广东南雄的时候,他想起了《杜丽娘慕色还魂》,因为小说故事就发生在南雄。而在他逗留大庾(今江西大余),也了解到《夷坚志》中谪居南安的邵宏渊笄女死后化成鬼魂,在当地宝积寺与谪官解太尉孙子保义郎之情爱事。加上此前在罗浮山下的梅花美人、幽篁山鬼,这种种行程之中的因缘际会,很有可能正是催生了《牡丹亭》的最重要推动力。

汤显祖对岭南的美好念想,终于在他最著名的作品《牡丹亭》中体现。一出《牡丹亭》,就是汤显祖岭南情缘的焕发与呈现。假如汤显祖没有岭南之行,我们今天见到的《牡丹亭》或许会是另一种样子。汤显祖去了广东,成就了《牡丹亭》。

(刘世红)

清初被誉为"岭南三大家"的是哪三位？

"岭南三大家"，又称"岭南三君"，为清初岭南三大著名诗人屈大均（番禺人）、陈恭尹（顺德人）和梁佩兰（南海人）的合称。明末清初，岭南文化形成了独立的风格与精神，富有开拓创新精神的诗人群体大量涌现，其中成就最为突出、对岭南文化发展影响最为深远的首推此三人。清初诗人、文学家王士祯说："南海耆旧屈大均翁山、梁佩兰药亭、陈恭尹元孝齐名，号'三君'。元孝尤清迥绝俗。"三人居里邻近，时相过从，往来较多，创作上互相推崇，在当时岭南地区享有盛名。康熙三十一年（1692），同为岭南人的王隼选编三家之诗，名《岭南三大家诗选》，隐然有抗衡"江左三大家"（钱谦益、吴伟业、龚鼎孳）之意，自此始有"岭南三大家"之称。

"岭南三大家"的诗作都具有独特的岭南文化特征。三人均为由明入清的遗民，三人诗风均为现实主义，描述明清之际改朝换代，战乱不断，普通百姓生活的疾苦。三人均强调人品与诗品、"才"与"识"的统一，重视培养创作主体的个人品质、内涵以及学识能力。在反映岭南的山川风貌、人情世态，具有浓厚的地方色彩方面，三家则有共同之处。明清时期，岭南地区自然环境独特、工商贸易日渐发达，西方文化开始渗入，三人眼界开阔，胸襟舒展，其诗作描绘清新亮丽的广东风物与风情，展现多姿多彩、雄奇开放的岭南文化，表现出异于中原和江左地区的鲜明的岭南地方特色，此为"岭南三大家"作为文学群体的共同特征。屈大均秉承儒家思想，提倡以诗言道，主张诗人要有高洁的人格追求、高尚的道德品行，强调诗歌要以"丽"为美却不失其"则"，以比兴入诗，寻求诗歌、诗画结合的艺术境界与中和朴素之美。他创作出数量可观的广东风物诗，人格和诗风均有英勇豪侠之气。梁佩兰考察岭南实况，捕捉独具地域色彩的生活场景，发掘富有岭南特色的创作主题，抒发岭南人特有的美好理想和高尚情操，使人对岭南地域文化产生依赖和归属，形成独特的岭南诗风和地域文化情感。

屈、陈、梁三人居里邻近，时相过从，在创作上互相推重，在当时岭南一带享有盛名，但他们的人生轨迹、生活情趣以及作品的艺术风格则有很大的区别，各有特色。

屈大均（1630—1696）曾削发为僧，参加反清活动，之后过着半隐居的生活，靠务农、卖文为生，其诗学盛唐，尤长于五言，有不少不满清朝统治、反映民生疾苦的作品。屈大均以屈原后代自居，学屈原和《离骚》，兼学李白、杜甫，诗歌奔放纵横，激荡昂扬，如"万里丹心悬岭海，千年碧血照华夷"（《经紫罗山望拜文信国墓》），"狼山秋草满，鱼海暮云黄。日月相吞吐，乾坤自混茫。乘槎无汉使，鞭石有秦皇。万里扶桑客，何时返故乡"（《通州望海》）等诗作，豪宕而多苍凉悲慨之音，"以气骨胜"，在诗界独树一帜。《大同感叹》《猛虎行》《菜人哀》等揭发清兵屠戮暴行，《旧京感怀》《过大梁作》《登罗浮绝顶》等诉说家国兴亡悲哀，《梅花岭吊史相国墓》《哭顾宁人》《赠傅青主》等抒发仰慕忠节之情，抚时感事，表现出坚定的民族立场和抗清意志。

陈恭尹（1631—1700）也曾积极参加反清斗争，后拒绝与清统治者合作，终生不仕清廷。陈恭尹在文学上主张创新，反对拟古，七律成就尤高，诗作题材与屈大均相近，其诗作慷慨豪迈、直抒胸臆，有雄壮气势和魄力，如"海水有门分上下，江山无地限华夷"（《崖门谒三忠祠》），"半楼月影千家笛，万里天涯一夜砧"（《虎丘题壁》），"五岭北来峰在地，九州南尽水浮天"（《九日登镇海楼》）等诗句，感时怀古，抒发亡国之悲，表达矢志复明的决心。陈擅长七律，《邺中》《读秦纪》等是其名作。

梁佩兰（1629—1705）则热衷功名，曾多次应试，后出仕清廷，其诗多酬赠与写景，描绘社会民情，尤长于七言古体诗。梁诗七古苍凉伉爽，强调诗要平和雅致，《易水行》《养马行》等是其代表作。早期模拟汉魏及唐诗，多为奉酬赠答之作，后虽有改进，但模仿痕迹仍很明显，故其成就不及屈、陈二人。

在诗歌内容和风格上，屈、陈二人有着共同的民族思想，胸怀郁愤不平之气；屈大均坚持"以《易》为诗"，宗通达而尚变；陈恭尹受"性灵说"影响颇深；梁佩兰诗作重视"温柔敦厚"，风格平淡。

清代词人朱彝尊在《海日堂集序》中曾评价说："南海多骚雅之士，其尤杰出者，处士屈大均翁山、陈恭尹元孝、孝廉梁佩兰药亭……数君子者，其诗并传于后无疑。"

（刘世红）

屈大均的《广东新语》为什么被称为岭南《山海经》？

屈大均（1630—1696），初名邵龙，又名邵隆，号非池，字骚余，又字翁山、介子，号莱圃。明末清初著名学者、诗人，与陈恭尹、梁佩兰并称"岭南三大家"，著有《广东新语》《翁山诗外》等书，有"广东徐霞客"的美称。曾削发为僧，还俗改今名，北上游历，密谋抗清。康熙二十二年（1683），郑成功的孙子郑克爽降清，屈大均大失所望，即由南京携家归番禺，终不复出，著述讲学，移志于对广东文献、方物、掌故的收集编纂。屈大均抚育成人的八个子女，均以"明"字命名，如明洪、明治等，表达其誓为明人的爱国情怀。

"广东"一词是明代才出现，屈大均为言志而弃传统的"岭南"称谓不用，采用了"广东"做书名，先后有《广东文集》《广东文选》《广东新语》等。其中，《广东新语》一书是屈大均的传世之作。屈大均为创作此书耗费心力，他在自序中谈到了自己创作此书的目的："予尝游于四方，闳览博物之君子，多就予而问焉。予举广东十郡所见所闻，平昔识之于己者，悉与之语。语既多，茫无端绪，因诠次之而成书也。"

《广东新语》卷一至五为天、地、山、水、石五语，分别记载广东的气候、地形山貌、湖泊泉池、名胜古迹和诸山石质。卷六至九为神、人、女、事四语，分别记载广东民间传说和神话、历代名人、孝女烈妇、民间风俗等。卷十至十三为学、文、诗、艺四语，记载广东理学名人、诗文大家及其著作、书画印章等。卷十四至十六为食、货、器三语，记载稻麦豆茶油盐、金银铜铁珠玉和刀剑钟鼓战车等。卷十七至十九为宫、舟、坟三语，记载广东台馆祠庙园林、船舶战舰、陵墓冢塔等。卷二十至二十四为禽、兽、鳞、介、虫五语，记载广东各种动物杂类。卷二十五至二十七为木、香、草三语，记载广东花木、香料、花草等。卷二十八怪语，记载神怪报应。屈大均知识渊博，书中每记一事，他往往要加以考辨，不仅"考方舆，披志乘"，而且还"验之以身经，征之以目睹"。因此"其谈义也博而辨，其陈辞也婉而多风。思古伤今，维风正俗之意，时时见于言表"。

屈大均很注重记载广东历代名人，以补正史之不足。《广东新语》记载了许多有关广东物产民俗方面的材料，这些对研究明清时期广东地方民俗史都是相当有价值的。如卷九《事语》中的《放鹞》一文记载了佛山九月十日的放鹞会；《拾灯》叙海丰元夕于江干放水灯事，以及广州八月十五之夕诸般灯火盛况。卷十五《货语》、卷十六《器语》则记载了广东的地方特产。卷十一《文语》之《土言》，记载了广州方言土语及其来源。卷十二《诗语》中《粤歌》记录广东许多民歌歌词的特色和创作歌唱情况，反映了东西两粤（即广东、广西）男女青年好以歌声唱和、彼此相恋的风俗。文中所录的许多民歌歌词，都是研究地方民间文学的重要材料。

关于广州别名"羊城"的由来，自古至今有多种解析，流传最多的版本就是来自屈大均《广东新语》一书的记载：晋朝时，吴修为广州刺史，还未到任，有五仙人骑五色羊，背着五谷来到广州州治的厅堂上，于是吴修在厅堂上绘五仙人像以示祥瑞纪念，并且称广州为"五仙城"。

而关于"五仙人"，屈大均根据《太平御览》进行了详细的描写：周夷王时，南海有五个仙人，每人穿着不同颜色的衣服，来到楚庭（广州）。他们每个人都拿着谷穗，留给广州人，说"你们有这个谷穗就不会饥饿"。之后，仙人所骑的羊变成石头。现今位于广州惠福西路的五仙观中石头的传说便来自于此。

《广东新语》一书内容广博，从广东的气候、地形山貌、湖泊泉池、名胜古迹，到传说神话、民间风俗，再到诗词歌赋、名人书画，乃至油盐酱醋、花鸟鱼虫，包罗万象，广博庞杂，被称为"广东百科全书"。总之，只要是与岭南风物相关的，不管你想得到或想不到的，屈大均都写到了。这些对研究明清时期广东地方文化史、经济史、风俗史等都是相当有价值的，堪称"岭南《山海经》"。正如清初学者潘耒在该书序言中所称："游览者可以观土风，仕宦者可以知民隐，作史者可以征故实，摛词者可以资华润……善哉，可以传矣！"

（刘世红）

为何邹伯奇被誉为"百科全书型学者"?

邹伯奇(1819—1869),广东广州府南海县(今佛山市南海区)人,幼名汝昌,字一鹗,又字特夫、征君。晚清科学家,被誉为中国近代科学先驱。曾任上海江南机器制造总局附设书院教习、广州学海堂学长。他一生绝意仕途,在家乡钻研科学技术,精于光学、天文学、数学、力学和声学等现代科学,取得了多方面的成就,是中国近代第一个百科全书型学者。

邹伯奇出生于书香人家,父亲和外祖父都是学养深厚的"数学爱好者"。10岁时被外祖父接到家中,学习《周易》《九章算术》等,受到少有的数理启蒙教育,后又拜酷爱算术的梁序镛为师,学习大量古代数学知识,为日后研习西方文化和科学知识打下基础。

道光二十四年(1844),邹伯奇制成了中国第一台照相机,并撰写《摄影之器记》,述及摄影机的湿板照相法和湿板照相的操作过程,成为世界最早的摄影文献之一。邹伯奇以他自制的照相机和感光化合物拍了许多照片,其中一块自拍像玻璃底版珍藏在广州市博物馆。1973年,戴念祖用这底版冲印了极为清晰的邹伯奇相片。

在地理测绘方面,邹伯奇率先以"经纬线绘制法"改绘《皇舆全图》（全国地图），并将经过北京的一条经线定为本初子午线。他把自己创立的"以圆绘圆"法改进为椭圆画法，使绘图技术趋于准确。广东巡抚郭嵩焘聘请他主持测绘《广东沿海地图》，以及绘制《南海县志》内的地图。他设计了摄影绘地图法，并进行实地绘制。

天文学建树颇多。邹伯奇还用天文学理论，考证了中国古籍中关于天文学现象论述的正误，撰写《夏少正南门星考》等文，有很高的学术价值。他还研制了"七政仪""浑圆水准仪""水银溢流式水准器""风雨针"（气压计兼测高仪）等天文仪器。他设计制造了"对数尺"，该尺有多种功能，除一般的计算之外，还能作气节、天文、体积等计算。

邹伯奇所著《乘方捷术》，在数学界影响甚巨，将数学应用于力学，著《磬求重心术》《求重心说》。他还写《度算版释例》，说明"度算版"的原理和使用方法。

邹伯奇在世时无力出书，去世后，部分书稿在广东一些学者的资助下，得以印刷流传。遗作主要被编印为《邹征君遗书》《邹征君存稿》等。

梁启超在《中国近三百年学术史》中，谈到清代算学等学术时，数度将邹伯奇列为科技方面的代表人物之一，其中最重要的评价是："特夫又自制摄影器，观其图说，以较现代日出日精之新器，诚朴僿可笑，然在五十年前无所承而独创，又岂可不谓豪杰之士耶！"

（刘世红）

为什么说学海堂和广雅书院为广东转型近现代教育奠定了基础?

学海堂和广雅书院分别是阮元和张之洞先后担任两广总督时,在广州创办的两家著名书院,为广府地区培养了大批经世致用的人才,并促成了全国书院改制,为广东转型近现代教育奠定了坚实基础。

嘉庆二十二年(1817),阮元移督两粤(指广东、广西)。道光四年(1824),阮元始建学海堂于粤秀山上,至光绪二十九年(1903)停办。道光六年(1826),阮元在调任云贵总督前,亲自为学海堂制定章程,后经完善发展,逐步形成一套严密而行之有效的规制。相对于传统书院,学海堂的各项规章制度,都是根据实际需要而制定的,严整细密而切近实用,并经常随着情况的变化而有所改进,能够很好地解决问题,有许多突破与创新之处,为后来的许多书院和精舍借鉴与仿效,影响深远。具体如下:

为学海堂设立学长,进行管理和教学;教学过程采用"季课制""专课肄业生制",与学长制互相结合,并不断完善,共同构成学海堂的教学管理制度。

为书院办学提供稳定的经费来源,并设立了科学的图书管理制度。从借书、用书、还书到损毁赔付都有一整套严格有效的规章制度，与现代的图书管理制度可以媲美。学海堂不仅藏书，还结合其教学活动，刊刻了大量书籍。

创建"雅集"制，即经常性的学术和思想交流会。学海堂的教学活动以个人自学、学长指导为主。每隔几个月，拟定主题，进行游赏和交流活动，类似现在的学术研讨会。

阮元学识渊通，眼光开阔，因势而变，不墨守成规。他提倡有用之学，引经学入粤，改变了广东的学术风气。学海堂建立后，从办学宗旨到教育内容，都与以往书院截然不同，不奉祀程、朱，不讲八股制艺之学，而是授以经古学，为书院注入一股新活力，培养眼光开阔、能为实用学问之人才。此外，学海堂教学内容还包括天文历算等学问，这也是不同于以往书院的一个鲜明特点。学海堂在立足于创新的基础上，形成一种认知和接受模式，深深影响着学海堂师生，培养了大批顺应局势变化的人才，直接促使广东学人的崛起。在学海堂存在的80多年时间里，聚集了大批才学之士，一方面培养人才，另一方面开近代广东风气之先，培养了一大批走在时代前列、叱咤中国的风云人物。比如梁启超，在学海堂的求学生涯开阔了眼界。虽然他因志趣离开学海堂，改投康有为门下，但学海堂对梁启超的影响却是很大的。梁启超后来致力于维新变法，影响深远。政治之外，梁启超在学术方面也取得很大成就，与其在学海堂所受教育不无关系。

学海堂的锐意创新为后来者所效仿，其中最突出的便是张之洞，他在广州创办广雅书院，皆仿学海堂之制。中法战争结束后，随着对西学了解的加深，张之洞进一步认为"欲强中国，存中学，则不得不讲西学"，学习西学是强国的必由之路。身为两广总督，他亲自选址，新建一所书院，定名广雅，取"广者大也，雅者正也"之意。广雅书院于光绪十四年（1888）建成。

广雅书院的建院方针、课程设置、人才培养的规格以及教学方法等，也与旧式书院有本质区别。广雅书院最初的课程包括经学、史学、性理之学、经济之学、词章之学五门，最后定为"经学、史学、理学、文学"四门。这四门课程在当时也非传统意义上的内容。具体而言：经学中除了"中国政治沿革得失"外，还增加了政治学原理、"万国政治沿革得失"、政治实用学及群学等学术门类；理学中除了传统的孔学、佛学和宋明理学外，还增加了泰西哲学（即西方哲学）；史学属考据之学，考据之学包括传统的经学，还增加了万国史学、数学和格致学；文学中除了中国词章学外，还增加了外国语言文字学。虽然经济之学没有开设，但史学之中已经包含了这门课程。

广雅书院的第一任山长梁鼎芬和第二任山长朱一新虽精通儒学，但也不拘泥于经史之学的范围，常鼓励学生参研时务。特别是梁鼎芬，张之洞的教育改革他功不可没，《清史稿》称张之洞"言学务唯鼎芬是任"。在这些兼通中西的教习指导下，广雅书院日益趋新，其办学模式也不再因袭早期传统书院而逐渐开始向学堂靠近。

广雅书院为了应对时局的发展要求，在书院中增设了西学的内容，顺应了时代潮流，是与历史的发展进程合拍的。张之洞在广雅书院所实施的一整套制度和做法，在当时属于创新之举，使广雅书院在推行近代教育改革上走在全国的前列。

十年树木，百年树人。教育是一项长期性的事业，人才的培养，非朝夕间所能奏效。广雅书院不但培养了许多"经世致用"的洋务人才，而且在办学过程中取得许多学术文化成果，使广雅书院成为两广的学术文化中心，推动了两广地区文教事业的进一步发展，张之洞因此也赢得了"张广雅"的雅称。

（刘世红）

为什么陈澧和朱次琦被誉为开近代先河的务本开新思想家？

陈澧和朱次琦都是献身教育、学问淹通的近代广府大儒，影响了一大批广东学人，为承前启后的务本开新思想家。

陈澧(1810—1882)，清末学者、文学家。字兰甫，号东塾，广东番禺(今广州市)人，道光举人。泛览群籍，凡天文、地理、乐律、算术、诗词、书法无不研习精究，工诗词，兼擅古文与骈体。著有《汉儒通义》《东塾读书记》《声律通考》《东塾集》《忆江南馆词》等。

陈澧是土生土长的广州人，一生几乎都在广州度过，除了赴京赶考和授任河源县训导两月多之外，都没有离开广州。他一生中最重要的两件事情就是考试和学习，前半生先是学习后考试，多次参加科举，不第，考试失败之后又继续学习。道光十四年(1834)，陈澧被选入"学海堂"，为举首。道光二十年（1840），受聘为学海堂学长，长达数十年。晚年主讲菊坡精舍，以学术为重，不急于科举功名。他著有《与菊坡精舍门人论学》，向学生传授自己的读书体会和治学方法。

陈澧生活在晚清乱世，经历西学东渐、西人东进、鸦片战争、太平天国，饱受学术失守、战乱流离之苦。而作为经世致用的学者，他并没有抱残守缺，故步自封，而是以一种开放的心态面对现实，也是最早"睁开眼睛看世界"的先驱。魏源《海国图志》问世不久，陈澧即作《书〈海国图志〉后呈张南山先生》，呈其得失，与张维屏共同探讨。道光二十七年（1847）魏源来粤，陈澧与其相晤，详加探讨。学者朱维铮认为：陈澧"是岭南学者中最早对林则徐外交政策持批评态度的，也是最早对魏源《海国图志》进行可行性研究的"。

同治四年（1865），陈澧应两广总督瑞麟、广东巡抚郭嵩焘之聘，与学生赵齐婴测绘广东省全图。他们搜集大量资料和数据，绘制成《广东图》20卷及资料详尽的《广东图说》90卷，这对了解省情、研究地域文化颇有益处。

朱次琦（1807—1881），字稚圭，号子襄，世称九江先生，广东南海县（今佛山市南海区）人，清代广东名儒。

咸丰五年（1855），朱次琦辞官南归，在家乡礼山下收徒讲学，康有为、简朝亮、黄鲁逸等均出其门下。他治学主张明理达用，无分汉（学）宋（学），原本孔子，而以经世救民为归。讲学以"四行"（惇行孝弟、崇尚名节、变化气质、检摄威仪）、"五学"（经学、史学、掌故之学、性理之学、词章之学）为本，以达到诚心、谨慎、克己、力行的规范。咸丰六年（1856），在广州南海县学尊经阁授徒，后因英国侵略广州，离开广州，回到南海九江乡，后在礼山下陈氏祖祠（即"礼山草堂"）讲学，从学者甚众。

朱次琦一生著述颇丰，主要有《国朝名臣言行录》《国朝逸民传》《性学源流》《五史实征录》《晋乘》《蒙古见闻》等，诗集有《是汝师斋遗诗》，著有《宝凤阁随笔》等。

虽然生活的时代与环境的局限使朱次琦没能受到西学的影响，但朱次琦还是比较敏锐地察觉到了当时主流学说的种种弊病。

他明确反对专攻一经、专学一门的狭隘，讲求学问的本源、知识的融会贯通。他还指出读书的目的就是修德致用，渴望能出现大批操守高洁、才干卓越的通才，以应对当时的内忧外患，担当起天下的重任。他的努力和愿望在他的学生和后学那里实现了。光绪二年(1876)康有为乡试落榜后，到礼山草堂拜读在朱次琦门下。此前，他曾跟随过六七位老师，但直至来到朱次琦门下，他才深感找到了真正的导师，"乃洗心绝欲，一意归依"。在朱次琦的指点下，康有为对几千年中国学术文化史的脉络初步融释，试图以自己的眼光重新审视各家学说。康有为被托上了新旧思想交会的风口浪尖，最终成为维新变法的代表人物，在中国学术思想界引发飓风和地震，实现其经世救民的宏伟愿望，与朱次琦的指点不无关联。

（刘世红）

郑观应的《盛世危言》对后世产生了怎样的影响？

郑观应（1842—1921），字正翔，广东香山（今中山）人。一生从事工商业活动，是中国近代出身于买办而逐渐走上维新之路的著名实业家，是从传统中国社会向现代社会转型初期最早的一批资产阶级改良主义思想家。

清末民初是中国由传统社会向现代社会转型的过渡期，这一时期关于"中国往何处去"的思考与实践，揭开了百年嬗蜕的序幕，亦昭示着社会变革的走向。郑观应的代表作《盛世危言》，是近代思想界中一部较早地认真思考中国从传统社会向现代社会转变的著作。作为"中国主动融入世界的最先觉悟者"，郑观应通过《盛世危言》首次完整地提出系统性的改革主张，在当时积弊日深的清朝引起轰动效应，也为后世探索国家出路提供了历久弥新的思想资源。

《盛世危言》是一个全面系统地学习西方社会的纲领，它不讳言中国在社会生活的许多方面落后于西方，提出了从政治、经济、教育、舆论、司法等诸方面对中国社会进行改造的方案。

郑观应在政治上不但提出了建立议会式的立宪政体，而且提出了将政治公开于传媒，由朝野各方评论，这样才可能使施政臻于完善。郑观应认为中国社会的根本问题是政治制度，直指数千年来高度专制的封建皇权的弊端。针对当时的中国国情，他提出建立君主立宪的代议制民主政体。郑观应不但主张官员应像西方国家一样知识化和专业化，反对外行领导内行，而且对中国数千年自上而下、以当权者好恶为准的任用官吏的方法提出了根本上的改革，比如像西方民主选举议员那样。针对当时一些守旧人士以国情不同为借口不能建立代议制政体时，他都以坚定的态度进行了反驳。

在经济上，郑观应希望通过振兴商业以自强，主张由民间组建工商业团体，大力发展现代工业，实现富国强兵，国家复兴。郑观应认为，农业已经不能带领国家走向未来了，必须以商立国，以商富国，以商强国，要寓兵于商，才能内安天下、外拒豪强以自强。这就是他"商战"思想的核心内容。同时，他还认为，在商业实践中，必须以培养、建设现代企业为手段，控制关税并保护民族资本主义企业发展，裁厘振商以提高商人积极性和安全感，促进商业繁荣以自强。

在教育上，郑观应从基础教育到高等教育都有新见解。他指出在国家急需政治改革的时候，社会不能等待办好学校培养出高素质的国民后，再进行政治体制的改革，而应该政治体制改革和大办教育同时并举。郑观应非常重视教育，针对西方先进国家义务教育制，提出了县办小学、办中学，旨在国民中普及教育。主张妇女应与男子一样接受教育，并反对妇女缠足。对当时中国教育中重词章书法，提出了重格物致知、穷究天下事物之理的重自然科学思想。同时，在基础教育中提出了职业技能的培训，不但使一般国民要粗通文墨计算，而且应培训社会需要的生产技能。郑观应还提出了社会教育的思想，他认为西方国家的报纸让国民了解天下事，就各种问题在报纸公开讨论，也是对国民的教育。他特别欣赏西方国家鼓励国民游历探险，去探究未知世界的精神。

在司法上，郑观应指出了中国的法律及其运用无不体现了黑暗与残暴，所以须得向西方学习。他认为很多社会犯罪是因为这些犯罪者没有受到教育，对社会犯罪者，不能一味只知严刑峻法，而本着中国古代先哲的仁爱之心，一方面探究其产生的社会原因，一方面谴责造成此犯罪的司法制度的黑暗。

郑观应不但批判了专制政体，还批判了专制者的愚民政策，他提倡新闻自由，认为新闻媒体是人民表达意见的最重要的场所，同时也是人民终身受教育的地方，认为不让人民办报议政，国家的政治就不可能有弊即除。

《盛世危言》是晚清一部震撼朝野的巨著，是郑观应以一生心血撰写的维新变法大典和改革方案，它全面而系统地谈及几乎所有领域的改革主张，涉及物质文化、制度文化和意识形态诸层面，是一部当时中国变法思想的集大成之作，收集了大量当时仁人志士的名言大论，向读者提供多方面的解决中国问题的思路，影响了很多同时代的有识之士，无论是保皇派还是革命党，都受益颇深。比如晚清重臣张之洞非常推许该书，认为是当时谈时务书籍中的上乘之作。

郑观应对近代化途径的认识胜于不少同时代的维新人士，也对后来中国民主革命先行者孙中山形成民主革命的思想，产生了重要影响。同时期的维新人士以及后来的革命者，没有能够提出一个实现中国独立富强的方案，甚至没有能够写出一本较好的比较广泛地讨论中国实际问题的书。而郑观应的《盛世危言》一直到辛亥革命前后对中国先进知识分子的启蒙和影响都颇深。与郑观应同为香山县人的晚辈孙中山（比郑观应小24岁），二人在澳门合作《农功》篇。光绪二十年（1894），孙中山撰写《上李鸿章书》，就借用了《盛世危言》自序中"人尽其才""地尽其利""物畅其流"的思想，北上投书，可见孙中山早期变革中国的思想主张，深受郑观应的影响。孙中山的上书行动也得到了郑观应的积极支持和热情帮助，郑观应向李鸿章引荐志向远大的青年孙中山，但最终失败。上书失败给孙中山以极大刺激，他获取了深刻教益，不再囿于"和平之手段"，而踏上了民主革命的道路。他于这年11月在檀香山建立了革命民主派的第一个团体——兴中会，不久又发动广州起义，标志着革命民主派的诞生，开拓了近代中国民主革命的新时期。

《盛世危言》还是早期一些中国共产党人认识世界、开阔视野的重要思想启蒙途径。《盛世危言》也对少年毛泽东产生过重大影响。毛泽东早年在湖南韶山家乡时读了很多书，大多数是《论语》《三字经》《增广贤文》《三国演义》等中国传统文化书籍。1907年至1908年之际，在闭塞的韶山冲，少年毛泽东精读了《盛世危言》，激起了他强烈的求知欲望，读了又读，直到可以背诵出来。书中介绍的新式学堂极大地吸引了失学的毛泽东，唤醒了这个乡村少年重新读书和追求真知的勇气，开拓了他的眼界并萌发了爱国思想。刚满16岁的毛泽东不顾父亲的反对，走出韶山冲，考入湘乡县东山高等小学堂，到新式学堂读书，见识更大更开阔的世界，这是他人生中的第一个转折点。从此，毛泽东在追求真理的道路上不断求索，最终走上革命道路。

郑观应一生大部分时间虽然不在家乡广东，但他所接受的中西文化影响、接触到的社会人士，他观察世界的视野、思考问题的方法，无一不与广东有密切联系。他的身上散发出的浓烈的岭南文化气息、炽热的爱国情怀、缜密的思想作风和理性的务实精神构成了他坐言起行的鲜明个性，影响了一代又一代矢志变革社会、振兴中华的革命者，也造就了《盛世危言》独特的历史影响力。

（刘世红）

《二十年目睹之怪现状》为何被称为清末"四大谴责小说"之一？

19世纪末，随着清政府日益腐败，一批有爱国良知的作家，用小说这一形式对社会的丑恶现象，进行揭露和谴责。其中广东南海人吴趼人（吴沃尧）所著《二十年目睹之怪现状》成为晚清"四大谴责小说"之一，另外三部分别是李伯元（李宝嘉）的《官场现形记》、刘鹗的《老残游记》和曾朴的《孽海花》。

吴趼人(1866—1910)，原名宝震，字小允，又字茧人，又名沃尧，广东南海（今佛山市）人。别署我佛山人，以此为笔名，写了大量的小说、寓言和杂文。他一生著述约计有长、中、短篇小说30余部，以《二十年目睹之怪现状》最为著名，成为近代"谴责小说"的巨子。

《二十年目睹之怪现状》是继《官场现形记》之后又一部著名的暴露封建专制制度末期政治和社会黑暗的长篇小说，共108回，从光绪二十九年（1903）始在《新小说》上连载45回，全书于宣统元年（1909）完成。小说以"九死一生"为主人公，通过叙述他从1884年到1904年前后二十年所见所闻的各种"怪现状"，描绘了一幅朝不保夕、行将崩溃的清王朝社会画卷。

这是一部带有自传性质的长篇小说，通过主人公"九死一生"

由奔父丧开始，至其经商失败为止所耳闻目睹的近 200 个小故事，勾画出中法战争后至 20 世纪初的二十多年间晚清社会出现的种种怪现状，小说的重要内容是暴露官场的黑暗。作品结构连贯完整，作者采用屏风式的结构艺术，即以"九死一生"的见闻为线索，把一个个人物的经历、一个个事件的过程叙述出来；这些经历、这些过程，犹如一扇扇屏风，虽个个独立成篇，却又丝丝缠绕、牵制、互为因果，并通过"九死一生"的经历做枢纽连接起来，给读者一种浑然一体的感觉。作者从"州县官实价开来"淋漓尽致地揭露买卖官职的丑恶现象，其笔下大大小小的官吏都是贪污腐化、贪赃枉法、寡廉鲜耻、肮脏龌龊、屈膝媚外、出卖祖国、出卖灵魂的无恶不作的家伙。全书对清末统治阶级的劣迹、罪恶作了较全面而集中的描写，并着力鞭挞了洋场才子和斗方名士，揭露他们胸无点墨，却到处卖弄才情、附庸风雅的丑态。小说还揭露和批判了封建道德的虚伪和社会风尚的败坏。如作品中那些官吏竞相横征暴敛、贪污受贿、尔虞我诈，市侩则见利忘义，男盗女娼、奴颜婢膝，家庭里孙子虐祖父、公公卖儿媳、大伯占弟媳、族人抢财产、儿子害父亲，等等。作品通过对这些衣冠禽兽的刻画和描写，反映了人性蜕变和扭曲的社会现象，揭示了当时封建宗法制度和伦常关系已到了崩溃的边缘。此外，小说在塑造反面人物时，也塑造了"九死一生"、吴继之等正面人物形象来寄托自己的改良主义思想。

《二十年目睹之怪现状》作为近代一部颇具影响力的长篇小说，所反映的社会生活比《官场现形记》更为广阔，除官场外，还涉及商场、洋场、科场，兼及医卜星相，三教九流。作品文笔精练，描写细腻生动，作者善于运用细节描绘或漫画化的笔触和讽刺的手法来刻画人物形象，成功塑造了典型环境中的典型人物，有鲜明的艺术特色。比如，成功塑造了"行止龌龊，无耻之尤"的苟观察。苟观察的儿子死了，留下年轻美貌的媳妇。苟观察先要儿媳妇守寡，后来打听到他的上司制台大人非常好色，就动起利用儿媳妇的念头，要把儿媳妇送给制台做姨太太。为了说服儿媳妇，甚至不惜向儿媳妇下跪。这部小说在中国近代文学史上有着突出的地位，胡适因此对吴趼人评价甚高，曾说"故鄙意以为吾国第一流小说，古惟《水浒》《西游》《儒林外史》《红楼梦》四书，今人惟李伯元、吴趼人两家，其他皆第二流以下耳"。

在这类谴责小说里，清王朝整个统治机构及当时中国社会的黑暗、丑恶都暴露无遗，这是一种绝望后的鞭挞，却也教人猛醒，对封建末世更为鄙视与仇恨。在这个意义上，对于革命者、爱国者以及坚信未来拥有希望的读者来说，则是有相当积极的作用的，吴趼人便是杰出的代表。

（刘世红）

新中国成立后广府新文学的代表作有哪些？

谴责小说为广府近代文学落下了辉煌的大幕。而五四运动，则给广府新文学揭开了新的一页。到了 20 世纪 50 年代末 60 年代初，以秦牧为代表的散文大家，以及陈残云、欧阳山、吴有恒等作家，创作出一批颇具岭南特色的长篇小说。陈残云的《香飘四季》、欧阳山的《三家巷》和吴有恒的《山乡风云录》，形成鲜明的广府地域文学特色，共同铸就了广府新文学。

陈残云（1914—2002），广州人。广州解放后，他任华南文学艺术学院秘书长，后又在广州市公安局任职。其间，创作了电影剧本《羊城暗哨》，后被搬上银幕。1963 年，他与蔡楚生、王为一合编了电影剧本《南海潮》，后拍成电影，轰动一时。20 世纪 50 年代陈残云到广东省东莞县麻涌公社蹲点体验生活，光着脚板走遍了河涌交织的村落，在农民兄弟家同吃同住同劳动，收集了大量素材，创作出脍炙人口的长篇小说——《香飘四季》，1963 年由作家出版社和广东人民出版社同时出版。小说通过对几对青年男女纯真爱情的描绘，表现出一个全新时代广府地域人民的精神风貌，充溢着浓郁的生活气息，使读者开卷不禁置身于华南农村文化氛围之中。蕉林掩映的南方水乡的秀美景色，栩栩如生的、性格鲜明的人物形象，从生活中提炼出来的生动的文学语言,字里行间流溢出的充盈的激情,都给读者留下深刻的印象。小说人物形象个性鲜明,明快、流畅的广府语言风格清朗自然,乡土气息浓郁,经过提炼的民间谚语随手拈来,跌宕生姿,更为全书增色。出版后成为热门小说,畅销一时,不仅在省内家喻户晓,在国内也产生了很大影响。在《香飘四季》之前,如此带有浓郁的华南水乡风情、明丽的珠江三角洲特色的长篇作品,可谓罕见。

欧阳山(1908—2000),出生于湖北荆州,自小随养父到全国各地流浪,最后到广州,从此立足于此并开始创作。自1957年起,他着手创作反映自1919年至1949年我国波澜壮阔的革命斗争的史诗性的长篇小说《一代风流》(后更名为《三家巷》)。它一共分为5卷,为《三家巷》《苦斗》《柳暗花明》《圣地》与《万年春》,约150万字。1959年在广东人民出版社出版。该部小说工程浩大,历史跨度大,反映的时代演变之巨,在广府文学中是罕有的。欧阳山在《三家巷》中融入了古典文学与民间文化的因素,并使之焕发出了新的生命力。他在描述人物及场景的时候能"顺手拈来"各种生活素材,更会在作品中嵌入各种民俗活动,比如木头戏(木偶戏,在广东又称鬼仔戏)、讲古、看卖解、耍蛇、变戏法等民众生活场景,以及与民众休戚相关的手工艺、民间说唱艺术等。无论从语言上,还是对民俗风情的描绘上,都称得上出神入化,有浓郁的"广味",为读者勾勒出一幅幅色彩斑斓、别具风格的珠江风情画,也让素描人物变油画人物,性格鲜明,跃然纸上,反映出作者对广府文化深厚的认识和积淀。

吴有恒(1913—1994),于1962年由广东人民出版社出版其代表作《山乡风云录》。吴是广东恩平人,曾任中共香港工委书记,新中国成立后历任中共粤中地委、广州市委书记、中国作协广东分会副主席、《羊城晚报》总编辑、广东省第六届人大常委会副主任。依托丰富的革命经历和文学功底,吴有恒创作了这部带有传奇色彩的当代长篇小说。《山乡风云录》汲取了通俗小说、章回小说在悬念设置、情节铺排上的众多长处,描写第三次国内革命战争初期,华南那横山区游击队在中国共产党领导下成长的故事,反映了当地人民在反动势力统治下的痛苦及迫切要求革命的愿望,表现了人民的革命英雄主义气概。人物性格鲜明,故事情节曲折,在语言及民俗的描写上具有浓郁的岭南特色。

这三部长篇小说,形成岭南文学在当代的一个长篇小说创作高峰,标志着广府文学进一步成熟。《三家巷》语言的老到、色彩斑斓,《香飘四季》的清丽、明快,而《山乡风云录》的传奇性及所带的几分古朴,相映生辉,又各显神通,体现了广府文学深厚的文化底蕴。此三部长篇小说,既有共同的广府文化特征,又呈现出各自不同鲜明的个性色彩,代表了这一历史时期内广府文学的最高成就,并且在全国占有一席之地,堪称广府文学中的经典之作。

散文方面,成就最为卓著的是秦牧(1919—1992)。他原籍广东澄海,出生于香港,在新加坡长大,1932年回国。抗日战争时期,他便在广州参加抗日救亡活动,1943年开始发表杂文。他是我国当代文学中自成一家的散文名家,不少作品入选中学、大学课本,散文集《花城》《潮汐和船》《星下集》《贝壳集》《翡翠路》《花蜜与蜂刺》《长街灯语》等,成为广府地区一道独特的散文风景线。他的散文作品熔哲理性、抒情性、知识性于一炉,文笔优美,娓娓道来,深受读者欢迎,其中也不乏批判性颇强的如《鬣狗的风格》等,表现出作家的风骨。

改革开放以来,在广府地区,更为直接也更具典型意义的长篇小说,当推作家朱崇山的"深港澳"三部曲《南方的风》《风中灯》

《十字门》。作为深圳史的《南方的风》写于1984年,特区刚刚崛起且正面临困难之际,作家的艺术勇气堪值称道。而《风中灯》,则抓住1984年中英谈判、中国要收回香港而引发的金融动荡入手,展示了英资、华资的历史性较量,堪称20世纪末的又一部《子夜》。而《十字门》,则描写的是从澳门被强行租借一直到回归的几百年间好几代人的各自不同的命运,背井离乡、生离死别、大起大落、大悲大喜、大开大合……可以说这三部曲,构成了一部规模宏伟的史诗,较为深刻且大气地表现了广府这个典型的、特殊的地方历史沧桑,充分地展露出极为鲜明的广府文学特征:作为海洋文明的广府文化,糅合传统与现代、东方与西方,"折衷中西",描写了海洋文明、商业文化,以及南方人的敢于冒险犯难精神,内容生龙活虎,又不乏世俗化、感官化——鲜明、斑斓、热烈,揭示了海上丝绸之路给中国南海沿海地带带来的深远影响。

(刘世红)

打工文学如何在珠三角崛起？

打工文学是指反映"打工者"这一社会群体生活的文学作品，包括小说、诗歌、报告文学、散文、剧作等各类文学体裁。从广义上讲，打工文学既包括打工者自己的文学创作，也包括一些文人作家创作的以打工生活为题材的作品。打工文学兴起于南方，扩展到内地乃至走向海外。

打工文学发端于珠江三角洲。40年前，怀揣梦想的各地青年涌入深圳。他们带来了崛起热土的力量，也催生了一个特有的文学现象——打工文学，让深圳成为打工文学的策源地。1984年，《特区文学》刊发了来深打工者林坚的短篇小说《深夜，海边有一个人》，打响全国打工文学的"头炮"。《特区文学》《佛山文艺》《江门文艺》等杂志敏锐地发现了这种双向的强烈需求，即诉说、表达自身打工生活、生命体验的需要，以及阅读、感受与自己有同样经历的群体的故事的需要，恰如其分地充当了写作者与阅读者之间的联接媒介的作用，打工群体这个庞大的消费市场的存在也给这些地市级的文学杂志带来了可观的利润回报。《佛山文艺》被誉为"打工文学第一刊"，最高峰时单期发行量超过50万册，远远超过了国内一流的大牌文学杂志。《江门文艺》的每期发行量也大致超过了10万册。在国内众多文学期刊纷纷改版以谋求生路的背景下，特别是地市一级的刊物更是举步维艰，这些以打工为主要内容的期刊却风景这边独好，不仅闯出一条生路，而且影响越来越大。

20世纪90年代起，深圳打工文学迎来了发展黄金期，作家队伍规模迅速壮大，涌现了以林坚、张伟明、安子为代表的第一代打工文学作家，《青春驿站——深圳打工妹写真》等一系列优秀作品轰动全国。1992年，海天出版社推出"打工文学系列丛书"，其中包括报告文学集《青春寻梦》，安子的《青春驿站》，林坚、张伟明的《青春之旅》等八部作品。这些作品以真实的笔触、原生态的信息，公开了"打工一族"鲜为人知的生活，引导读者了解打工阶层乃至整个商品经济条件下人与人之间的新关系，以及劳资双方既有合作又有斗争的社会现实。

在迈向市场化发展道路的过程中，打工文学根据时代变迁适时调整，日渐成熟。进入21世纪以来，深圳打工文学迈向新台阶，崛起了王十月、欧阳一叶、戴斌、谢湘南等新一代打工作家和诗人。与上代相比，新一代打工作家开始回归纯文学，用更尖锐的目光，关注生活点滴，意境更深远，胸怀更大气。

王十月曾获团中央、中国青联颁发的全国首届鲲鹏文学奖一等奖，第三届冰心散文奖等。他的小说《出租屋里的磨刀声》表现异乡打工者的生存焦虑感和"如履薄冰"的状态，《刺个文身才安全》《示众》涉及打工群体基本权益保障问题。在《无碑》这部长篇小说中，王十月用文字为众多在社会上摸爬滚打的小人物树起始终坚守正义与良知的丰碑。

欧阳一叶的长篇纯文学小说作品《浪子飘》真切生动地描述了从世界金融危机企业大批倒闭到全国"用工荒"，再从富士康员工十三连跳到全国涨薪资热潮，作者一共用了十年时间创作了这部具有标志性的经典之作。

谢湘南在《诗刊》《人民文学》《山花》等刊物发表诗作数百首。其作品流露出一个乡村青年来到现代城市的心路历程，富有真情而清新自然。2000年，他的个人诗集《零点的搬运工》入选中华文学基金会"21世纪文学之星丛书"，2006年获广东省鲁迅文学奖。

郭建勋的创作小说《打工》，以深圳改革开放30年为背景，描写了一群小人物在一个虚构的地方"天堂凹"所经历的酸甜苦辣、悲欢离合。2008年，作品被改编成电影《天堂凹》，并在全国公映，这是国内第一部由打工者创作的小说改编、拍摄的电影。

2005年，共青团中央设立了针对进城务工青年的"鲲鹏文学奖"，打工文学已经进入主流视野。《佛山文艺》在2006年还联合《人民文学》《莽原》等刊物发起"新乡土文学"，影响深远。自2005年起，深圳已连续五年成功举办"全国打工文学论坛"；2008年，深圳主办了"全国首届大型农民工诗歌征文大奖赛"。深圳市仅宝安一个区，就产生了近300人的打工作家群，其中有近80人经常在省级及省级以上报刊发表作品，这种独特的"打工文学现象"还引起了中国文艺界的持续关注。此外，全国独创的《打工文学》周刊也由《宝安日报》推出，创刊一年多，发行近80期，为一大批打工文学新人提供了创作平台。

"打工文学"是特定的社会制度、经济生活和文化活动的必然产物，是中国工业化、城市化、全球化的大环境下特有的文学现象。"打工文学"在当代中国的兴起有着复杂的社会文化与文学自身的原因。中国现有几亿名"农民工"，这些人的生活，不可能被我们的文学所忽略。真实而艺术地反映打工族的人生境遇和思想情感，必然会成为当代中国人心路历程的一个独特部分。

(刘世红)

广府诗词的发展有何脉络？

粤人好歌，有悠久的历史传统，如《史记》就载有汉代越人张买"鼓棹能为越讴"之事。东汉时番禺人杨孚所著《异物志》一书中的赞语，被认为是岭南诗歌创作之发端。唐以前广府诗歌传世之作不多，但从残卷散篇可以看到广府诗既受到中原诗歌格式之影响，又长于咏物言志，贴近现实。南朝陈代时，番禺人刘删被誉为"岭左英奇"，《艺文类聚》中存留有他的9首诗，文风清新，不流于六朝绮靡俗艳之时风。

在诗歌创作空前繁荣的唐代，岭南也受到熏染，出生于粤北寒门庶族的张九龄，在政坛上以其贤相风度为人所敬重，同时也是开岭南一代诗风的巨匠，被唐玄宗称誉为"文场元帅"，赞其所作之诗"自有唐名公皆弗如也，朕终身师之，不得其一二"。张九龄的诗博采《诗》《骚》之长，发展了前代岭南诗咏物言志的传统，自成一格。他的诗多写景、咏物，喜抒情诗，擅用略带浪漫气息的象征手法，来表达对美的颖悟和追求。他在长诗《春江花月夜》中有"海上生明月，天涯共此时"，为千古绝句。张九龄的诗歌开创了岭南诗清新、隽美、雄直、雅健的风格，又别具一种"雅正冲淡"的盛唐气度，其影响已经大大超出了岭南，后人将他看作"岭南诗派"的创始者，广府地区则直接受到张九龄诗风的深刻影响。

宋代广府地区诗坛兴起，代表性人物有余靖、崔与之、李昂英等大家。曲江人余靖曾任尚书左丞知广州，在诗歌创作上，他继承了张九龄所开创的雄健遒逸的风格，主张"有美必宣，无愤不写"，"弃华取质"，倡导岭南诗歌雄直之风，力扫北宋初年盛行一时的西昆派绮丽靡曼的风气，成为欧阳修诗文革新运动的同盟者，深为时人和后人所称许，是宋代开岭南诗风之第一人。南宋名臣崔与之，增城人，其诗多抒发忧国忧民的感怀之语，沉郁深挚中不乏苍劲激昂之气，内容充实。在崔与之之前，岭南虽有词作，却是为数极少且格调低下。崔与之词如其人，词笔老健，开创了雅健为宗的岭南词风。

宋元之际的剧变，给岭南造成家国沧桑的强烈动荡。南宋末年，广府出现了一批爱国文人，如顺德人九峰先生区仕衡，他把自己与国家民族的命运联系起来，其诗文真实地反映了宋末的重大社会矛盾，充满爱国热忱，淋漓尽致地表现出岭南传统的雄直诗风和简劲文风。

宋亡入元，赵必𤩪等几位南宋宗室后裔落籍东莞，赵必𤩪与李春叟等人结社吟咏，是有诗可证的岭南首家诗社，雄浑刚直的岭南传统诗风得到了充分发扬，所谓岭南诗派，实际上已在此时开始形成。

在中原诗坛不景气的明代，长期厚积的岭南诗坛终于迎来了大盛时期。元末明初，广府诗坛异军突起，孙蕡、王佐、赵介、李德、黄哲五诗人在广州南园抗风轩共组"南园诗社"，被后世尊为"南园五先生"（又称"南园五子"）。他们的诗纠元代诗坛纤弱萎靡之风，使岭南诗风振起。"南园五先生"与"吴四杰""闽十子"同时，共开有明一代风雅之宗。五子之中，以孙蕡成就最高，被誉为岭南诗派之始。

明中叶,岭南诗坛倍加活跃,诗人辈出,佳作如云。不少诗人还是著名学者,广府诗人最有特色者,有新会陈献章和香山黄佐。陈献章是明代理学名儒,其诗作与其学术主张有异曲同工之美,重自然、重韵趣,写得清新秀丽,充满天趣。黄佐博学多才,其诗创作题材多样化,诗作不傍门户,倜傥不群,雄奇恣肆,有不少忧国忧民之作,有"吾粤之昌黎"之称,在明人诗作中不多见,在岭南诗歌发展史上颇有影响。

明中叶,岭南诗派声气大盛。嘉靖年间,欧大任、梁有誉、黎民表、李时行、吴旦五人,在南园抗风轩聚会,后人称之"南园后五子"。此五人均曾师从黄佐,诗风受黄佐影响,风格雄直刚健,重视反映社会现实。欧大任、黎民表、梁有誉等人在京任职期间,与蜚声文坛的诗人文徵明、李攀龙、王世贞等酬唱交往,诗名颇著。欧大任被王世贞称为"广五子"之一,梁有誉名列明代诗坛"七才子"。

明末政乱国危,广府诗坛涌现出一大批优秀的爱国诗人,他们在挽救民族危亡勇赴国难的同时,以诗言志,留下了一批思想性、艺术性都达到相当高度的作品。崇祯年间12位诗人重组南园诗社,世称"南园十二子",是广府诗坛的佼佼者。十二子中,最为杰出的是被誉为"粤中屈原"的南海人邝露、"粤中李白"的番禺人黎遂球和"粤中杜甫"的顺德人陈邦彦,后人称之为"岭南前三家"(区别于清初"岭南三大家")。黎遂球还因在扬州江淮名士雅集"黄牡丹会"上即席赋诗名列第一,有"牡丹状元"之雅号。三人都为抗清斗争献出了生命,在国破家亡之际,这些岭南诗人创作了许多表达对明王朝的忠贞和对志行操守的执着的悲壮之作。诗歌发自孤介忠心,慷慨苍凉,使岭南诗歌雄直雅健的诗风特色更浸染上一层血染的风采。

明末清初，在各派政治力量曾经激烈较量过的岭南，聚积着各种持有不同政治态度的人士，涌现出众多的抗清诗人、遗民诗人、仕清诗人以及布衣诗人。其中最为杰出的是被誉为"岭南三大家"的广府诗人屈大均、陈恭尹和梁佩兰。三大家的人生、经历不同，诗歌创作题材也有所区别，但他们的诗作沉郁勃发、饶有韵致的共同风格，令人耳目一新，因而被公认为岭南诗坛继往开来的领袖。三大家的出现，是岭南诗歌走向鼎盛的标志，也是岭南诗派在全国地位确立的象征。

在岭南三大家影响之下，加上惠士奇、翁方纲等大家入粤对岭南诗歌的影响，在广东派生出"岭南四大家""北田五子""岭南七子"等诗歌团体，涌现了邝露、程可则、王隼等许多诗人，中经宋湘、冯敏昌、黎简，至近代更加大放光芒。

鸦片战争爆发后，广东成为抗英前线，风云变幻，岭南诗人与民众同仇敌忾，满怀激情地讴歌反侵略战争中的英雄人物与事迹，诗歌创作更加笔墨酣畅，使雄直诗风带上了高亢激昂的鲜明的近代革新色彩。诗人数量之多，影响之大，居于中国诗坛首位。番禺人张维屏是嘉道年间岭南诗坛的领袖人物，其诗歌本以优雅绮丽著称，晚年亲历两次鸦片战争，目睹时弊积重，写了不少反映现实的诗歌，其诗也转向质朴激越，被称为近代文学开创者之一。同时期的广府诗坛，涌现出彭泰来、陈澧、朱次琦、徐荣、冯询、谭莹、汪瑔、叶英华等优秀诗人，他们的诗作从各种角度反映了鸦片战争，留下了极为珍贵的一代诗史资料。

在民族危机中，岭南出现积极宣传改变中国现状的近代著名的思想家黄遵宪、康有为、梁启超等，他们也是近代史上具有代表性的进步诗人，以时代的强音推进着岭南诗界的革命。从清同治六年（1867）开始，黄遵宪因科举多次往返及经过广州，他的诗记述了经历鸦片战争后的广州城内"阁道莺声都寂寞，市楼蜃气亦空虚"的时代剪影。他后来高举"诗界革命"的旗帜，提倡并实践"我手写我口"的主张，对粤中诗界乃至中国近现代文学创作产生深远影响。康有为、梁启超都是"诗界革命"的倡导者和实践者。康有为之诗作"积健为雄"，在主张诗歌创作要反映时代精神上，与黄遵宪是一致的，所谓"新世瑰奇异境生，更搜欧亚造新声"。诗歌创作非梁启超所长，但他还是进行了诗意、诗体和诗境多方面的革新尝试，写出不少成功之作。由黄、康、梁等人激起的岭南雄直诗风，一直兴盛不衰。岭南诗坛上不断出现意气豪迈的诗人，如清末被称为"近代岭南四家"的梁鼎芬、曾习经、罗惇曧和黄节。除曾习经外，余三人皆为广府籍人士。四人诗学主张、创作方法和诗歌成就等方面有很大的差别，但在表现清劲诗风方面颇有相似之处。黄节把雄直与清劲诗风融为一体，兼采百家而又独辟蹊径，其诗有唐风宋骨，思想性与艺术性更是出类拔萃。

民国初期掀起新文学运动，处于激变的中心地带的广州，最早出现的新文学体裁是新诗。诗歌以简洁的语言、火花般的灵感，首闯文坛。民主革命理论家、活动家朱执信是最早的新诗作者之一。他与廖仲恺、胡汉民等人，都不以诗人自居，也决不斤斤于学唐学宋，而是以诗歌直抒其情，谱写出岭南诗歌健雄直气的新声。五四运动后，在全国有影响的岭南诗人有梁宗岱、黄药眠等。

近代广府诗人中，苏曼殊是一位集革命家、诗人、画家、学者、翻译家、小说家和散文家于一身，僧俗兼半的传奇性人物，在文学界、宗教界产生了颇大的影响，尤以诗歌成就最为突出。苏曼殊是香山县人，独特的西方文化熏染、传统的道德观念和佛学的神道悟性，交错在他的灵魂深处，他的诗歌有"蹈海鲁连不帝秦，茫茫烟水着浮身"的雄健激昂，也有缠绵哀婉的意境，"况是异乡兼日暮，疏钟红叶坠相思"，"袈裟点点疑樱瓣，半是脂痕半泪痕"等诗句更是传诵一时，深刻地表现出深受封建宗法制度重压，无法如愿以偿追求个性解放和爱情自由的青年男女的心灵苦闷，获得了广泛的共鸣而风靡全国。柳亚子将苏曼殊的诗歌概括为"思想的轻灵，文辞的自然，音节的和谐"。

岭南历代诗歌，无论是思想内容或是艺术形式方面，都富有革新精神。从唐代张九龄的首创清淡之派，至近代黄遵宪、康有为、梁启超等"诗界革命"的主要人物，给传统诗歌增添了生气和活力，使雄直古风发展为雄阔铺陈的诗风，带来了鲜明的近代革新色彩。近代是"岭南诗派"最为成熟鼎盛的阶段，也是岭南诗歌创作最为波澜壮阔的时期。岭南文化的精神传统和独特风格，在近代岭南诗歌中得到了极为辉煌和充分的表现。

（刘世红）

广府散文有哪些代表作品？

广府散文萌芽于汉代。屈大均在《广东新语》中对南越文章之始作了追述，并在"文"与"智"并列的考量中指出赵佗对南越文章的开山之地位："南越文章，以尉佗为始；所上汉文帝书，辞甚醇雅。"汉赵佗封南越王，现有《报文帝书》两篇传世，可视为岭南文章的起始。

汉代广府散文的两位重要代表性作者是杨孚与陈元。杨孚流传下来的文章不多，仅有《谏止用兵疏》《请均行三年丧疏》等寥寥数篇，但都能得见杨孚的文章条理清晰，有说服力，体现了广府早期散文清晰质朴的风貌。另一位广府历史上知名的学者陈元，在把中原先进文化学术传播到岭南方面做出了很大的贡献，特别是《请立〈左氏传〉疏》一文对确立"左氏学"具有重要意义。"左氏学"能"解释先圣之积结，洮汰学者之累惑，使基业垂于万世，后进无复狐疑"，故尽管有范升复与其相辩，但最终以"帝卒，立左氏学"而宣告结束。

直到唐代张九龄出现后，才使广府散文为之一振。张九龄的散文主要以表状、奏疏等公文为主，在论述时体现了其"尚自"的政治特点，自陈观点，说理恰切，形成了"主文自谏"的文章风格。除此之外，《广东文征》录其文38篇，其中《白羽扇赋》《荔枝赋》等小赋亦极富文采。其从子张随亦好作赋，有《无弦琴赋》等多篇，皆清朗可诵。

在张九龄之后，刘轲成了新的唐代广府散文名家。刘轲，字希仁，广东曲江人，唐元和末年进士，累迁侍御史，著书甚多，有《三传指要》《帝王历数歌》等，今皆不传，唯《新唐书》录有文一卷，共十余篇，后人编为《刘希仁文集》。其文为韩愈流亚，文意精邃，一时与韩柳齐名。

宋代，余靖、崔与之、李昴英既是当时名声卓著之大臣，也是广有影响的散文作家。他们的文章，旁征博引，雍容典雅，表达了政治家对各类社会问题的卓识远见。余靖的散文深婉，如《两岩石室记》《涌泉亭记》等甚有文学意味。又李昴英著有《文溪集》，其文质实简劲，骨力遒健，有刚直之气，一如其人。

由于广府地区作为抗元斗争的最后战场，战斗最为惨烈，元代统治者对广府的压制摧残特别严峻，故广府文坛在元代显得格外寂静。

到了明代，广东散文有了很大发展，《广东文征》辑有文章300余家。黎贞是元朝遗老，重节义，声闻甚著，有杂文4卷。陈献章谓"吾邑以文行诲后进，百余年来，秣坡先生一人而已"，并推他为江门倡道之先声。白沙先生陈献章，著有《白沙集》。所写的诗文，格调高妙，文辞秀美，富于理趣，被时人推为"吾粤大家"。他又工书画、善画梅。晚年屡受举荐，仍不入仕为官，专心做学问。湛若水是陈献章的学生，增城人，晚年在西樵山筑舍讲学，著述宏富，有《湛甘泉集》。此外，区大相（高明人）、伦文叙（南海人）、方献夫（南海人）、霍韬（南海人）、张潮（增城人）等，皆有作品传世，都是明代广府散文大家。

清初是广府散文的兴盛期，清初的散文作家代表为"岭南三大家"屈大均、陈恭尹、梁佩兰。屈大均作《广东新语》，是记述岭南经济、思想、文化的重要文献，有很高的学术价值，而书中寓讽于述，指陈时弊，亦多有文学意味。陈恭尹的散文反映明清易代的社会，抒发自己身世之悲，深沉内敛。而梁佩兰的散文则多写日常生活和情感，文辞优雅瑰丽。雍正年间，范端昂辑撰《粤中见闻》，取材广泛，举凡广东人物山川、民情风俗，无不涉及，是一部具有浓郁的民俗色彩和文学色彩的笔记散文作品，文笔洒脱，饶有情趣，具有很高的文学价值。

到了清代中后期，广府散文人才辈出，如温汝能、黄培芳、张维屏、朱次琦、陈澧、谭莹等人，皆取得了很高的成就。温汝能（1748—1811），字希禹，顺德人，乾隆戊申（1788）科举人。藏书数万卷，日事考索，不喜仕途，著有《谦山诗钞》《谦山文钞》《孝经约解》《龙山乡志》《粤东诗海》《粤东文海》等。黄培芳（1778—1859），字子实，又字香石，自号粤岳山人，香山（今中山、珠海）人。清嘉庆、道光年间入仕，曾选授乳源县教谕、肇庆府学训导、两广总督幕僚，授内阁中书衔。与番禺张维屏、阳春谭敬昭，被誉为"粤东三子"。生平所著甚多，有《岭海楼诗文钞》《香石诗说》及《香石诗话》等著作，并编纂《香山志》《重修肇庆府志》《重修新会县志》等50多种，共数百卷，世称岭南名儒。张维屏（1780—1859），字子树，号南山，又号松心子，番禺人。道光进士，由知县历官至南康知府。工诗文，有《松心草堂集》《松心诗集》《国朝诗人征略》等，后人编成《张南山集》。朱次琦（1807—1882），南海人，岭南大儒，晚清广东著名学者、教育家、文学家。居乡专事讲学著述20多年，弟子众多，影响深广，创立晚清广东重要的学术流派——九江学派。其文纵恣磅礴，质朴平实与华丽典雅交错辉映。生平著述甚丰，但多未出版，弟子集其诗文，编为《朱九江先生集》十卷（其中诗、文各五卷）。陈澧(1810—1882)，字兰甫，号东塾，番禺人，道光十二年（1832）举人，一生从事教学和学术著述。31岁时出任广州学海堂学长，晚年主讲菊坡精舍，是一位学识渊博的学者，精通天文、地理、音韵、乐律，著述甚丰，著有《汉儒通义》《东塾读书记》《声律通考》《切韵考》《汉书水道图说》《东塾集》《忆江南馆词》等。谭莹(1800—1871)，字兆仁，号玉生，南海人，清道光举人，为岭南著名学者，曾在广东最高学府学海堂任学长达30余年，造就英才甚多。其人藏书达20万卷，有"广东书柜"之誉。谭莹博考岭南文献，编《岭南遗书》《粤雅堂丛书》《粤东十三家集》《楚庭耆旧遗诗》，擅长骈文，有《乐志堂集》等。

（刘世红）

为什么说秦牧是当代首屈一指的散文家？

秦牧是中国当代文坛久负盛名的散文家，文坛把他与杨朔并称，有"南秦北杨"之说。

秦牧原名林觉夫，原籍广东澄海县，1919年出生于香港，跟随父亲辗转新加坡、泰国等地生活，1931年回国读书。海外生活带给了秦牧开阔的视界、灵活的思维、爱国的热情。1940年后，写了大量杂文、小说和文学批评，出版《秦牧杂文》《世界文学欣赏初步》等书。1949年后，秦牧先后任职于文艺、教育行政部门以及大学、出版社等。1958年10月，秦牧开始担任《羊城晚报》副总编辑。

近代以来，广东风云际会，人才辈出，在许多方面得全国风气之先。岭南文化也开始引人注目。岭南文化有着各种各样的含义，但商业性强、政治味淡这一点广为人知。纵观秦牧一生的文学活动，有两点值得注意：一是担任的职务多为编辑；二是活动地区多在广东。华侨身份、编辑生涯、岭南处境对他个人在其散文创作中有着直接的影响。这也成就了秦牧的散文在我国当代散文的宝库中独树一帜，卓然成家。

散文，是文学的轻骑兵，最能体现作者的个性，可以含蓄表达作者的思想，还可以直抒胸臆，更能显示作家独特的审美情趣和艺术风格。秦牧在文学的田野里纵横驰骋了半个多世纪，写下了四五百篇优美的散文作品，是一位高产作家。1947年出版《秦牧杂文》，1956年至1965年间，连续出版散文集《贝壳集》《星下集》《花城》《艺海拾贝》《潮汐和船》等。他四十年来的散文创作，题材广博，内容丰富，纵观古今中外的历史，横览天南地北的世界，形式多样，文美意深，情趣盎然，熔知识、哲理、情感、意趣、文采和形象于一炉，卓荦不凡，别具一格。知识渊博、意趣盎然、思想深刻，是秦牧散文创作最显著的特征之一。秦牧散文涉及的知识内容是海阔天空的。他创作的触角触及生活的各个领域：上下几千年，纵横几万里，无所不包；日月星辰，花鸟虫鱼，无所不写；山川风物，趣事逸闻，无所不谈；宇宙之大，昆虫之小，尽收笔底。他常常借助开人眼界的知识性和引人入胜的情趣美，涉古论今，边谈边议，在妙趣横生中说明文章的题旨。在《散文创作谈》中，他把占有丰富的生活知识材料，形象地比喻为"生活的珍珠"，说只有用一根"思想的线"串起来的时候，其方可成为璀璨夺目的、色影斑斓的"珠串"。作者在《海滩拾贝》中写道："我一个人在海滩上走着，多多地看和想，那情调很像走进一个哲理和诗的境界。"读秦牧的散文，也很像走进一个哲理和诗情水乳交融的艺术境界。

秦牧散文特别擅长谈论知识和发挥哲理。在我国现代散文创作中，把渊博的知识性、深邃的哲理性和浓郁的趣味性和谐地统一起来，并使之成为一己的艺术风格，秦牧独树一帜。秦牧反复强调，文学创作离不开思想、生活知识和表现手段这三者。这三者的造诣如何，是不是达到水乳交融的境界，决定着作者创作水平的高低。而在这三者之中，是有主有次的，文章的思想则像人的灵魂那样重要。他认为："一个作品，几十万字也好，几百字也好,也总有它的'核',这也就是它的主题,它的思想。思想是主心骨。如果没有这个主心骨,那个作品也就变得松松垮垮不知所云了。"在秦牧400多篇散文中,作者都能撷其一点,因微见著,把自己独特的观察、思索和感受,生动形象而又富有哲理地表达出来。在《花城》中,他绘花;在《奇树》中,他描树;在《巧匠和竹》中,他讲竹;在《星下》中,他谈天;在《土地》中,他说地;在《谈牛》中,他评牛;在《说狼》中,他斥狼;在《鬣狗的风格》中,他析狗;在《大象哀歌》中,他哀象;在《蜜蜂的赞美》中,他赞蜂;在《"深情注视壁上人……"》中,他颂人;在《哀"八旗子弟"》中,他劝人;在《潮汐和船》中,他道船;在《海滩拾贝》中,他述贝……这些谈天说地、剖析事理的小品,莫不托物明志、寄寓深意。

读秦牧的散文,能使人开阔视野,增长见识,在艺术美的享受中,形象地领悟作者所要剖析的事理和所要阐明的哲理。他的许多优秀篇章被中国、新加坡、和中国香港、澳门等地选做中学和大学教材,海内外有许多大学生、研究生以研究他的散文作为毕业论文。国内一些省市成立了秦牧研究会,一些高等院校的中文系开设了欣赏秦牧作品的专门课程。

除了文学创作,秦牧对散文理论也有独特的见解和贡献。历来理论性著作不论是文学理论、经济理论,还是政治理论,总是枯燥无味,难以引人入胜。秦牧的《艺海拾贝》和《语林采英》实质是文艺理论著作,但他却以生动的散文形式,像林中散步、灯下谈心那样,在妙趣横生的谈天说地之中,引领读者步入文艺理论的殿堂,使读者在兴致盎然中,不知不觉领悟到艰深的道理。这可以说是文学进入理论,也可以说是理论进入文学。《艺海拾贝》当年倾倒了众多读者,在"文革"时期,有人冒着风险藏匿它,传抄它,足见广大读者对它喜爱之深。

秦牧对中国当代散文发展贡献是巨大的,无论文学水平的造诣,还是散文创作的成就,他都堪称当代中国首屈一指的散文家。

(刘世红)

广府小说是如何演变的？

先秦时期，广府地区原始部落众多，地理环境复杂，物产丰富，这种独特的文化环境逐渐产生了大量的民间传说，被很好地保存下来，在汉唐间的广府广为流传，并催生了广府最早的具有代表性的小说类型——地理博物体志怪小说。这些小说专门记载广府地理物产方面的传说，内容荒诞浮夸，多怪奇之言，且数量众多，成为小说史上一个颇具特色的体系。最早的广府志怪小说可以追溯到西汉初年陆贾的《南越行纪》，代表作是东汉广府人杨孚所著的《南裔异物志》，开启了著述"异物"的传统，在当时和其后都备受推崇，历代效仿尤多，直接促进了魏晋南北朝广府地理博物体志怪小说的繁荣。此后，有三国时东吴朱应的《扶南异物志》和东吴万震的《南州异物志》。

魏晋南北朝时期，广府地理博物体志怪小说进入兴盛期，作者队伍庞大，或为广府本土人，或为客居或为任职于广府的外乡人。其中以晋代为最，包括刘欣期的《交州记》、王范的《交广二州记》、黄恭的《交广记》、裴渊的《广州记》、顾微的《广州记》、盖泓的《珠崖传》、嵇含的《南方草木状》、徐衷的《南方记》等等。至唐代，广府地理著作渐趋衰落，作品不多，主要有中唐孟琯的《岭南异物志》、晚唐房千里的《南方异物志》、佚名作者的《续南越志》。

广府地理博物体志怪小说皆以广府的地理物产风俗传说和社会奇闻轶事为主要内容，使广府小说自汉至清都带有浓郁的广府特色，具有迥异于其他地区小说的品格，开创了广府小说根植于广府、反映广府的文学传统，成为广府小说的源头。宋元明清的广府小说一直是沿着这一文学传统发展的，至清代出现了本土作家创作广府小说的高潮。

广府小说因中原文化传播较晚而较迟产生，演进缓慢，小说各文体的发展极不平衡，直到清代才真正兴盛起来。钮琇在广东高明任知县时所作《觚賸》是清代较有代表性的文言笔记小说集，其中卷七、卷八的《粤觚》在清代岭南地区产生了深远的影响，后代的广府文言小说多对《粤觚》中的故事或改编，或评论，或考证。

广府文言小说在清代中期开始活跃起来，涌现了一批本土及来粤作家的作品，如欧苏的《霭楼逸志》、屠绅的《蟫史》、罗天尺的《五山志林》、刘世馨的《粤屑》、黄芝的《粤小记》等作品。这些小说辑录各地的历史掌故、地理物产、典章制度、宫殿建筑、园林盛迹、名人轶事，极具地域特色。值得一提的是广府小说《蜃楼志》，这是中国文学史上仅有一部描写早期外商与海关官吏的作品，对了解中国走向近代进程，具有难得的阅读价值。

近代广东是最早直面列强侵略的省份，广府地区更是中国近代化先行一步之地。晚清到民国时期社会巨变，传统和创新并行，具体表现在一方面广府传统文言小说继续延续传统叙事风格特征，另一方面新的小说形式——报刊型文言小说应时而生，粉墨登场，出现了新、旧小说争艳的盛况。传统型文言小说如黄鸿藻的《逸农笔记》、倪鸿的《桐阴清话》、郑观应的《陶斋志果》等，大多延续传统文言小说的创作模式，基本不受外国小说手法的影响，多以文言小说集的面目问世，主要是通过传统的手抄、刊刻等方式传播。

这一时期又是报刊文学兴盛时期，许多小说家纷纷办报，通过报刊来发表自己的政治主张。如梁启超先后主办《时务报》《清议报》等，积极参与、鼓动"小说革命"，还率先垂范，创作了一部政治小说《新中国未来记》，其前五回，先后刊发在《新小说》第1、2、3、7号的《政治小说》栏中。这在中国小说史上是空前之作，是"新小说"的首批产品。梁启超明确指出："欲新一国之民，不可不先新一国之小说。""今日欲改良群治，必自小说界革命始；欲新民，必自新小说始。"可见其在文学领域所进行的"革命"，是与他的政治改良相辅相成的。

在梁启超的倡导下，广府小说随着清末民初的办报高潮而逐渐兴盛，涌现出许多著名的小说家，吴趼人和黄世仲是最杰出的代表。吴趼人的代表作《二十年目睹之怪现状》《痛史》，黄世仲著《洪秀全演义》《廿载繁华梦》《宦海升沉录》（即《袁世凯》）等15种章回体中长篇小说。苏曼殊的情爱小说也很闻名，有《人鬼记》《断鸿零雁记》《天涯红泪记》（未完），以及《绛纱记》《焚剑记》《碎簪记》《非梦记》《惨世界》等，这些作品都以爱情为题材，行文清新流畅，文辞婉丽，情节曲折动人，对后来流行的鸳鸯蝴蝶派小说产生了较大影响。此外，江山渊的豪侠传奇、何诹的《碎琴楼》、黄伯耀的文言小说等等，在广府地区影响也很大。这些小说和传统型文言小说有很大的不同：从篇幅上看有长有短，有的是短篇小说，也有中、长篇小说；传播方式上也与传统广府小说迥异，它们都是通过石印、铅印出版的方式传播，大多与报刊相联系，并以连载的发表形式来吸引小说爱好者的眼光；从创作手法上也与传统广府小说有区别，它们不拘泥于传统写作方式，又借鉴了外国小说的创作手法，使描写更加生动活泼。

五四运动期间，广州也举行了几万人的国民大会，以青年学生居多，他们提倡新文学，揭开了广府现代文学的新篇章。朱执信在北京直接参加五四运动，拥护新文学，力主用白话文学，他用白话写了岭南最早的小说《超儿》，发表在《建设》杂志上。

九一八事变后，广东左翼文艺运动蓬勃兴起，1933年，广州"左联"成立，欧阳山和草明是作家代表。欧阳山从1924年16岁时在上海《学生杂志》发表第一篇小说《那一夜》始，先后用欧化的语言创作《玫瑰残了》《桃君的情人》《爱之奔流》《密斯红》等。1931年后，欧阳山转向现实主义题材，创作《竹尺和铁锤》《崩决》《鬼巢》《三水两农夫》《好邻居》《爸爸打仗去了》《流血纪念章》等。1941年，他与草明到延安，创作名著《高干大》。新中国成立后，他一直生活在广州，先后写了中篇小说《英雄三生》《前途似锦》《红花岗畔》及若干短篇小说。自1957年起，他着手创作《一代风流》（后更名为《三家巷》），反映自1919年至1949年，我国波澜壮阔的革命斗争的史诗式的长卷，约150万字。草明也在"左联"的刊物《文艺》上发表了《倾跌》《进城日记》《大冲围的农妇》《没有了牙齿的》及中篇小说《绝地》等，后又发表《陈念慈》《平凡的故事》《垫脚石》《火车头》《乘风破浪》及《神州儿女》等作品。她被誉为终生写工人的作家，尤其是她描写珠江三角洲女子的系列作品，是广府文学中不可多得的瑰宝，也很好地表现了20世纪初叶南方女性的独立、自强的时代精神。

陈残云也是著名广府作家，著有中篇小说《风砂的城》和长篇小说《香飘四季》。

　　用广州方言写出来的、堪称广府长篇通俗小说扛鼎之作的《虾球传》，是由一位叫黄谷柳的客家人于1947年在香港写出来的。《虾球传》的主要成就之一，就是在长篇艺术上的大众化、民族化，尤其是在地域化上，作出了有益的探索与贡献。它继承了传统章回小说的笔法，又汲取了现代小说的优点，融入鲜明的地域色彩之中，写广东底层市民生活，既有时代的特征又有鲜明的地方色彩，特别是文字朴素、语言精练，别成一格。《虾球传》对现当代广东的长篇通俗小说的影响，一直绵延至今。

（刘世红）

广府说唱文学有哪些形式？

广府说唱文学源远流长，内容丰富多彩，形式多种多样，包括从古代的木鱼歌、龙舟歌、南音、粤讴，到近现代的粤语评书。然而，时移世易，如今传统的粤调说唱艺人已凋零殆尽，木鱼歌、龙舟歌、粤讴已湮没无闻，唯南音一息尚存，在粤剧唱段和粤曲的小曲中偶能闻其遗响。

木鱼歌

木鱼歌简称"木鱼"，又称"木鱼书""摸鱼歌"，是一种流行于广府地域的民间说唱文学。由唐代的变文演变而来，又与佛教化的宝卷，乃至鼓词和弹词，有着密切的关系。

木鱼歌源于明末，盛于清代。其形式由简单进而冗长，体裁由代言进而叙事，文字由通俗进而雅驯，描写由粗糙进而细致，形成一种抒情、叙事、写景、述意无所不能而又"并皆佳妙"的文艺作品。木鱼歌最初是即兴表演或口口相传，后来才出现唱本"木鱼书"。木鱼歌的唱词是七言韵文体，半文半俗，可增添虚字衬字。作品多属长篇，每篇都分若干回，通常是第一回"开书大意"，介绍全书梗概、人物和背景，接着是正文，逐回陈述故事情节，最后一回是尾声，交代故事终结。《花笺记》和《二荷花史》是木鱼歌中文学价值较高的作品。

木鱼歌在广府民间的广泛流行，不仅因为它曲词优美、脍炙人口，更重要的是木鱼歌涉及历史故事、社会现象、民俗风情、道德伦理等内容，它与广府人民的民俗活动紧紧地联系在一起，反映了广府地区的风土人情，承载着广府人的喜怒哀乐。

龙舟歌

龙舟歌是珠江三角洲乡间的土歌，为适应艺人于江头水驿间卖唱，因此都是短曲。龙舟歌演唱者多为城乡的贫困男艺人，演唱内容都是艺人根据身边的见闻和民间故事改编的短篇唱词。后来定点在空地、渡头、公园、茶楼演唱，并大量从木鱼书移植曲目。龙舟歌自始至终通过男艺人在农村和城镇下层人民中间传播，绝不进入妓院，士大夫阶层也很少接触，从而保持了通俗、粗犷的艺术特色，富有群众性。清初更为反清复明志士所利用，成为他们的宣传工具。

龙舟歌唱腔分为艺人腔、乞食腔、舞台腔三种；龙舟歌唱词以七字为主，分为起式、正文、收式三部分。起式用三、三、七共三句组成；正文多为七字句，每对句分上下句，句数不拘，以四字句唱词为一组，循环往复；收式则多为四字句。

龙舟歌传统曲目内容丰富，有祝颂类，如《龙舟舟》《鲤鱼歌》《喃银树》；神话、传说、寓言类，如《八仙贺寿》《金星戏窦》《仙姬送子》；历史故事类，如《昭君和番》《王允献貂蝉》《凤仪亭诉苦》《三聘孔明》《三别徐庶》《贵妃醉酒》《百里奚会妻》；爱情故事类，如《梁山伯与祝英台》《西蓬击掌》《云英问病》《蒙正祭灶》《杨翠喜忆情郎》；慨叹人生坎坷类，如《老女叹五更》

《赌仔回头金不换》《怨嫁迟》等。

南音

南音是在粤调说唱文学的木鱼歌、龙舟歌等歌体的基础上，融入潮曲和江浙的南词，合一炉而共冶所发展出来的一种粤调说唱的新歌体。

南音形成之后，先在文人雅士中传唱，其吟风弄月、消遣酬唱的成分居多。而民间落魄文人，更是钟情于这一形式，在南音的创作中，每每借助于夜阑更鼓之声，来作层层递进的抒情、叙事，发泄其胸中的幽怨，诉说离恨之苦等等。

南音的结构和句式都有严格的规定，开始有"起式"，俗称"提头"，其主要的部分是正文，结束则有"煞尾"，俗称"收板"。其行文结构以七言韵文为主，间有三言、四言或七言以上，但为数不多，且皆从七言演变而来。

在伴奏上，加上了弦索或扬琴相和，但与扬州帮的南词相比，则更为精练与紧凑，而且有一定的节拍，加入了起板与过门，所以音乐性比木鱼歌、龙舟歌有了很大的加强，娱乐性也更强。南音要求以广府方言即粤语来演唱，这就决定了它的根是广府的。

南音的曲目繁多，其中脍炙人口的有《观音出世》《背解红罗》《观音游十殿》《梁天来》《祭潇湘》等。著名的南音《叹五更》，全曲六大段，在市井中有着很广泛的影响。而《客途秋恨》则是直到今天仍在传唱的南音名曲。

粤讴

粤讴，也有人称"越讴"，别称"解心"，是清中晚期到民国中期盛行于广府地区的一种说唱文学,是在明末清初盛行的咸水歌、木鱼歌、龙舟歌、南音等说唱曲艺的基础上,融合了北方民间说唱"子弟歌"和"南词"之长,创制出的新曲艺品种。从其文辞看,是在韵文的基础上,大量使用粤方言,加上感叹衬字、音韵押尾,形成地方特色浓郁、通俗易懂的民间方言文学新品种。起初艺人演唱粤讴,用琵琶和音,后来以扬琴或二胡伴奏。粤讴节拍独特,一小节有一板七叮(眼),节奏缓慢,旋律沉郁,长于抒情。最早创作出粤讴作品的是冯询、招子庸,邱梦旗、温汝适、李长荣等文士亦有创作。嘉庆、道光年间,这一班文士常游珠江,在花艇上听曲饮酒、谈诗论文。偶听得珠娘(艇上歌女)将旧曲变调演唱,颇有新意,但词多鄙陋。冯询、招子庸遂在此基础上加以点正,并创作新曲词,命珠娘演唱,令听众赞赏,于是定名为"粤讴"。以后,粤讴越作越多,逐渐在粤方言地区流行起来。

著名粤讴《吊秋喜》,与上文提及的南音《客途秋恨》,并称为粤调曲艺坛上的双绝。

粤语说书

粤语说书,也叫粤语评书、粤语讲古。说书作为民间口头表演艺术流行始于中晚唐时期的"俗讲"。俗讲以通俗的语言、说唱结合的形式向普通民众演说佛经故事。及至两宋,俗讲演变成"说话四家"之中的"说经"。俗讲与说经都是以感化世人为目标,既是一种说书的表演形式,又是极具艺术性的劝化手段。元明清三代,俗讲、说经逐渐演变为"民间宝卷说唱"而淡出公众娱乐的视野,唯独说公案、说铁骑、讲史书等发展而来的评书独领风骚数百年。明清两代统治者为了从意识形态上巩固其统治基础,以强制性手段推行一种新的带有强烈教化性质的说书活动——"圣谕宣讲"。

清代中后期圣谕宣讲大行其道，催生了一批具有较高演说才能的讲生，他们受聘于善堂以劝人行善为业。辛亥革命推翻清朝统治，圣谕宣讲逐渐被废除，但是广府地区善堂宣讲的制度却延续下来，成为民间信仰的重要途径之一，逐渐从宣讲转向讲古，从而诞生了第一批讲古名家。

民国时期粤语讲古迅速发展，在广府地区遍地开花。讲古寮、茶楼、凉茶铺、菜市场甚至榕树下，都有讲古艺人表演的身影。这一时期出现的优秀讲古艺人有了文字上的记载，廖华轩、陈干臣等著名艺人的形象还留存在老一辈的记忆里，成了老广州的珍贵回忆。20世纪三四十年代以后，粤语讲古又发展了一种新的类型——电台讲古，其代表为陈干臣在市府电台播放的古典长篇小说及李我在风行电台开创的世情小说，节目一出，轰动全城。20世纪40年代，曾有文化批评者把当时广东流行文化总结为"三仔主义"，其中一项就是"古仔"，即说故事者也，可知民国期间粤语讲古之盛况。这一时期广州比较著名的讲古艺人还有"先生连"（广州人，真名失传）、何少初、何觉非、凌基、王盖华、邓寄尘等人。

中华人民共和国成立后至"文革"前的十几年间，粤语讲古迎来了一个有组织、稳步发展的时期。1950年4月，广州市文化局组织流散的讲古艺人成立"广州说书学会"，这是中华人民共和国成立后广州市最早成立的群众性文艺团体之一。尽管在"文革"期间，粤语讲古一度中断，但在"文革"结束后又很快得到了恢复。至20世纪八九十年代是粤语评书的全盛时期，艺人根据社会文化动向、市场需要推出了港台武侠、推理探案、玄奇科幻等粤语评书作品，还出现了以张悦楷、林兆明为代表的讲古大师。粤语讲古是广府民间文艺的主要品种之一，具有浓厚的广府地域文化特色。

进入21世纪的第二个十年，在快速发展的现代传媒和大众娱乐多样化的冲击下，急速衰落的粤语讲古面临着严重的传承危机。而老一辈说书艺术家张悦楷、林兆明等人的逝世，更使粤语说书深受打击。粤语说书这一项广府传统文学文化，亟待新的传承、变革和发扬。

（刘世红）

粤讴为什么不仅仅是传统的"粤语情歌"?

粤讴是清代中叶流传于珠江三角洲的一种民间音乐曲艺,是由招子庸等人在木鱼、南音的基础上创作的。

粤俗好歌,古已扬名。屈大均在《广东新语》中说西汉孝惠帝时的张买侍游苑池,一边划船一边唱粤语歌曲。清乾隆年间,岭南经济空前繁荣,农业、手工业、商业兴盛,海外贸易尤为昌盛,广州是当时最主要的对外贸易中心,是清代最为富庶的地区之一,娼妓业也随之兴盛,后者利用水乡优势开设妓院,一时间珠江上花舫盈江,成为著名的风月场所。由于这个时期广东文化大兴,文人大增,在狎妓之风盛行的环境下,他们流连于珠江之畔,寄情于花舫美妓,运用典型粤语,将岭南水乡的花草风物、春帆秋影,有声有色地表现出来,非常富有地方特色。这些粤讴用地地道道的广州话唱出了广州城中的绵绵情谊,使珠江成为一条浪漫的河。

最早创作出粤讴作品的是冯询、招子庸、邱梦旗等人。嘉庆末至道光初,他们在花艇上偶然听到歌女将旧曲变调演唱,觉得颇有新意,但感觉词多俚鄙不雅,于是冯询、招子庸遂在民间演唱变调的基础上修改,并创作新曲词,命歌女演唱,收获听众的赞赏,于是定名为"粤讴"。其中,招子庸创作的粤讴最具丰富性和代表性，为粤讴创作的集大成者。招本人文字修养高，又通晓音乐，以粤方言创作而加以文学的词藻修饰，题材内容多写男女之情，尤偏重描写歌妓的不幸。他把自己创作的作品编成《粤讴》，此书流行于广府民系地区，在歌坛广为传唱。这是目前能看到的最早的粤讴专集，其中好语如珠，即不懂粤语者读之，也为之神怡。当时有人说："几乎没有一个广东人不会哼几句粤讴的，其势力是那么大！"

以后，粤讴逐渐在粤方言区流行起来。这些粤讴，从音调看，是在明末清初盛行的咸水歌、木鱼歌、龙舟歌、南音等说唱曲艺基础上创作出的新曲艺；从文辞看，是在韵文的基础上大量使用粤方言，加上感叹衬字、音韵押尾，形成地方特色浓郁、通俗易懂的民间方言文学。作者运用民歌的比兴手法，巧妙地抓住眼前的景物，托物起兴，即景生情，使作品情景交融，刻画深入。由于语言通俗、生动明了，富于表现力和具有乡土色彩，人们耳熟能详，因此能够广泛流传。起初艺人演唱粤讴，用琵琶和音，后来以扬琴或二胡伴奏。粤讴节拍独特，节奏缓慢，旋律沉郁，长于抒情，是清中晚期到民国中期盛行于广府民系地区的一种曲艺、通俗文学。

粤讴当时地位不高，正统文人、道学先生是对之不屑的。因此，粤讴创始人之一的诗人冯询，后来当官时便把自己创作的粤讴全部销毁，故而没有留下作品。这样反而将招子庸推到幕前，扬名中外。

1904年，英国学者金文泰把招子庸的《粤讴》译成英文，改名为《广州情歌》在英国出版。他认为粤讴"多美丽如画"，与希伯来民歌具有同样不朽的价值。葡萄牙人庇山曾把它译成葡文，介绍到欧美，引起了外国读者的注意。后省港各报，纷纷开辟专栏，聘请专人撰写，使之风行一时。著名文学史家郑振铎先生在《中国俗文学史》认为招子庸属于"把民歌作为自己新型的创作"的人，是"最早的大胆的从事于把民歌输入文坛的工作者"。许地山先生也说：粤讴是"广东民众诗歌中最好的那一种"，并盼望广东能把这种地方文学保存起来，发扬起来，使它能在文学史上占有更重要的位置。

粤讴后来不再限于描写男女之情，不再局限于"广州情歌"的定位，更赋予了革命的内容。1840年鸦片战争爆发后，有人利用粤讴这种群众喜闻乐见的形式，来反映现实斗争，粤讴开始跳出个人情爱的天地介入社会，直面人生，产生了不少创新性的作品。这些粤讴新作品，有的敢于对封建正统势力表示不屑，有的大胆讽刺和抨击外国侵略者与官府，有的在辛亥革命前夕攻击贪官昏主，有的在五四运动前后号召反帝反军阀，有的在大革命时期赞颂工农革命运动。比如1905年前后，抵制美货运动时期，广州地处沿海，尤为敏感，粤讴《中秋饼》唱道："……自古话世界相捞，须要随下众意。唉！唔系小事，为国来争气。呢阵我哋饼行，唔用美面咯，不愧个爱国男儿。"这些内容皆与广大群众声息相通。当时还有报纸开辟专栏，用以宣传革命道理，使粤讴的内容、形式更臻完善，成为广东民间曲艺的宝贵遗产。

粤讴可以徒唱，也可以合乐，多以琵琶、洞箫、扬琴伴奏，旋律悲凉沉郁，节奏舒缓，很适宜表现伤春怨梦、别绪离愁的情调。每段末了，常用些感叹词或代名词作呼格，加强感情色彩。但是由于它行腔滞板，变化不多，演唱起来容易产生沉闷的感觉，所以现在很少单独传唱，只在粤剧或粤曲中作为一种曲牌使用。

对粤讴深有研究的冼玉清教授在《粤讴与晚清政治》指出：

"粤讴的社会价值,即在于它能反映当时现实的生活和斗争,成为时代的史诗。而它的艺术价值,即在于它以生动活泼的语言,浅显形象的比喻,跌宕悠扬的声调,表达了人们的生活与斗争。"这是最为适当的评价。

(李兰萍)

番禺沙湾因"何"被称为广东音乐发源地之一？

广东音乐被称为我国最"年轻"的乐种，是"最后一门产生且被称为中国传统音乐的艺术"。广东音乐以其轻、柔、华、细、浓的风格和清新流畅、悠扬动听的岭南特色备受广泛的喜爱和欢迎，遍及中国大江南北，流行世界各地。2006年国务院公布的我国第一批国家级非物质文化遗产名录，广东音乐名列其中。

19世纪末到20世纪20年代初是广东音乐形成的重要时期，1919年以前的广东音乐作品直接来自对各类民俗音乐的采用，20世纪20年代初至30年代末是广东音乐发展的成熟期。这几个时期的发展，番禺沙湾的何氏家族，功不可没，从何博众到"何氏三杰"（何柳堂、何与年、何少霞叔侄三人并称），何氏家族音乐人才辈出，将广东音乐推向国乐的高峰，贡献卓著。

从清代咸丰至宣统的近60年间，广东音乐处在孕育期，还未自成体系。以何博众（排行第四，族人称其为"博众四"）为代表的民间音乐爱好者，在充分借鉴民间音乐艺术（如北方的乐曲和广东流行的粤讴、南音及粤剧中的牌子、杂曲等）的基础上，以生活体验为基础，创作了第一批广东音乐作品，如《赛龙夺锦》（初稿）和《雨打芭蕉》《饿马摇铃》等。这些作品没有用谱记录，学奏者通过观察示范动作，用耳细听，用心牢记，模仿学奏。

这些早期作品虽比较简单粗糙，但这是广东音乐的孕育阶段，也是何氏音乐的起步阶段。

何柳堂（1872—1933），字与乡，号柳堂，名森，为何博众第六子何厚祺之子。何与年（1880—1962），名树人，字与年，为何博众第十一子何厚词之子，与何柳堂是堂兄弟。何少霞（1894—1942），名振渠，字乾调，号少霞，是何柳堂和何与年的同族堂侄。民国初年，以"何氏三杰"等为代表的作曲家对流传在民间的广东音乐早期作品进行搜集和整理，并加曲谱。如《赛龙夺锦》《雨打芭蕉》《饿马摇铃》等曲，这些原来都没有记谱，何柳堂用谱记下来，并加以整理提高。《赛龙夺锦》生动再现了中华民族图腾——龙生气勃勃的精神，体现了中华民族强大生命力。当时在广州广播电台一经播出，听众反响热烈，迅速流传，并波及全国乃至世界各地。此外，他还创作了《回文锦》《七星伴月》《梯云取月》《金盆捞月》《玉女思春》《垂杨三复》《鸟惊喧》等曲。在广东音乐的发展史上，何柳堂起了承上启下的作用。在他之前，广东音乐为集体创作，历经多年才逐渐成形。从何柳堂开始，则以个人创作为主，而技法更加圆熟，从朴素的现实主义发展到带有浪漫主义色彩，进入抒发内心世界、创造音乐意境的阶段。

"何氏三杰"也是广东音乐在粤剧中运用的奠基人，他们积极参与粤剧改革，其中何与年尤为突出，是主力之一。广东音乐产生之初是为解决静场问题而产生的过场音乐，此后经过不断发展，成为一个独立的乐种。20世纪30年代，在广东音乐进入鼎盛期的同时，粤剧也得到了快速发展，二者互相依存、互相促进。何与年对粤剧伴奏和唱腔设计的改革贡献良多。他认为粤剧未能充分地运用音乐气氛，提出根据剧情创作音乐，用音乐手段解决静场问题，奠定了广东音乐在粤剧中的地位。在音乐创作上，何与年继承了何博众、何柳堂乐曲中古朴、幽雅、节奏性强、调色变化丰富的优点,并在此基础上,娴熟地运用了西方音乐的三段体的曲式,更加追求乐曲旋律的优美、音色的华丽。他创作了《画阁秦筝》《清风明月》《将军试马》《小苑春回》《午夜遥闻铁马声》《塞外琵琶云外笛》《华胄英雄》《晚霞织锦》《齐破阵》《骇浪》《侯门弹铗》《寒潭印月》《走马看花》《上苑啼莺》等40多首音乐作品,注重对人内心的细腻描写与情感抒发,打破了模拟自然的局限,体现了自身独特的风格与创造性。在抗日战争时期,何与年创作了许多以抗日为题材的作品,比如《广州青年》《长空鹤唳》《冷雨凄风》等,节奏强烈,旋律刚毅,体现出一个抗日救国、热血青年的本色。

何少霞自幼受到远房叔父何柳堂、何与年等人的影响,酷爱音乐,精通"十指琵琶",同时也善于演奏二弦、南胡等乐器。他是著名的广东音乐作曲家,现流传于世的名曲有《陌头柳色》《将军试马》《夜深沉》《白头吟》等十余首。《赛龙夺锦》第三稿中很多花音,都是他经手整理的。他对粤曲颇有研究,古典文学修养也较深,他创作的粤曲唱词《一代艺人》《游子悲秋》精练独到。在20世纪20年代中至30年代初,他与何柳堂、何与年、吕文成等人合作灌制唱片,如《赛龙夺锦》《雨打芭蕉》《七星伴月》《回文锦》《饿马摇铃》等。

"何氏三杰"整理和创作了一批优秀的广东音乐作品,他们长期教授广东音乐,培养了许多优秀的广东音乐家,为广东音乐的传承和发展奠定了人才基础,在广东音乐发展史上写下了浓墨重彩的一笔,贡献良多。因其家族对广东音乐的重大贡献,使得番禺沙湾被誉为广东音乐的发源地之一。

(刘世红)

人民艺术家冼星海取得了哪些艺术成就？

冼星海，曾用名黄训、孔宇，原籍广东番禺（今广州市），1905年6月13日出身于澳门一个贫苦的渔民家庭，父亲早逝，后随母亲侨居马来亚。1918年回国后，因酷爱音乐，先后入岭南大学附中和岭南大学练习小提琴。1926年入北京大学音乐传习所，1928年进上海国立音乐学院学习小提琴和钢琴。1929年赴巴黎勤工俭学，师从著名提琴家帕尼·奥别多菲尔和著名作曲家保罗·杜卡斯，1931年考入巴黎音乐学院，并在著名印象派作家杜卡斯领导的高级作曲班学习，为该班几十年来的首位中国学生。留法期间，他创作了《风》《游子吟》《d小调小提琴奏鸣曲》等十余首作品。

1935年回国后，冼星海在上海积极参加抗日救亡运动，先后创作了《救国军歌》《战歌》等大量抗日救亡歌曲，并为进步影片《夜半歌声》《壮志凌云》《青年进行曲》，话剧《太平天国》《日出》《复活》《大雷雨》等谱曲。

1937年7月7日，全面抗战爆发后，冼星海参加上海话剧界战时演剧二队，积极投入抗日文艺宣传运动。同年10月到达武汉，不久在周恩来、郭沫若等领导的国民政府军事委员会政治部第三厅任职，参与主持抗战音乐工作。他深入学校、农村、厂矿，教群众唱抗日歌曲，举办抗战歌咏活动，对动员民众起了有力的配合作用。其间，他先后创作了《救国军歌》《保卫卢沟桥》《游击军歌》《在太行山上》《黄河之恋》《到敌人后方去》等脍炙人口的战斗性群众歌曲。

1938年底，冼星海抵达延安，后担任鲁迅艺术学院音乐系主任，并在延安"女大"兼课。1939年3月，由诗人光未然作词的《黄河大合唱》，经冼星海谱曲，成了中华民族的千古绝唱。该作品分为《黄河颂》《保卫黄河》等9个乐章，歌颂了中国人民的斗争精神，展现了抗日战争的壮丽画面，塑造了中华民族的英雄形象。全曲气势磅礴，将时代精神、民族气魄与大众艺术形式紧密结合，成为反映中华民族解放运动的音乐史诗。1939年4月13日，《黄河大合唱》在延安陕北公学礼堂公演。5月11日，在庆祝延安鲁迅艺术学院成立一周年晚会上，毛泽东等中央领导观看了由冼星海指挥演出的《黄河大合唱》后，连声称赞。周恩来从重庆回到延安看过演出后，于7月8日题词："为抗战发出怒吼，为大众谱出呼声！"这部充满革命英雄主义气概的音乐史诗，激励着无数热血青年投身民族解放的行列，奔向抗日的最前方，对全国军民的抗日斗志起了极大的鼓舞作用。时至今日，这首曲子已经过多代音乐人的传唱。

在延安期间，冼星海还创作了《生产大合唱》《九一八大合唱》等大型作品，以及《三八妇女节歌》《打倒汪精卫》等大量歌曲。此外，他还发表《聂耳——中国新兴音乐的创造者》《论中国音乐的民族形式》《民歌与中国新兴音乐》等许多音乐论文，论述中国新音乐发展的历史经验及大众化和民族形式等问题。

1940年5月，冼星海受党中央派遣，远赴苏联为大型纪录片《延安与八路军》配乐。临行前，毛泽东为他饯行。到苏联后不久，卫国战争爆发。冼星海因战乱和交通阻隔而难以归国，被迫在阿拉木图定居。其间，他以音乐为武器，创作了交响曲《民族解放》《神圣之战》，管弦乐组曲《满江红》，管弦乐《中国狂想曲》，小提琴曲《郭治尔—比戴》，歌颂苏联人民的反法西斯战争，表达对祖国的深切怀念。由于长期劳累和营养不良，致使其肺病加重，1945年10月，冼星海病逝于莫斯科。延安各界为他举行了追悼会，毛泽东亲笔题词："为人民的音乐家冼星海致哀。"

为纪念这位著名的广东籍人民音乐家，由中国现代音乐教育先驱马思聪、陈洪先生于1932年创办的广州音乐院，在1985年12月更名为星海音乐学院。该校是华南地区唯一的高等音乐专业学府，为我国培养了一代又一代的音乐人才。

2009年9月10日，冼星海被评为"100位为新中国成立做出突出贡献的英雄模范人物"之一。后人编有《冼星海全集》。

（张金超）

粤剧为何被称为"南国红豆"？

粤剧，又称"广东大戏"，曾有"本地班""广腔班""锣鼓大戏""广府大戏"等名称，以粤方言演唱，是汉族传统戏曲和世界非物质文化遗产之一。发源于佛山，后传入广西、香港、澳门、台湾，在东南亚和美洲各国有华侨聚居地均有传唱和演出，对凝聚海外华侨华人起了重大的作用。

粤剧是岭南四大地方剧种之首，曾被周恩来总理誉为"南国红豆"，它在起源、发展、唱腔、化妆、布景、舞美艺术、戏服等方面具有非常浓烈的广府文化特色，是广府文化的一个重要特征。

粤剧用广州方言演唱，并吸收、融合了地方的民歌小曲，后又大胆采用西洋乐器伴奏，具有浓厚的地方色彩。一些广东曲艺，如广东南音、粤讴等，也被吸收转化为粤剧和粤曲曲牌。粤剧源自南戏，清初广州地区民间好尚戏曲，外来戏班演出频繁，并有众多本地子弟参加演唱，出现被称为"土优"的本地戏班及其演唱的"广腔"，本地戏班既向外江班吸收、借鉴，又相互竞争，为粤剧的形成打下了基础。当时本地戏班子出外演出时乘红船，故"红船子弟"便成为粤剧艺人的代称。清道光、咸丰年间，广东本地戏班在演出中以"梆簧"（西皮、二簧）作为基本曲调，兼收高腔、昆腔及广东民间乐曲和时调，用"戏棚官话"为基本语言，间杂以粤方言，逐渐形成粤剧。咸丰时期，粤剧传入广西；光绪年间，"粤剧"名称出现。1912年前后，粤剧演出基本上已改用广州方言。辛亥革命后，粤剧受文明戏、话剧的影响，20年代以后又受西方现代电影艺术的影响，引进了时代歌曲和西方爵士音乐，除使用民族乐器演奏外，还使用了小提琴、电吉他、爵士鼓、小号等。中华人民共和国成立后，1953年，广州粤剧团成立，并积极挖掘优秀剧目，继承粤剧传统，全面革新艺术形式，培养了一批粤剧新人。

粤剧演员的表演工艺分为四大基本类别——唱、念、做、打。

粤剧演唱分真嗓、假嗓、真假嗓兼用等发声方式，其中男腔一般真嗓发声，真假兼用，女声一般假声，这是粤剧的特色之一。粤剧行腔一要顺乎词意，二要讲究字声、语调，不求花哨，由此形成了粤曲的腔由字出、字随腔落，调式变化与节奏变换自然、顺畅之特点。

粤剧念白的最初语言是中原音韵，又称为"戏棚官话"。直到民国年间，粤语才真正成为演出的基本语言。

粤剧的做和打，是把实用性和技击性都十分强的少林武功，搬用到粤剧舞台上表演，这是早期粤剧的表演特色，在其他地方剧种中较为少见。其武打以南派武功为基础，靶子、手桥、少林拳及高难度的椅子功和高台功十分出色。粤剧表演带有质朴粗犷的特色，有单脚、滑索、运眼、小跳、拗腰等绝技。相对于以京剧为代表的，突出表演性和以身段美感为主的北派武打技巧，传统粤剧武戏技能被称为"南派武技"，是粤剧表演艺术的重要特征。

粤剧化妆简练，色彩浓艳，服装多采用广绣，精美华丽，富有浓郁的地方特色。粤剧早期的戏服并非如其他剧种一样以明代衣冠作为戏装，而是自成一格，男女角色的戏服样式均是广绣企领长袍，阔口、中袖，此种装扮与当时生活装束相近，在舞台表演时宽松自由、不受拘束。其后，粤剧戏班借鉴京剧的戏服和装扮，引进水袖，腰扎"板带"，带来水袖功和熟习踢板带的技巧，将戏服和表演紧密地结合在一起。在引进京剧服装的同时，也保留了传统粤剧的部分特色，如来自人和木偶同台的"阴阳班"中武场角色的戏装"鬼衣大带"等。粤剧戏服鲜明的特色在于其"广绣"工艺，它构图饱满、花纹繁缛、图案生动，装饰性强，色彩浓艳，色块对比强烈，与粤剧舞台所洋溢的热烈明快的岭南地域文化特色相互协调。

和其他剧种一样，早期粤剧多在农村搭戏棚演出，都是以一桌两椅变化组合成象征性的舞台景物，尚无"布景"可言。20世纪初，粤剧进入城市，开始由广场艺术向剧场艺术过渡，从而对粤剧舞台布景提出了变革的要求。20世纪30年代，在商业竞争的市场背景下，粤剧曾在广州、香港、澳门等大城市的剧场演出中一度出现运用声、光、电和机械技术制作的"机关布景"。中华人民共和国成立后，粤剧的布景在粤剧界"净化舞台"的实践中得到了改进，并沿着民族化的方向不断发展。剧场开始构建了由天幕、底幕、大幕、二道幕、"弗拉"、"鸡翼"等组成的镜框式舞台；还出现了民间图案装饰的台框装置。舞美工作者创作了大量具有中国水墨画风格的软幕布景，又借鉴吸收了线网贴布画技术和幻灯新技术，使粤剧舞台形成了远景、中景、近景融为一体的立体布景。随着导演制度和舞台美术设计制度的建立，粤剧舞台的布景更趋向于创意化、风格化，与戏剧整体风格的协调更为紧密。舞台美术设计和制作程序也更进一步规范化，较有规模的粤剧院团还设立了舞台工厂，粤剧舞台美术向更高的层次迈进。

粤剧乐队旧称"棚面",早期基本沿袭外江班的文武场体制,由五人组成,称"五架头"。另外,还有一种专为堂会、庙会、红白喜事、游行、迎送等场合演奏的乐队,称为"八音班",以箫、笛(大、小唢呐)、月琴、提琴、板鼓、锣、钹等乐器组成,有时也作为粤剧和粤曲歌班的伴奏乐队。本地班形成后,粤剧乐队逐渐丰富,分工也渐细致。

粤剧的传统剧目早期主要有《一捧雪》《二度梅》《三官堂》《四进士》《五登科》等所谓"江湖十八本",后又出现《黄花山》《西河会》《双结缘》《雪重冤》等"新江湖十八本"和《苏武牧羊》《黛玉葬花》等"大排场十八本"。其他代表性剧目还有《白金龙》《火烧阿房宫》《平贵别窑》《宝莲灯》《罗成写书》《凤仪亭》等。清代竹枝词记述粤剧的盛况:"梨园歌舞赛繁华,一带红船泊晚沙。但到年年天贶节,万人围住看琼花。"

粤剧广泛吸收广东音乐、广绣等地方艺术形式,充分体现了广府民系群落的地域文化传统,辐射范围遍及全球各地,在世界华人中具有文化凝聚力。

粤剧善于向其他剧种和时尚艺术学习,因而表现出高度的开放性,成为时尚潮流的剧种之一。无论是其开放灵活的表演,还是丰富优美的唱腔、舞美,都显现出敢立戏剧潮头的先锋姿态。正因为如此,粤剧的戏剧风格既有传统戏剧的风采,又具有轻快流畅、灵活善变的特点。

1956年,周恩来总理观看了由粤剧艺术宗师马师曾与红线女共同主演的《搜书院》后,盛赞粤剧为"南国红豆"。

(刘世红)

20 世纪八九十年代广东如何成为南方流行音乐中心的？

流行音乐是社会文化生活的重要元素，流行音乐的文化与产业各自具有深厚的学理与应用价值。中国流行音乐的发展是和我国改革开放的进程同步进行的。广东曾经作为流行音乐文化与产业中心长期存在并发挥重要影响。作为得改革开放风气之先的广东，流行音乐的发展也同样走在各省份的前列。广东毗邻港澳的特殊地理位置，使流行音乐创作的发展受到了很大的限制，但广东音乐人摸索出了一条个性化、现代化、民族化歌曲创作之路，并使广州成为与北京齐名的通俗歌曲创作基地。

1977年5月1日，广东出现了中国第一支流行乐队——紫罗兰轻音乐队，揭开了中国流行音乐的序幕。紧接着，广东流行音乐所创造的"中国第一"，如雨后春笋般纷纷涌现，中国第一家现代音乐茶座、中国第一家影音公司、中国第一次评选十大歌星和十大金曲、中国第一个音乐排行榜、中国第一个流行音乐组织、中国第一个歌手签约制度，全都是广州首创。

20世纪八九十年代，广东是改革开放的风向标。广东毗邻港澳地区，接受新事物速度很快，音乐的创作、制作、推广等方面都处于领先地位。广东的电视媒体在全国范围内也是很有优势的，影响力比较大，节目新颖有趣，颇受全国观众喜爱，这无形之手把广东歌手推向了全国。

广东流行音乐开始发展时，北方的音乐还处于零的阶段，广东在中国流行音乐中首先觉醒，占领了一个制高点，占领了改革开放的先机。广州的"音乐茶座"，就是国内最早的开放式的音乐空间。从1978年至1979年，广州就开始出现了音乐茶座，根据广州市文化局的统计，音乐茶座最鼎盛的时候，一共有75家。

1979年初建立的太平洋影音公司（以下简称"太平洋"）是新中国第一家拥有整套国际先进水平、全新录音录像设备和音像制品生产线的音像制作、出版、发行企业，出版了新中国第一盒立体声录音带、第一张CD集、第一套中国录影集，整体实力在全国音像企业中始终保持着三甲地位。

"太平洋"对流行音乐的贡献不仅在于将其产业化，同时"包装歌星""为歌手量身定做原创歌曲""签约歌手"等如今业界耳熟能详的操作方式也都最早从这里开始，"制造"出朱晓琳、沈小岑、费翔等最早的一批流行歌手，推红了《妈妈的吻》《请到天涯海角来》等内地原创歌曲，同时引进了大量的港台流行歌曲，包括台湾校园歌曲。1986年以前，沈小岑的专辑里唯一的原创歌曲《请到天涯海角来》广受追捧，有人把这首歌誉为岭南流行乐的雏形。

歌手吕念祖当年被称为"广州刘文正"，他是20世纪80年代初广州第一代歌手。那时台湾和香港的娱乐业已经相当发达，广州歌手李达成与香港公司签约，据说当时的排名还在台湾歌手王杰之上，他的第一张唱片，公司也投入了近百万港元的宣传费，这在当时的国内流行乐坛是不敢想象的。

除了这两人之外，还出现"广州邓丽君"刘欣如、"广州梅艳芳"

汤莉、"广州苏芮"张燕妮，以及1989年广州音乐茶座里诞生的广州"四大天王"，成员是廖百威、王建业、陈汝佳和前文中的李达成。不难看出，他们模仿的对象是港台歌手，但只能是模仿，无法赶超。

到90年代初，广东音乐界引入了"签约歌手制"，从而促使了一场流行乐风潮的爆发。从1993年到1998年，广东流行乐坛在五年间成就了数十位"星级"歌手，同时也为广大乐迷贡献了无数传唱至今的经典金曲。这个时段，大部分音乐人都进入了创作的高潮期，每人每年平均能够推出30首知名歌曲。这是广东音乐人、歌手、唱片公司以及媒体通力合作、能量长期积累的一次总爆发。

业界认为，当时广东是中国唯一可以与北京分庭抗礼的音乐重镇。标志性事件是1987年广东电台设立全国第一家原创歌曲排行榜。1991年广东流行音乐创作协会成立，广州唱片业形成中唱、太平洋、白天鹅、新时代四足鼎立的局面。广东流行乐坛的崛起，以李海鹰创作的《弯弯的月亮》、陈小奇的《涛声依旧》以及解承强的《一个真实的故事》三首歌为标志。这些歌曲不但在中国内地广为传唱，同时也受到港台音乐人的高度评价。1994年上海东方风云榜十大金曲中，陈小奇共有两首独立创作的词曲作品入围，是年广东流行曲更占据风云榜五席，从这个侧面也可看出广东乐坛在当时的确支撑了内地流行音乐的"半边天"。

除了流行音乐文化传播所必需的技术支持与内容水准之外，广州的"第一"还体现在如下方面：

MTV（即音乐电视）的率先应用。MTV在未有名称之前，叫作"音乐录影带"。1987年太平洋影音公司拍摄了费翔的音乐录影带，1989年拍摄了朱德荣《之乎者也》等一批歌曲的音乐录影带。后来广州音乐界推出的代表作品有《阿姐鼓》《寂寞让我如此美丽》《涛声依旧》《大花轿》《情哥去南方》等。其中《阿姐鼓》的影响远播全世界,已经超越流行的层次,成为经典。

在"选秀"方面,广州的步伐也远早于其他地区。这就是当时不啻空谷足音的系列"流行音乐大奖赛",其代表是1985年的"红棉杯"新歌新风新人大奖赛。大赛最终评选出"羊城十大新歌"和"羊城十大歌手"。陈小奇、李海鹰、解承强、兰斋等年轻的音乐人就在这次比赛中脱颖而出,获得了人生中第一个原创歌曲的大奖,刘欣如、安李、吕念祖、唐彪等人获得十大歌手的称号。这次大赛标志着广东一批词曲作者的崛起,这些人后来都成为广东流行乐坛的中坚力量。

另一个值得一提的是广州媒体,特别是文化记者在这次大赛中扮演的角色。当年的文化记者都在为广东音乐发展摇旗呐喊、出谋划策,甚至许多人直接参与音乐制作和活动策划,为广东原创音乐的发展做出不可小觑的贡献。直至今日,很多音乐人还能一一数出这些文化记者的名字。

广东歌榜对中国原创流行音乐的贡献巨大。初步选秀之后,如何进一步传播与实现商业化,是高度专业的事情,现在通行的"歌榜"是非常好的机制。从最早的"健牌"歌曲大奖赛到后来成熟的"广东新歌榜"和"岭南新歌榜",歌榜一直致力于推动本地原创流行音乐的发展,当时在全国都是遥遥领先的。广东流行音乐在20世纪90年代中期走向巅峰,成为全国原创流行音乐的中心,都与歌榜的作用密不可分。

在广东歌榜名声最盛的时候,广州成为全国原创流行音乐的中心地带。各地的音乐人聚集到这里,各地的歌手带着自己的作品,南下广州来实现自己的明星梦,而到电台"打榜"是实现梦想过程中最重要的一环。后来的流行音乐天后田震、那英也都借助了这些歌榜的平台。相比电视，只有电台才能拿出较多的时段，对歌曲进行较大规模的传播。从 1987 年广东电台的"广东新歌榜"，到 1992 年珠江经济广播电台的"岭南新歌榜"，再到后来的"音乐十大金曲榜""广东广播新歌榜"，直到现在的"音乐先锋榜"，都一直致力推广广东本地音乐，曾经推过上百首家喻户晓的歌曲。

与 20 世纪 80 年代后期从北京开始风靡全国的摇滚潮相呼应，广州也发展出自己的摇滚。1993 年 3 月 3 日，"音乐公社"便在一个毫无前兆的情况下出现了，主要的乐队有艳阳天、焦炬、KSM、NONAME。1994 年太平洋影音公司看中广州的摇滚市场，由陈小奇策划推出了两期《南方大摇滚》，音乐公社有部分乐队也参与其中。当时著名的摇滚乐队有盲流、焦炬、与非门、沼泽、吹波糖、无了期、CO_2、雨中猴群、铜镜等。

1996 年后，是广东流行音乐大幅度衰落与小规模再生的时期。广州流行音乐在 20 世纪 80 年代中期至 90 年代中期的十年间从崛起到强盛，达到一个"产业化"的顶峰，在 1996 年以后开始走向衰落。进入 21 世纪，广东流行歌坛又出现了一些复苏和再生的迹象。

广东流行音乐是文化史与文化产业史上的独特现象，审美意义深刻，对现实具有重要参考价值。广东发展文化产业，建设文化强省，都需要从广东流行音乐发展史中借鉴经验与教训。

（刘世红）

广东电影业在改革开放以来有哪些成绩？

广东电影业的发展历程，与珠江电影制片厂密不可分。

1956年4—10月，中国派出代表团出访法国、英国等西欧六国考察电影事业，为扶持国产电影产业吹响了集结号。在此期间，毛泽东提出"百花齐放，百家争鸣"的文艺方针，在这一思想指导下，中国电影几乎是从无到有瞬间地拔地而起，珠江电影制片厂（以下简称"珠影"）孕育而生。1956年珠影筹建，1958年正式投产。之后珠影创作出大量富有岭南特色的影片，在中国影坛独树一帜。较有代表性的影片有故事片《南海潮》《七十二家房客》《大浪淘沙》《跟踪追击》等。这些影片不仅真正赢得了广东乃至全国的观众，确立了岭南电影在中国影坛上的地位，也形成了岭南电影独特的风格。

1979年以后，随着中国电影第二个高潮的到来，处于改革开放前沿阵地广东的珠影，登上了南粤电影事业的高峰，先后摄制了《春雨潇潇》《与魔鬼打交道的人》《乡情》《逆光》《乡音》《廖仲恺》《雅马哈鱼档》《孙中山》等影片。十几年间，珠影先后有数十部故事片和科教片在国内外获奖，它们无不风靡大江南北，广受观众欢迎。1987年，珠影拍摄的电影《孙中山》获得第十届《大众电影》百花奖和第七届中国电影金鸡奖；1988年获得中国广播电影电视部优秀影片奖；1992年获得第一届中国电影优秀摄影奖。

与此同时，很多对珠影充满爱慕之情的电影人才也从国内各地汇聚到广州，到珠影实现自己的淘金梦和明星梦。1979年起，珠影连续摄制了《他在特区》《雅马哈鱼档》《街市流行曲》《太阳雨》《女人街》《绝响》《给咖啡加点糖》《花街皇后》《心香》《特区打工妹》《出嫁女》等一批着力反映改革开放、富有广东风情和岭南地方特色的影片，被称为"岭南都市电影"。1989年摄制的《商界》（上、下集）以及《阿罗汉神兽》《女人街》等3部故事片，先后被广播电影电视部电影局确定为向建国40周年献礼的影片。这3部影片使改革开放以来逐渐形成的、具有广东特色的"岭南都市电影"得到丰富和拓展。

1989年，珠影把反映改革开放和当代现实生活作为故事片创作的重点，在摄制的故事片中，表现改革开放和"四化"建设主旋律的影片共6部7集，为总数的58.3%。同年，珠影与香港合作摄制的故事片《寡妇村》，获第十二届《大众电影》"百花奖"最佳故事片奖和法国第六届蒙彼利埃中国电影节"金熊猫"奖；纪录片《蛇口奏鸣曲》获第九届中国电影"金鸡奖"最佳纪录片奖；故事片《花街皇后》获中央广播电影电视部优秀新片奖。珠影的纪录片创作也有新的突破，被列为建国40周年对外宣传重点片《中国》系列片之一的《广东农村专业户》《中外合资企业见闻》和《城市企业改革散记》等纪录片，已被译成英、法等多种外国语言，于国庆期间在国外放映。

20世纪90年代以后，国产电影开始步入低潮期，电影市场萎缩，珠影面临着新的转型。1995年，国家实施"9550"工程，鼓励主旋律精品电影创作。面对不景气的市场，珠影开始把主要精力转移到主旋律精品影片的创作拍摄中，取得了相当出色的成绩：1996年的《军嫂》、1997年的《安居》、1998年的《龙飞凤舞》、1999年的《赛龙夺锦》、2000年的《走出硝烟的女神》和2002年的《荔枝红了》6部影片，先后6次获得中国电影最高奖"华表奖"优秀故事片奖。如此成绩，在中国电影制片厂中实为凤毛麟角。

改革开放以来，随着电视进入千家万户，广东的电视行业也取得飞速发展。

电视连续剧《公关小姐》《外来妹》《情满珠江》以及《潜伏》等在全国引起比较强烈的反响。《外来媳妇本地郎》《柴米新人类》《七十二家房客》《乘龙怪婿》《妹仔大过主人婆》等一批极具岭南文化特色的电视剧受到本土居民的追捧。《热血军旗》《我的1997》和《秋收起义》组成电视剧"红色三部曲"。《热血军旗》（由广东广播电视台立项出品）主题鲜明、基调昂扬、人物造型鲜活，彰显了中国共产党人勇于探索、不怕牺牲的革命英雄主义精神，获得第31届"飞天奖"优秀电视剧大奖和第29届中国电视"金鹰奖"优秀电视剧奖。

（刘世红）

广府地区有哪四大名园？

广东四大名园分别指顺德的清晖园、佛山的梁园、东莞的可园和番禺的余荫山房（又名余荫园），均属清代岭南园林艺术的代表作。佛山梁园为广东四大名园之首，由清朝内阁中书梁蔼如及梁九章、梁九华、梁九图叔侄四人修建。清嘉庆年间开始修建，于道光三十年（1850）建成。由于其规模宏大，内涵丰富，布局精妙，梁园被人们赞誉为"名园最胜"。番禺余荫山房，位于广东番禺南村镇东南角。始建于清同治六年（1867），同治十年（1871）竣工。园主邬彬为清朝举人，官至刑部主事，任员外郎。余荫山房布局精巧，以"藏而不露"和"缩龙成寸"的手法，将画馆、楼台、轩榭、山石亭桥尽纳于三亩之地，布成咫尺山林，造成园中有园、景中有景、幽深广阔的绝妙佳境。东莞可园，始建于清道光三十年（1850），园主为张敬修，曾官至江西按察使署理布政使。顺德清晖园是清朝进士龙应时及龙氏后人在明末状元私人府第的基础上营建而成，以尽显岭南庭院雅致古朴的风格而著称。

四园之中，余荫山房面积最小，占地不过1598平方米。梁园原来规模较大，由毗连的四座宅院群体组成，现今只剩两座。可园原来也只有3亩多，2000多平方米，但和清晖园、梁园一样，修建扩建之后，已达到2万平方米以上，具有了一定的规模。四园都承传了中国古典园林艺术的优秀传统，鲜明地体现了岭南园林艺术的风格，但又各具特色。如清晖园和梁园都显现古典、徐缓，但前者的古典透着精致的韵味，徐缓有着优雅的从容；而后者的古典，是一种空灵的雅致，其徐缓飘出散淡的闲情。再如可园和余荫山房同属小巧紧凑的格局，尺幅之地，一样的迂回往复，参差错落。但余荫山房的小，更显玲珑小巧。其用地的精省，山水桥榭、亭台楼阁、轩院厅堂、回廊曲径的布局奇妙，简直到了令人叹为观止的程度。和清晖园的水木清华、梁园的疏朗隽秀、可园的雅致拙朴相比，余荫山房显然属于扑朔迷离、婷婷窈窕的那一种。

四大名园的主人，或有诗书画名家底气，或有戎马倥偬生涯，都是朝廷命官，其建园的宗旨、手法和园内布置讲究，均透露出文人士大夫的情怀意趣，反映了儒家文化"诚意""正心""修身"的精神传统。余荫山房主人邬彬、可园主人张敬修，更属步五柳先生后尘者，修建园林是为了躲避尘嚣、退隐田园。其中张敬修人退心未退，欲静而不止，几起几落，因剿杀太平军石达开部有功而被授江西按察使兼代布政使，主持江西一省财政，终病体不支，41岁死于园中。四园内，处处反映出园林主人对或邀良朋雅聚、把酒抒怀，或闭户读书、观鱼赏花的生活追求。琴棋书画、金石印刻成为其精神寄托。因此园内处处留有文人名士的足迹墨宝、妙联佳句，如余荫山房深柳堂内紫檀木雕屏上清代名家的书法作品和刘墉的书法手迹，可园中岭南画派祖师居廉、居巢留下的众多诗画作品等。据记载，居廉还在可园一住十年，并介绍学生陈树人到可园习画，陈树人后与高剑父、高奇峰创立了岭南画派。只此一端，便能见可园于岭南文化中的重要位置。

（李振武）

广府历史上有哪些名医名典？

广府地区历史上的名医有葛洪、释继洪、何克谏、何梦瑶等。

葛洪（约281—341），字稚川，自号抱朴子，原籍丹阳郡句容（今江苏句容）。葛洪是东晋时期著名的道教领袖，喜欢炼丹。他一生的主要活动是从事炼丹和医学，是东晋著名医药学家。他和妻子鲍姑（岭南著名女医家）隐居于罗浮山。相传葛洪夫妇还曾在南海西樵山和广州越岗院（今三元宫）研究炼丹术和医学，并常行医于百姓之间。

葛洪一生著述颇丰，《抱朴子》和《肘后方》《肘后救卒方》《肘后备急方》等是其代表作。葛洪在《抱朴子内篇·仙药》中对许多药用植物的形态特征、生长习性、主要产地、入药部分及治病作用等，均作了详细的记载和说明，对我国后世医药学的发展产生了很大的影响。

葛洪著《肘后救卒方》便于医者携带，以应临床急救检索之需，故此书堪称中医史上第一部临床急救手册。《肘后备急方》也是一本急救手册（书名的意思是可以常常备在肘后，即带在身边的应急书）。书中收集了大量救急用的方子，他特地挑选了一些比较容易找到或很便宜的药物，改变了以前的救急药方不易懂、药物难找、价钱昂贵的弊病。他用浅显易懂的语言，清晰注明了各种灸的使用方法，让不懂得针灸的人也能使用。

葛洪很注意研究急性传染病，在《肘后备急方》还第一次记载了两种传染病，一种是天花，一种叫恙虫病。葛洪对天花的记载，比阿拉伯医生雷撒斯的记载要早500多年。葛洪把恙虫病叫作"沙虱毒"，还知道它是传染疾病的媒介，他的记载比美国医生帕姆在1878年的记载，要早1500多年。他还发现青蒿有治疗疟疾的功效。葛洪在《肘后备急方》里面，记述了一种叫"尸注"的传染病，就是现在我们所说的结核病，他是我国最早观察和记载结核病的医学家。他是第一个将狂犬的脑子敷在狂犬病人伤口上来医治狂犬病的医家。《肘后备急方》中记载了"狂犬病"，并用以毒攻毒的办法，把疯狗捕来杀死，取出脑子，敷在病人的伤口上。

此外，葛洪还提出了不少治疗疾病的简单药物和方剂，其中有些已被证实是特效药。如松节油治疗关节炎，铜青（碳酸铜）治疗皮肤病、雄黄、艾叶可以消毒，密陀僧可以防腐，等等。

释继洪（约1208—1289），号澹寮，金（元）代汝州（今河南汝州）人，幼年因家贫被送往寺中为僧，法名继洪，俗名不详。他多次云游岭南，对岭南瘴疟盛行、虫蛊为害的地理气候特征与疾病的关系有较深刻认识，根据人、地、病、时等不同条件而精心诊断、审慎用药，所以能起死回生，疗效如神，深受岭南人民的爱戴。

释继洪先后著有《卫生补遗回头瘴说》《指要方续论》《治瘴续说》《蛇虺螫蛊诸方》《治瘴用药七说》等书，极大地丰富了南方医学宝库。他认真总结治疗岭南瘴病的经验，著有《岭南卫生方》《澹寮集验秘方》。《岭南卫生方》主要辑录了宋元时期医学著作中有关岭南地区多发病瘴疟等病证资料，搜罗其中有效方剂，还记述了"蛊毒"药毒及杨梅疮等病的治疗，融入了释继洪自己很多的治疗经验。两书问世后，备受世人特别是医学家的重视。15世纪，朝鲜著名医学家金礼蒙编纂巨著《医方类聚》时，引用澹寮秘方百余条。《岭南卫生方》在元、明代曾四次刊印，日本也有多种刻本。《岭南卫生方》在岭南卫生史上留下重要一笔，不但是研究岭南地区宋元以前流行疾病瘴疟的重要文献，而且也是开创岭南医药卫生文明的基础科学，成为明清两代岭南医学崛起的重要基础，被誉为"南海明珠"。

何克谏（生卒年不详），名其言，号青萝山人，明末清初广东番禺人，岭南草药专家。约生于明代崇祯六年（1633），明亡后隐居在番禺青萝峰。他是岭南草药发展史上的重要人物，他继承了清代以前岭南地区药物学发展的成就，所著《生草药性备要》，第一次系统地整理了岭南民间使用草药治病的经验，对后世医学家，尤其是生草药名家颇有影响。何克谏另著有《食物本草》，总结了许多有岭南特色的药食治疗经验。还与其侄儿何省轩将西湖沈季龙编写的《食物本草》进行增补，编辑成《增补食物本草备考》二卷，后附有食治方，分风、寒、暑、湿、燥、火、脾胃、气（郁）、血、痰、热、阴虚、阳虚十三款，每款下有食治方若干条。这本书中所介绍的食疗方，至今仍在百姓中流传、使用，影响力非常之大。

何梦瑶（1693—1764），字报之，号西池，广东南海人，清代广东名医。他因幼时多病，留心医药，并精于医，对中医的五脏生克学说与阴阳、水火、虚实、气血等基本理论均有匠心独运的见解，而在医治岭南各种温热病状的医理研辨中更取得了重大突破。何梦瑶著《本草韵语》《医碥》《伤寒论近言》《幼科良方》《妇科良方》《医方全书》等著作，提出岭南的地理气候具有亚热带特征，诊治各类温热类病的用药应与北方地区的常规用药有所不同，依据岭南独特的地理气候环境下人体病变的特征，认为应当依据当地人的身体体质与气候环境改以施用清温热类的药剂而戒用温补类的药剂。他的岭南中医新理论与其疗效为社会所公认。

朱沛文（约1805—?），字少廉，晚清广东南海人。出身中医世家，又积极学习西医。曾广读古今中医书籍及当时翻译之西医书籍，曾向西医观摩学习解剖知识，进行中西医脏腑对比研究，通过临证实践二十余年，著有《华洋脏象约纂》（又名《中西脏腑图象合纂》）。提出"中西医学各有所主"，应"通其可通，并存其异"，为我国近代中西医汇通派中有见解的代表人物，被称为"中西汇通四大家之一"。

邱熺（1774—1851），字浩川，晚清广东南海人。邱熺最早向外国医生学习牛痘接种术，并亲身试验，肯定了其先进功效，又在广东十三行商人支持下开设慈善种痘业务，是牛痘术在中国传播的鼻祖。著有《引痘略》，他在书中从中医的"引毒原理"理论出发，阐释种痘原理。通过书本的传播，加上当时种痘的实际效果，牛痘接种很快就被国人接纳。他还注重运用中药防护和治疗种痘不良反应。

罗汝兰（生卒年不详），字芝园，广东石城（今廉江市）人，清代广东名中医。广东鼠疫流行严重，他创造性地运用活血解毒之法治疗，并发明了"日夜连追"、多剂连用等方法抢救危重病人，疗效突出，为其后医家所推崇。在近代多次鼠疫流行中均发挥了积极治疗作用。著有《鼠疫汇编》，在书中详细描述了鼠疫的各种症状，论述鼠疫理法方药完备，是中医治疗鼠疫的代表作，是中医治疗鼠疫史上现存最早的具有系统性的鼠疫专著。

陈伯坛（1863—1938），字英畦，广东新会人，著名伤寒学家及中医教育家。曾在广州、香港创办伯坛中医学校。他深得张仲景的伤寒论要旨，对前人注释张仲景《伤寒论》和《金匮要略》绝不盲从附和，而是悉心探索，创新医理，对传统中医的规例有所突破，著有《读过伤寒论》（1929年出版）、《读过金匮》和《麻痘蠡言》（1939年出版）等，共一百余万字。他对病人大胆对症下药，敢于使用大剂量，其用药剂量多至一剂有三四斤重，故被称为"陈大剂"，有"广东四大名医之一"和"广东四大怪医之一"的称誉。

黄省三（1882—1965），广州番禺人，岭南名医，广州中医学院筹备委员会副主任。早年开业，医室号称"黄崇本堂"，他兼通西医理论，倡导并实践中西医结合治疗。纂有系列针对西医病名的中医"实验新疗法"。著有《肺结核实验新疗法》《肾脏炎肾变性实验新疗法》《急性阑尾炎药物新疗法》《白喉病药物新疗法》《流行性感冒实验新疗法》等。20世纪50年代中，黄举家从香港回到内地，先后担任第二、三、四届的全国政协委员，多次为中央领导人看病。

（刘世红）

广府历史上出现了哪几位状元？

我国自隋唐开科取士，至清光绪年间结束，一千多年来，广东共出过九位文状元，其中有八位都是广府人，另外一位是明代潮州海阳县的林大钦。

莫宣卿（834—868），字仲节，号片玉，谥孝肃，封川县（今肇庆市封开县）人。他7岁学会吟诗写对联，12岁参加科举考试并中秀才，被人称为神童。唐宣宗大中五年（851），17岁的莫宣卿赴京城参加廷试获中状元，成为广东历史上第一位文状元，也是隋唐科举取士以来年龄最小的状元。莫宣卿后被任为翰林院修撰，因母亲不愿随其北上定居，遂上书朝廷请求改委他在南方任职，以奉养母亲。在奉母携眷往台州上任途中病逝。

简文会（约900—958），广东历史上第二位状元，南海人，佛山第一位文状元。南汉乾亨四年（920）状元，先任翰林院编修，为皇帝起草、批答文书，撰拟文辞，后升任尚书左丞相，成为南汉重臣。南汉王中宗刘晟嗜杀成性，挥霍无度，简文会犯颜切谏，中宗不听，把他逐出宫廷，贬为祯州（今博罗、河源一带）刺史。简文会到任后，公正严明，爱民如子，得到老百姓的爱戴，后来在当地终老。

张镇孙（1235—1278），字鼎卿，号粤溪，南宋时期广南东路南海县熹涌（今佛山市顺德区伦教熹涌）人，宋度宗咸淳七年（1271）状元。授秘书省正字，进秘书省校书郎。不久，出为婺州通判。德祐元年(1275)冬，元军逼近临安（今杭州）。恭帝降元，宋臣拥立端宗赵昰即位，张镇孙擢为龙图阁待制、广东制置使兼经略安抚。奉诏与都统凌震招兵买马，誓图恢复。景炎二年（1277），张镇孙率军收复广州，民心大振。但不久，元军又复占广州，张镇孙兵败被俘，自杀于大庾岭。

伦文叙（1467—1513），字伯畴，号迂冈，南海澜石人。自幼家贫失学，但才气横溢，有"神童""急才""鬼才"之称。明孝宗弘治十二年(1499)状元，后授翰林院修撰。正德八年(1513)任顺天府主考，是年卒于京师。伦文叙在广东历代状元中名气较大，是很多戏曲和电影中的主角，著名的"状元及第粥"也是由他命名的。伦家父子兄弟并以魁元策名，时人称之为"一门四进士，父子魁三元"。

黄士俊（1570—1661），字亮坦，一字象甫，号玉崙，顺德甘竹人，明万历三十五年（1607）状元。黄士俊一生为官多近宫廷，前半生尚能洁身自好，后半生在大义上有些反复，被后人戏称为"鸭蛋状元"。据传，当年其进京赶考前去岳父家借盘缠，正赶上岳父在家中宴请宾客，因嫌其衣衫褴褛，连客厅的门都没让进，只拿了两只鸭蛋打发他走人。黄后来还写鸭蛋诗，其中警言不少。

庄有恭（1713—1767），字容可，号滋圃，番禺（今属广州市）人。13岁即通五经。清乾隆四年（1739）状元。累官至户部侍郎，后任江苏巡抚等职。庄一生清正，勤政爱民。当时江浙常受海潮的影响，他把兴修海塘作为工作重点。庄有恭在政治生涯中经受了罚俸、革职、赴军台效力，甚至秋后问斩等惩罚，却又一次次被乾隆赦免。关于他的死因，一直是个谜。据传，乾隆皇帝认为庄有恭是国家栋梁，决定给他加封高官，为保护他，特地用12道黑牌召他进京。岂知庄有恭接到12道黑牌后，以为死期将至，立即召集家人说："伴君如伴虎，日后子孙切勿在朝廷当高官。"随后吞金自尽。

林召棠（1786—1872），字爱封，号苇南，谥文恭。吴阳（今吴川）霞街人，一生经历乾隆、嘉庆、道光、咸丰、同治五朝。清道光三年（1823）状元，也是粤西唯一的状元。林召棠高中状元后，授职翰林院修撰，充任国史馆纂修官，后任陕甘正主考官。后深感官场污浊，托病辞归故里，终身从事教育，受聘肇庆府端溪书院主讲十五年。林则徐来粤查鸦片，常与林召棠书信往来。

梁耀枢（1832—1888），字冠祺，号斗南，晚号叔简，顺德杏坛人，清同治十年（1871）状元，也是广东最后一位文状元。授翰林编修，官至侍读学士、詹事府正詹事。自小父母双亡，由堂兄梁介眉抚养长大，梁耀枢不忘堂兄的抚养之恩，对待他如亲生父母。梁耀枢一生做事严谨。后积劳成疾，病逝于山东官邸。

（张金超）

广府语言与中原语言(北方方言)的差异在哪里?

当前中国56个民族共有100多种语言,分别属于五大语系:汉藏语系、阿尔泰语系、南岛语系、南亚语系和印欧语系。其中使用人数最多的就是汉藏语系中的汉语。广府语言,又称作粤语、粤方言、广东话、广府话,俗称白话,海外称唐话,是一种汉藏语系汉语族的声调语言。现今中原地区通行的语言,称为北方方言,与广府语言差异明显,又相互有历史勾连。具体说来,广府语言和中原语言在使用区域、语音、词汇、声调、语法等方面差异巨大,互相听不懂,完全是"两个世界"。

使用范围不同。广府语言(粤语)的起源,有"秦汉说"与"唐宋说"两种说法。持"秦汉说"的学者认为,粤语最早源自北方(中原的雅言或者楚国的楚语)。中原雅言最初是周朝的官方用语,孔子用雅言来讲学,并强调"诗书执礼"都要用雅言。秦统一岭南以后,从中原汉族迁来大量移民,他们带来的雅言成为粤语最早的源头。两汉时期,雅言通过兴办儒学在岭南传播。汉武帝时期,在贺江、漓江与西江交汇处设置广信县,雅言以广信为中心逐步普及开来,日常交际用语同时从广信当地语言中吸收某些因素,形成具有自己特色的粤语,此为粤语"秦汉说"的来源。汉代至唐宋,中原人源源不断地由大庾岭通道迁徙岭南,于两宋时期聚于珠江三角洲，继而再向粤东、粤西扩散，并开始大规模垦殖。他们被称为"南雄珠玑巷后裔"，他们所讲的广州话成了粤方言的标准语。学术界以广州话为蓝本进行分析和探讨，广府方言的起源便有了"唐宋说"。珠江三角洲和粤西的部分地区以及香港、澳门是粤语（广府语言）的天下，粤东北山区以客家话为主，而粤东临海的潮汕地区多是潮汕话的大本营。另外，广西的梧州、玉林、钦州、北海、南宁等地区也说白话（粤语），历史上也是广府语言体系的一部分。因此，从广义上说，以广府语言为母语的即为广府民系，又称广府人。北方方言（中原语言）也称官话方言，是北方地区中原民系的母语。汉语北方官话的分支，是在以中原雅言为核心的中国历代标准音的基础上而逐渐形成和发展起来的。北方方言以北京话为中心，分为四个支系，即四个方言片（或称四个次方言）：华北方言、西北方言、西南方言和江淮方言。其分布地域包括长江以北各省，长江以南、镇江以上、九江以下的沿江地区，云南、四川、贵州和湖北（东南部除外）四个省，以及湖南省西北部和广西西北部。使用的人口有八九亿人，占汉族人口总数的70%以上。

词汇、发音、声调区别明显。广府语言发音系统较复杂，具有完整的九声六调，即阴平、阴上、阴去、阳平、阳上、阳去、阴入、中入、阳入，有19个声母，56个韵母，较多保留古汉语的特征，其声母、韵母、声调与古汉语标准韵书《切韵》《广韵》有着良好对应关系。广府语言保留了大量的上古词汇和语法，有很多独有或衍生的词汇，拥有完善的文字系列，可以完全使用汉字（粤语字）表达。相对而言，北方方言区各地方言保留古语词的现象比较少。例如"眼睛"一词，北方方言区大都说"眼睛"，广府方言仍叫"眼"，保留了古汉语的名称；又如北方方言"站立"

一词，广府方言沿用了古汉语的说法，叫"企"。此外，还有一批极常见的生活用词，广府方言保留了古代的说法，而北方方言则跟现代汉语普通话一致，如"看"是北方方言通用的，而广府方言却用古代楚国的词语"睇"。北方方言中双音节词特别占优势，在汉语整个词汇里占比重最大，广府方言往往是单字的占比大。如北方方言中加"子"而成为双音节词的，在广府方言中往往是没有"子"的单音节词，如"稻子""谷子"，广府方言叫"禾""谷"；"相片"是北方方言的叫法，广府方言叫"相"。北方方言语气词比较少，用法比较概括，分工不细；而广府方言则更加丰富多样。北方方言常见的语气词有"呢""吗""啊"等，而广府方言中还有"咩""噶"等。广府语言运用语音内部曲折变化表现语法意义，用音调区分陈述和疑问的语气，而在北方方言中非常罕见。

　　语法使用也有所区别。构词方面，北方方言大都是把修饰性的词素加在前面，广府语言则相反，修饰性的词素放在后面。比如"公鸡""母鸡""来人""先走"等说法在广府方言称"鸡公""鸡嫲""人来""走先"。广府语言词汇不少也跟现代汉语字序相反，例如"秋千""夜宵""拥挤""要紧"等词，在广府语言中是"千秋""宵夜""挤拥""紧要"。北方方言中结构助词"的""地""得"用途各不相同，且运用广泛。在官话以外的南方各大方言中，广府方言中很少见到类似的结构助词，也不像北方方言那样分工明确，用法不混。北方方言和广府语言都有重叠式的内容，但是前者多用在名词中，内容丰富，使用范围广泛；广府方言中名词很少见到重叠词，在语气助词中使用很多。例如亲属称呼，在北方方言中普遍用重叠音节的方式来称呼人，如"哥哥""舅舅""爸爸""妈妈""叔叔""婶婶"之类；广府方言一般不用重叠词，多用单音节词素前加"阿"来称呼，如"阿爸""阿妈""阿哥""阿嫂"之类。某些常用的名词，如"星星"，在广府方言中直接说"星"，不用重叠词。广府语言语气助词丰富，使用复杂，有单式、二覆叠式、三覆叠式和多覆叠式等形式，在表达语气上有举足轻重的作用，很多时候是不可或缺的。比如：单式，如"啦""呶""咩"等，"得啦。""系咩？""系嘴。"二覆叠式，如"摞嘴""嘅啫""呀嘛"等，"嚟啦喂！""系咯呶！"三覆叠式也很常使用，如"嘅罗嘴"；多覆叠式，如"嘅啦吓哗"。广府语言广泛使用两个并列动词构成一个动词体。比如"有＋动词"的语法结构，表示强调。比如"我有睇"，意指"我确实看过了"。而北方方言没有这种用法。

（刘世红）

岭南画派有哪些代表人物？

岭南画派是中国近现代画坛上的一支绘画流派，20世纪20年代崛起于中国画坛并延续至今，是由人称"岭南三杰"的高剑父、高奇峰和陈树人所创立。

19世纪末20世纪初，西方民主思想传入中国，明清时期格调高雅的文人画，因其徒有形式的遣性怡情，不再适合当时的国情与历史发展潮流。后来大批有志艺术青年留学西方，受西方艺术思潮影响，推动了中国传统绘画的变革。岭南画派的形成和诞生，是传承、吸收、创新的结果。清末，广东地区的一些画家得风气之先，借鉴西画的写实技法和表现形式，为近代中国画坛注入了生机和活力。其代表人物是广东番禺的居巢、居廉。"二居"善用"撞粉""撞彩""撞水"技法，较早将西方水彩画与传统中国画相结合，形成自己的特色。"岭南三杰"师从"二居"，但他们并不满足于学到的技法。他们赴日本留学，系统研究和学习日本画及西洋绘画，受日本绘画借鉴西方绘画而取得巨大进步的启发，并深受日本以及西方近现代艺术思潮的影响，产生了改良中国传统绘画的想法。他们继承"二居"画风，借鉴西方绘画的技法和表现形式，破除因循守旧的思想，以"折衷中西，融合古今"为宗旨，打破传统绘画的固有模式，借鉴西方绘画扩展传统国画的艺术表现力，找到了一条折衷、融汇东西方艺术以改革中国画的道路，引领中国传统绘画的变革，开创了岭南画派。

岭南画派作品的主要特点是：主张创新，多用岭南特有景物丰富题材；主张写实，博取诸家之长，大胆融合传统绘画、日本画、西洋画，重视透视感和立体感，设色大胆，少用线条勾勒，多用色彩和水墨渲染表现景物的形象和画面的质感。作品形象生动，造型逼真，色彩鲜明。

高剑父（1879—1951），初名麟，字爵庭、卓庭，号剑父。广东番禺人，中国近现代中国画家、美术教育家、岭南画派创始人之一。辛亥革命后，从事美术教育，创办春睡画院、南中美术院，历任广东省立工业学校、广州市立艺术专科学校、南中美术院校长、中山大学、中央大学艺术系教授、广东美术会会长。擅画山水、花鸟、走兽，亦作人物画，兼长书法。高剑父一生不遗余力地提倡革新中国画，反对将传统绘画定于一尊；主张折衷，即一方面折衷于传统文人画与院体画之间，又折衷于中国传统绘画与西方绘画之间；强调兼容并蓄，取长补短，存菁去芜。在创作上，他对人物、山水、花鸟均有很高造诣，其画笔墨苍劲奔放、充满激情。高剑父在中国画传统技法基础上，融合日本和西洋画法，着重写生，善用色彩或水墨渲染，具有南方特色。代表作品有《弱肉强食》《秋风》《红叶苍鹰图》《雨景图》《鸢尾蜻蜓》等。

高奇峰（1889—1933）名嵡，字奇峰，高剑父胞弟。17岁时随兄赴日本留学，21岁学成归粤。民国初年由广东省政府资助，与高剑父同至上海创办《真相画报》及审美书馆。后受聘任职广东工业学校美术制版科，同时自设美学馆于广州，开馆课徒。高奇峰擅画花鸟走兽，亦能山水、人物，尤其擅长画雄狮、猛禽。用笔能粗能细，能工能写。其工者用笔细致入微，写生画水墨淋漓、笔力豪放。作品以翎毛、走兽、花卉最为擅长，在艺术上写生最为突出，善用色彩和水墨渲染，画风工整而刚劲、真实而诗意盎然。代表作品有《海鹰》《白马》《雄狮》《怒狮》《虎啸》《孤猿啼雪》《山高水长》等。

陈树人（1884—1948），原名韶、哲，字澍人，别署树人、树仁，广东番禺人，居廉的关门弟子，岭南画派的创始人之一。早年留学日本毕业于西京美术学校和东京立教大学。并追随孙中山从事资产阶级民主革命，历任要职。其画风清新、恬淡、空灵，独树一帜。代表作有《岭南春色》等，出版《陈树人画集》《陈树人近作》《陈树人中国画选集》等。

第二代岭南画派中最出色的画家关山月、黎雄才、赵少昂、杨善深等，秉承了岭南画派的革新精神和时代责任感，在审美意识上和艺术成就上对第一代"岭南三杰"有所超越，并形成各自不同的艺术风格，为新中国美术事业的发展作出重要贡献。关山月等第二代岭南画派画家的超越在于对重大题材的开拓和时代精神的体现上，这是岭南画派绘画革新的灵魂。

关山月（1912—2000），原名关泽霈，1912年生，广东阳江人。曾任小学教师，其绘画才能被高剑父发现，遂被吸收入春睡画院学画，成为第二代岭南画派的代表人物。关山月在艺术上坚持岭南画派的革新主张，追求画面的时代感和生活气息。他的山水画立意高远，境界恢宏；他的梅花，枝干如铁，繁花似火，雄浑厚重，清丽秀逸。其代表作有《绿色长城》《渔民之劫》《新开发的公路》《俏不争春》《荔枝图》《天香赞》《天山牧歌》《碧浪涌南天》《祁连牧居》《漓江万里春》《山泉水清》《巨榕红棉赞》《乡土情》《长河颂》及与傅抱石合作的《江山如此多娇》，和1997年创作的《香港回归梅报春》等。关山月代表作《江山如此多娇》（1959年与傅抱石合作）是为人民大会堂创作的长9米、宽6.5米的巨幅山水画，画面的近景是江南青山绿水、苍松翠石，远景是白雪皑皑的北国风光，中景是连接南北的原野，而长江和黄河还有长城则贯穿整个画面。画中的东侧，一轮红日照耀着祖国的锦绣大地，气势磅礴。整幅画既概括了祖国山河的东西南北，又体现四季变化的春夏秋冬，整个画卷气势恢宏，象征着祖国的强大和江山的美好。

黎雄才（1910—2001），广东肇庆人。自幼酷爱绘画，后从师高剑父，入春睡画院学习，数年后得高剑父资助留学日本，入东京美术学校学习日本画。1948年任广州市立艺术专科学校教授。中华人民共和国成立后，先后任华南文艺学院、中南美术专科学校、广州美术学院教授兼中国画系主任和中国美术家协会广东分会副主席。20世纪30年代作品《潇湘夜雨》获比利时国际博览会金奖，《寒江夜泊》《珠江帆影》入选芝加哥"当前进步博览会"和在德国柏林举办的"中国美术展览会"。擅山水，尤以巨幅见长，所作气势恢廓，雄健秀茂，自具风貌。代表作品有《寒夜啼猿》《一览众山小》《森林》《武汉防汛图卷》《万古之春》《峨眉洗象池》等。黎雄才1954年创作的《武汉防汛图卷》被美术评论界誉为"抗洪史诗"。

赵少昂（1905—1998），字叔仪，广东番禺人。少丧父，家贫，以做工谋生。业余自学绘画，后师从高奇峰，成为岭南画派第二代弟子中的佼佼者和代表人物之一。赵少昂擅花鸟、走兽，继承岭南画派的传统，主张革新中国画。他的画能融汇古今，并汲取外国绘画的表现形式，同时又注重师法造化。作品笔墨简练、生动，形神兼备。代表作品有《木棉红占岭南春》《一池杨柳垂新绿》《枝头小鸟惊初雪》《秋林暮霭》《烟雨归舟》《荔熟》《群雨追落花》《漓江雨过》《苍松吐艳》《归鸦认故枝》《独钓寒江雪》《明月萧瑟》等。

杨善深（1913—2004），字柳斋，广东台山人。自幼酷爱绘画，曾留学日本京都堂本美术专科学校，是第二代岭南画派代表人物之一。创作中西兼取，注重写生，在继承岭南画派优良传统的基础上独辟蹊径，形成了鲜明的个人风格，成为当代岭南画派主要代表画家，擅长中国画，兼长山水、花鸟、人物。其作品构思新颖，笔墨凝练，巧拙互用，雄放而不失秀雅，用笔内秀，用色老辣苍莽，具有内敛之美，渗透着淡雅的岭南文人气息和诗韵。代表作有《万古常青》《秋山旅行》《十二生肖》《八鹰图》《山水》《人物册页》等。

岭南画派是中国传统国画中的革新派，受西方艺术思潮影响，折衷了中国传统绘画的笔墨特色和拙朴高远的意蕴，以及西方绘画的光影色彩特点和写实的艺术理念。在当时中国传统绘画衰败低落的时期，以倡导艺术革命、建立现代国画为宗旨，岭南画派这种对艺术的积极探索和创造精神，以及坚持改革传统的做法，为中国画坛带来了新的艺术风格，从而以自己独有的风格和面貌登上中国画坛，与京、沪两地的绘画形成三足鼎立之势，成为最具特色的广府文化之一。

（刘世红）

古驿道在广府文化的形成和发展中起了什么作用?

古驿道又称为官道,是中国古代陆地交通主通道,是由中央政府投资并按统一国家标准修建的全国公路系统。珠江水系北有南岭横亘,南临大海,形成了对内封闭、对外开放的地理格局,五岭间的水陆通道则成为南北经济、文化交流的渠道。南北文化、中外文化以水为渠道,得以在岭南交流、整合、融会,使岭南文化在中华文化之林中成为独树一帜的区域文化。秦始皇统一岭南,为巩固政权戍边、贸易的需要,修灵渠水路连接湘江和漓江,凿南岭新道陆路通两广,开辟了梅关古道等多条出省驿道和县际驿道,逐步形成广府与全国水陆相接、纵横交错的交通网络。因此,通往广府的古驿道,无论是水道还是陆路,对广府文化的形成和发展影响巨大。具体表现在以下几方面。

首先,古驿道是中原文化向广府地区传播和交流的走廊。

从远古时代的文化萌生到秦汉之前,是岭南文化的原生形态产生、发展和成型过程。由于自然条件的限制和地理环境的险恶,岭南的早期文化相对封闭,对外来文化只选择和吸收实际的、对已有直接利用价值的物质文化,并不改变长期形成的生活习俗和生存文化。南岭的阻隔,影响了中原先进文化向岭南的传播速度,岭南上古社会的历史进程落后于中原。

先秦时期,广府地区与内地联系的主要途径是水路,通过长江和珠江水系的水道与中原相接,广府的古驿道是一个水路为主,陆路为衔接的交通模式。在岭南文明开发之初,内地的中原文化、楚文化等先进文化向岭南传播的渠道,都是沿江而入,决定了岭南文化的开发由西而东、由北而南移动态势。从秦代开始,连接南北水系的岭道就成了移民南下、兵家往来之要道。汉末三国以及两晋时期,江南和荆州数经战乱,中原和江南难民为躲避战乱,掀起南下入粤高潮,人口甚众,其中包括流放入粤的世家大族。他们入岭南的主要途径是从水路至粤北南雄、曲江和粤西封开。孙吴政权将岭南行政中心从苍梧转移到番禺;东晋时期,主要对外贸易口岸东移番禺,确立了番禺为海上丝绸之路主要始发港之一的地位。对外贸易的兴起,推动了造船、采银等手工业发展,并使南海郡与江南各地之间的商业趋于活跃,北江流域的交通运输逐渐频繁,番禺对外文化交往增多,推动了广府地区的社会进步。

中原文化诸因素的融入,对岭南文化的发展变化影响尤其明显,使岭南地区不仅经济发展受益,而且也在语言文字、教化礼仪等方面接受中原先进文化的熏陶。在农业生产方面,牛耕技术大约在南越国时期传入番禺一带,从东汉起已采用一年两熟的农作制度,逐步实行精耕细作;进入广府的江东流人,被官府招来从事冶铁,铸造兵器,使冶铁技术传播到民间和越裔各族居住地区,在岭南各郡推广使用铁器,使用铁犁牛耕,家庭饲养业日趋兴旺,农业生产水平不断提高。在文化方面,古越语与古汉语原来并不相通,赵佗立南越国之后,"以诗书化国俗,以仁义团结人心",实行"和辑百越"政策,吸收越人上层分子执政,鼓励和带头实行汉越通婚，使岭南"华风日兴，学校渐弘"，促进了广府地区的汉化，对融入中原的礼俗制度起了重要的作用。西汉灭南越国后，粤西苍梧一度成为岭南政治、文化中心。东汉末，番禺成为州治，凭借其厚积的基础，很快恢复其在岭南的政治、文化中心地位。

其次，粤北梅关古道的开通是广府经济发展和兴盛的关键节点。

唐中期梅关古道的开通，以及珠三角冲积平原面积的逐渐扩展，为大量中原人民"衣冠南渡"提供了路径和充足的耕地。在大庾新路和梅关古道未开通前，岭南与中原的联系，一是水路，靠灵渠沟通湘、漓二江，迂回曲折，极为不便，绕道至南岭的西部，常因年久失修而中断；二是陆路，由连州而桂阳，或经武水上泷口，一有战乱便封闭、断绝，大大地限制了南北往来。唐开元四年（716），曲江人张九龄组织人力在梅岭开凿了大庾新道（梅关古道），路宽近17米，新路开通以后南北的交通距离大为缩短，还把珠江水系与长江水系连接了起来，拓修后的大庾岭逐渐成为五岭诸通道中交通最为繁忙者，梅关古道则成为南北贸易和移民南迁最主要的通道，被后人誉为"古代之京广线"。

由于梅关古驿道连通长江水系和珠江水系，大量移民经梅关古道至南雄珠玑巷中转，南下至珠三角地区迅速立足，成为开发广府经济的主体力量，为广府地区的开发注入了生机活力。南迁移民主要是更为先进的江南人，他们精明能干，大量迁入广府地区后，带来了江南先进水田耕作技术和水利工程技术，翻开了珠江三角洲垦辟新的一页。移民在围垦的基础上，创造了果基鱼塘、桑基鱼塘、蔗基鱼塘的人工生态系统，出现了农业商品经济繁荣的景象。

自明中叶以后，日益发展兴旺的圩市，新兴的城镇和县城、府城，开始构成了广东境内的商业网络，使之货畅其流。广州发挥了枢纽作用，开始成为集散省内商品的中心城市，成为广东的商业中心。农业经济的发展，移民聚族而居并带动商业、手工业的发展，在珠江三角洲崛起了一批城镇，其中以毗邻广州的佛山最为繁荣。佛山城市经济在康雍乾三朝达到鼎盛，与京师、苏州、汉口并称"天下四大聚"，与汉口镇、景德镇、朱仙镇并称"四大名镇"。

再次，古驿道的畅通成就广府地区对外贸易的兴盛和广州古港的千年繁华，进而塑造了广府文化重视教化、商农并举、务实善变、经世致用的特征。

唐代以前，中原对岭南所知较少，岭南人同样很难跨越五岭进入中原。横亘东西的南岭，造成了岭南负山临海，北向闭塞南向开放的地理格局。唐以后，历朝战乱不断。珠玑巷成为广府民系的家族旗帜与移民入粤扎根的新起点。屈大均称："吾广故家望族，其先多从南雄珠玑巷而来。"随着广府地区接受中原文化以及南北经济交流步伐的加快，岭南文明的中心逐渐由西江上游地区转移到珠江三角洲，广府文化经过长期的积蓄得以兴盛。

南迁移民在致力于开发经济的同时，大力促进广府地区文化教育事业。南下的滚滚人流中，不乏中原世家望族、上层人士。两宋入粤的书香望族，都具有很高的文化素养，重视传统文化的继承和对家族后代的培育，尤其是经历了颠簸流徙与异族入主之后，对传统的中原文化怀着一种特殊的感情，更有强烈的教育意识，极力推进中原文化风尚对岭南地区的熏陶影响。珠玑巷移民中，不少是家学渊源、至性嗜学者，既施教子孙，又惠及同乡，入籍各地之后，致力于办州学、县学和书院，使岭南的文化教育事业空前繁荣起来。

南迁移民加快了中原文化在岭南地区的推广，改变了居民的社会结构：由豪强政治转化为封建家族政治，由唐以前的土著民族杂居融合为宋元时期的基本汉化，人才由以外来为主逐步转化为本土化。由于移民原来所受的文化教育层次较高，他们的颠簸流徙又和国家的安危紧密联系。因此，他们的经济意识往往和关心国计民生紧密联系在一起，形成一种比营生求富的境界更高的经世致用的情怀，表现为务实学、倡实业的风气，并成为渐而成熟的广府文化的一个重要特征。

最后，古驿道对广府文化中开放、包容、善于接受外来文化等文化特质的形成，功不可没。

南岭以南独特气候环境的影响，对广府人开放、务实、善变等文化特质的形成，有着重要的影响，使广府地区带有相对独立的地域特征。

唐代广州城是一座繁华的商城、开放的港城，北倚大庾岭之通，加强与内地腹地之物资交流；外向南海成为通海夷道之出发点，直通东南亚、印度、波斯、大食，间接抵达东非，对外联系大大扩展。不但在此建立了我国最早的海关——市舶使院，还在城西建立了来华贸易的阿拉伯人聚居的蕃坊，允许蕃商列肆而市，城门洞开，提供贸易自由之方便。从开元初至元和百余年间，先后有多位广州的行政长官致力于"改造店肆"，因此市内店肆行铺林立，邸店柜坊等服务设施已颇为完善。张九龄诗句"城隅百雉映，水曲万家开"（《送广州周判官》），描述了各地商人云集，城中住户家居水边，交通、商业便利的居住环境。城市的商业特点，对市民的生活方式和民性的形成影响很大，孕育了广州城居民的重商性、开放性特征，与古代农耕文化中国大多数地区重农意识及根深蒂固的封闭性特征迥异。

南北通畅的古驿道，以及一口通商的特殊地位，给广州带来了千年的繁荣，让广州成为欧美国家涉足中国的桥头堡、中西方文化碰撞之地。香港、澳门殖民化则使珠江口的城镇尤其是香山一带受西风东渐之影响更大。在经济、政治、文化各个领域，广府地区与港澳三地互相渗透，互相影响。珠三角的人力和资金大量地流向港澳地区，而港澳地区的转口贸易，又促进了广府地区的贸易、航运和农村商品经济的发展；三地成了清末改良派、资产阶级民主革命派的活动基地；西方文化科技通过港澳消化后传入粤地，中国文化艺术也通过港澳地区吸收后传到西方。20世纪三四十年代曾经流传"广州城、香港地、澳门街"的说法，形象地反映了当时的三地关系。正是缘于这种特殊的关系，铸成了广府文化得风气之先、领风气之先的特殊气质。当内地文化还是长期处于封建统治下的封闭状态时，广府地区从物质文化到精神文化，皆呈现出开放包容的特殊风貌。

（刘世红）

古代广府人的交通出行是怎样的？

岭南背山面海。北面的五岭（大庾岭、骑田岭、都庞岭、萌渚岭、越城岭）是南岭山脉的主要高峰，连绵重叠，险峻难越，在古代交通极之落后的状态下，五岭大大阻隔了岭南与中原的沟通。那么，古代广府人是怎样出行的？

答案是：很多时候走水路。

珠江水系纵横交错，地势北高南低，河道南趋，河海互相沟通，内河水量丰富，长年不冻结。珠江三角洲，河涌密织如网。广东有很长的海岸线，全长2500多公里，呈现东北—西南走向，与广东热带、亚热带季风气候的风向一致，具有优越的风帆行驶条件。沿海湾澳众多，可充良港。以广州为中枢，向西有西江通广西、云贵，经灵渠可通长江水系；向北有北江通湖南、江西，进赣水亦可通长江；向东有东江转韩江，可通闽西；向南，出虎门后，沿东海岸可抵闽浙，沿西海岸可达高州、雷州、琼州以及南海诸国。这些得天独厚的自然条件，使广东先民很早就懂得利用河流来交通出行。在考古中发现，两三千年前，广府人的祖先已使用有原始樯帆的船出海了。在广州，还出土了一种大型船模，船上建楼船后设舵，比欧洲早了1000多年！

说起古代交通出行，还离不开古驿道，它的作用就是依靠畜力、人力的陆上交通将各水路连通。广东的古驿道是历史上岭南地区沟通中原内地，连接海上丝绸之路的交通大动脉。经过秦汉时期的早期开发，唐宋时期进一步的修葺和局部拓展，至明清时期形成了系统的水陆交通网，古驿道承载着军事防御、物资运输、商业贸易、人员往来和文化传播的重要功能，对文化交流和经济繁荣发展起到了至关重要的作用。

对水路利用，在唐代之前及其之后有所不同。唐代之前，长距离的水运货流多限于海外的奇珍异宝、香料和传统的出口产品丝绸、漆器以及由国家专卖的盐和铁。客运方面，除逃避战乱的流民外，平时乘搭的富商大贾、官僚和公差使客，为数甚微。只有用作军事或邮传等目的时，乘员的数量才会较大。唐代之后水路转以经济性的运输为主。特别是唐代张九龄凿大庾岭道后，广州至长安、洛阳，几乎全程均可利用水路，虽则时间稍长，但安全、舒适、运输量大。唐宋时期以广州为核心，东向福建、西向云南、南向海南等地的陆路交通线路已得到开辟，分往潮州、广西西江上游及雷州半岛。

明清广东驿道已基本定型。它包括：自广州至韶州，转南雄大庾岭，抵北京的京广官马大路；自广州分水陆两路抵惠州，水路经龙川、梅州，抵潮州，陆路经海陆丰、潮阳，在潮州与水路合，然后东出漳州、泉州，至福州接京闽官马大路；另自三河驿北上汀州、邵武，入江西南昌，又接京广官马大路；自广州溯西江，经端州，入广西梧州，接京桂官马大路；另自端州折南，沿恩平、阳江，抵高州，直至雷州、琼州及廉州、越南。

明清时期这些交通线路沿途的铺驿及路面建筑等设施方面的建设，较前代有较大进步，其线路仍是离开珠江水系后在岭南山地穿行，交通便利程度远逊舟行。明清后，随着商品经济的繁荣，珠江水系内外交通更显繁密，增添了更多密集的水陆驿站，并设置站船、快船、小船、红船、浅水船等不同名目的船只。民营的商业航运业也发展起来，出现了许多经营各种长短航线的"船户"。此外，珠江流域的水陆交通出现了向县乡延伸的趋势，使得在县乡内部也出现了密集的水陆联动的交通网络。

明清时期的水上运输有横水渡和长水渡。横水渡是河的两岸来往过渡，长水渡则是河网区、市、镇之间的专线航船。

广州、佛山、新会、江门、小榄、韶州、石岐，均地处重要的水运航道上。在19世纪90年代以前，这些地方的主要交通工具是木船，遇到台风季节，往往数日难行，往韶州的水路还会遇到洪水或枯水季节船舶难行的问题。光绪二十三年（1897）以后，西江及所有内河对外开放通航，其内的轮船拖渡和单行小轮逐渐兴起，其抗风浪能力强于木船，通行航班也较为固定。

近代以后，广府人的出行方式发生很大的变化，因为铁路出现了。光绪二十九年（1903）广三铁路通车后，每日搭客数以千计，广州至佛山间小轮船搭客数大量减少。需要交通出行的广府人都纷纷爱上了快捷的铁路运输。

（李兰萍）

珠江三角洲的地理概念是如何提出的？

20世纪初以来，中外地质、地理、水文、水利工程学界对珠江河口是否存在三角洲问题众说纷纭，莫衷一是，但持否定说占了上风。中山大学地理系教授吴尚时（1904—1947）对以上诸说不以为然。他经过细心深入的野外考察和研究，并结合地貌学和水力学原理，否定珠江河口无三角洲的结论，证实珠江三角洲为客观存在，毋庸置疑。

吴尚时是广东开平县人，是中国近现代地理学家和地理教育家。1928年毕业于中山大学英文系，后留学法国，专攻地理。1935年回国后任教于中山大学地理系，抗战胜利后转岭南大学任教。他一生先后撰写论文50余篇，内容多侧重研究水文、气候等自然地理，不少都具有开创意义，特别在对华南地区地形研究方面贡献尤著。他首创"华南弧"一词，又是现代中国从事区域理论研究和水界地理研究的第一人。

1935年吴尚时考察羚羊峡和羚羊旱峡，已认为旱峡淤塞与海水有关。同年他在流溪河平原考察，也指出海水曾到达附近，潮水顶托河水滞留而在沟谷堆积了细粒交错层和泥炭层。1937年吴氏在广州河南发现七星岗海蚀地形以及附近赤沙东面海蚀地形，古沙堤、古潟湖等冲积地形，都是他建立三角洲学说的工作成果积累和前奏。1941年吴尚时为《广东年鉴》撰述"广东地形篇"时，简明扼要地指出珠江三角洲的存在、成因和其他一些特征，特别首次提出"广花平原"名称及其与三角洲平原的差异和关系。1947年吴尚时与曾昭璇联名在《岭南学报》发表《珠江三角洲》一文，提出"珠江三角洲溺谷生成学说"，即"珠江三角洲至少为湾头三角洲之一种"，系由西江、北江和东江三角洲复合而成，可分为三角洲本部、附近平原及边缘丘陵三大部分。以三水至广州一线为其北界，再往东南延至石龙，这一范围属于三角洲本部，其东西长度与南北相仿，面积约6000平方公里。这是对珠江三角洲实体的明确肯定及对珠江三角洲分布区域和界线最早的划分。这标志着吴氏、曾氏珠江三角洲学说的定型和成熟。

《珠江三角洲》一文是首次以"珠江三角洲"为命题的三角洲区域地貌论文，为开珠江三角洲研究先河之著作，并为地理、地质、水文、水利界等广泛认可和引用，成为研究珠江三角洲一切有关问题的基础，也是吴、曾在地貌学上最重要的贡献之一。

吴尚时的另一个关于地貌学的科学论断，就是证明广州地区曾经是华南海岸。华南海岸升降问题即珠江三角洲地壳运动和海平面变化是上升还是下降，这个问题与珠江河口有无三角洲紧密连在一起，为中外地貌学家所关注和争论。德国学者李希霍芬在华考察后提出中国海岸以杭州湾口舟山群岛为界，其北属上升海岸，其南属下沉海岸。在中国海岸地貌研究发展初期，欧美地貌学在中国占了统治地位，这一结论被许多人奉为经典。善于静观默察的吴尚时非常在意这场学术争论，对各种不同观点作了认真的分析比较。1937年5月14日吴尚时在实地考察中发现广州河南七星岗海蚀平台地形，由海蚀台地、悬崖和岩洞组成，首次肯定这是古海岸遗址。同年7月，吴尚时在《广州附近地形之研究》一文中，还首次报道在石榴岗赤沙滘东面小丘麓发现4个海蚀洞；

在南海松岗附近也发现一条长 400 米、宽 100 米的海成沙堤，沙堤与山冈之间为古潟湖，两个发现均为其关于华南海岸上升的科学论断找到最有力的证据。

吴尚时和曾昭璇力排众议，以充分有力的证据，证明珠江三角洲的存在。这不仅需要渊博的知识和深入细致的调查考察，而且也要有胆识和勇气。当时国内一些书斋式的地理学者，只知编写地理教科书，很少去野外考察，每每盲从附会，人云亦云，故珠江河口无三角洲说为不少人相信，拥有一批支持者。但吴尚时和曾昭璇没有囿于现成的结论，而是在科学调查中发现其疑点和错误，大胆修正，从而取得这项开创性成果，后来他们总结这段科学历程，在《珠江三角洲》这篇著名论文中，一针见血地指出这些人"少作野外考察，每以盲从附会"，故不明真相，人云亦云；只要他们肯到野外考察一番，"则不致有坐井观天之叹"。自此，珠江三角洲研究也大大向前推进，取得不少重要成果，但后续的研究并没有动摇和改变吴氏、曾氏关于珠江三角洲的一系列基本科学论断，倒更加证明这些论断的正确性。

吴尚时的科学论断复原了广州沧海桑田的历史。七星岗古海岸遗址形成时间距今五六千年，比著名的意大利古海岸（海蚀迹地离海岸 50 公里左右）还要深入大陆，在世界上是罕见的。当时广州这一带为海岸边缘，南面则一片汪洋，现今海岸线已经推移至 100 公里以外的珠海市一带。几千年沧海桑田，造就了富饶美丽的珠江三角洲平原。这个遗址显然是这段自然历史的"见证人"，为研究广州乃至珠江三角洲的历史地貌提供了必不可少的参考。

（刘世红）

肆

广府著名建筑——陈家祠

以历史故事和民间传说为题材的石湾陶塑和灰塑脊饰

开平马降龙碉楼

云浮市郁南县古建筑

广州恩宁路骑楼街

疍家船旧影

广州南海神庙前的波罗诞

广绣丹凤朝阳裱片

广绣红木框
花鸟纹挂屏

新会蔡李佛拳

咏春拳

广式点心(图片来源:视觉中国)

为什么有"食在广州"的说法?

有道是"民以食为天"。孙中山先生曾说:"我中国近代文明进化,事事皆落人之后,惟饮食一道之进步,至今尚为文明各国所不及。"广府人以爱吃、会吃、吃得讲究而闻名华夏,其中又以广州人最为典型,说起饮食,往往第一时间闪入脑海的就是"食在广州"。

广府菜又称广州菜,是粤菜的代表之一。广州菜发祥于广州,通行于以广州为中心的珠江三角洲、粤西、粤北部分地区,以及香港、澳门等地,但凡使用粤语的地区都属广府菜文化圈。

广州菜在选料、烹饪、口味上非常独特。选料方面广博奇杂,配料多而巧。飞禽走兽、山珍海味、中外食品,无所不有,可谓全国之冠。此外,"不时不吃",讲究原料的季节性。吃鱼,"春鳊秋鲤夏三黎(鲥鱼)隆冬鲈";吃蛇则"秋风起三蛇肥,此时食蛇好福气";吃虾,"清明虾,最肥美";吃蔬菜要吃合季节的"时菜",如菜心为"北风起菜心最甜"。广州人注重火候,烹调时根据食料性质与口味的不同,有猛火、中火、慢火和微火四种。炒青菜、炒肉必须用猛火,而熬骨头汤却用微火,有的菜肴时用猛火,时用中火或微火,火力把握得恰到好处。在口味上,广府菜讲究"清、鲜、嫩、滑、爽、香",追求原料的本味、清鲜味。

广州人自古尤其注重吃，由于当地气候温暖湿润、阳光充足、土壤肥沃，不乏飞禽走兽和鱼虾贝蟹，为广州人创造丰富的饮食文化提供了强大后备基地。从第二代南越王赵眜墓中出土的种类繁多的炊具及丰富的食材，可以看出 2000 年前南越王的"吃货"本质。从出土文物可以看出，南越王将天上飞的鸟雀、水下游的鱼虾、地上走的禽畜，都烹制成佳肴，形成了岭南饮食文化独树一帜的风格。到了唐代，虽然都城有夜禁制度，晚上不开市，但广州却例外。明代，广州玉带濠一带"香珠犀象如山，花鸟如海，番夷辐辏，日费数千万金。饮食之盛，歌舞之多，过于秦淮数倍"。明中叶以后，有个外国人来到广州，惊奇地发现，城内所有街道几乎都有饭馆，这些饭馆里有大量烹调的肉食。有很多烧煮的鹅、鸡、鸭，以及大量做好的肉和鱼。到了民国，广州城内食肆多种多样，包括茶楼、茶室、酒家、饭店、北方馆、西餐馆、酒吧、小吃店、甜品、凉茶、冰室等。小吃店又有粉粥面店、糕饼店、云吞面店、粥品专门店等。此外，还有日夜沿街叫卖云吞面、猪肠粉、糯米鸡、松糕等的肩挑小贩。可以说，此时的广州是南北风味并举、中西名吃俱全，高中低档皆备，各类酒家令人目不暇接。1925 年《广州民国日报》报道："食在广州一语，几无人不知之，久已成为俗谚。"

不仅是种类多、制作考究，还极有特色。广州人"宁可百日无肉，不可一日无茶"。早茶起初是市民"'一盅两件'叹世界"，后来成了朋友相会、家人团聚的重要场合。此外，广州人还"宁可食无菜，不可食无汤"，饭前饮汤是广州人饮食的重要内容。广州人的煲汤种类繁多，主要是依据个人的体质来烹煮；用汤因时制宜，根据时令适当调整，彰显了广东饮食文化中以人为本的煮食理念。

广州的饮食业名满全国,与善于吸收外来的新事物有关。一方面,广州有不少华侨,华侨把世界各地的饮食文化带回老家;另一方面,清代中叶后,广州成为中国唯一对外开放的港口,作为"海上丝绸之路"的发源地,兼容、多元、开放、流动、时尚的广府文化吸取饮食百家之长,西方的饮食文化越来越大规模地渗透进来。粤菜也从西餐中借鉴了不少菜式内容,比如铁板烧烤等几种烹调方法较之其他菜系用得较多,广州首家西餐馆太平馆经营的名牌西菜红烧乳鸽、德国咸猪手等就是借鉴了西餐的做法出品的。

(李兰萍)

广府人为何喜欢"饮早茶"?

"饮早茶"是广府饮食文化不可缺少的一个重要部分,是广府地域文化的一张名片。广府人对早茶特别重视,"饭可以唔吃。早茶唔可以唔饮"("唔"即粤语"不")。老广州早上见面打招呼时的常用口头禅就是"饮茶未("未"即粤语"没有")?""去边度("边度"即粤语"哪里")饮茶啦?"一日三市中,尤以早茶为盛。从清晨至上午11时,家家茶楼座无虚席、人声鼎沸。

广府人饮早茶是源于民间约定俗成的生活习惯。地处岭南,亚热带季风气候炎热,人体出汗量大,需要大量喝水以补充体内水分,而饮茶正可以消暑解渴,且能够提神醒脑,强身健体。民间流传着"赵佗醉茶"的故事,话说南越国开国之君赵佗喜欢饮茶,常带一群僚属到临江的小楼品茗。一天,众人品茗间,忽见旭日东升,江波粼粼,反射出朝霞灿烂。赵佗激情勃发,随手抓起一把茶叶洒向江中,霎时间赵佗眼见片片茶叶化为无数只翩翩起舞的仙鹤,转眼间,仙鹤又变成仙女,飞落楼中,向赵佗献上香茶。当然,这只是一个后人编造的故事,按唐代陆羽《茶经》,粤北产茶。赵佗时是否已种茶,还未有证实。但此故事的流传,从中可见岭南饮茶习惯早已有之。

在咸丰同治年间,广府一带的二厘馆就已是一日三市,供茶卖点，尤以早茶为盛。早茶的茶水以红茶为主，常见的菊普茶或取其暖胃去腻，或取其清凉祛火。红茶色深红，茶水浓稠，味苦涩，与广东早茶中味道浓郁的各色点心恰是绝配。点心分为干湿两种，干点做得最为精致，卖相甚佳，主要有粉果、包子、酥点、饺子等；湿点则有豆腐花、粥类、肉类等。至光绪年间，广州、佛山、市桥及周边珠三角城镇的茶楼已普遍存在。清末出现的则是档次较高的茶馆，外观设计与西关大屋相仿；后来有了三层楼高的茶居，始称"茶楼"，饮茶之风日渐遍及广府各阶层。发展到后来，茶楼渐渐变得门面装修讲究，内里布置典雅。广府人上茶楼"饮早茶"已经形成习俗，坊间流传着"有钱楼上楼，无钱地下跍（粤方言，意为蹲）"。改革开放以后，广府地区的茶楼业更加发达，现在设茶市的茶楼、酒家遍布大街小巷，不论走到什么地方，都能尝到"三茶二饭"。从"饮早茶"发展到"饮下午茶"到晚上的"饮夜茶"，点心从当年的吆喝叫卖改作即点即做，越来越精致。随着国内外饮食文化的交融，不少酒店茶楼还提供各种南北风味、欧美风味、日本及东南亚风味的点心。

饮茶的过程更是有趣又让人享受。在饮茶前一般都有"问位点茶"，各取所爱。吃的多是传统的广式点心，如烧卖、虾饺、蒸排骨、春卷、凤爪、牛百叶、糯米鸡、马蹄糕、萝卜糕、芋头糕、叉烧包、豆沙包、奶黄包、水晶包、小笼包、肠粉、及第粥、鱼丸粥、生滚肉、鱼片粥等。价钱分"大、中、小"三种，有的也增设特点、精点之类的价格等级。茶客看见满载点心的小推车上有自己爱吃的，便可以随时叫停点取。

广府人饮早茶有仪式感。桌上一壶茶水喝尽了，只要半揭壶盖搁置，侍者便心领神会前来续水，客人则指扣桌面表达谢意。据说当年乾隆皇帝与随从周日清微服私访到一家茶馆，乾隆兴之所至，手提茶壶斟茶时顺手给周日清斟了一杯。皇上向臣下递东西，臣子本该跪而受之。但由于当日情景周日清不能暴露身份，无奈急中生智，将食指与中指弯曲轻扣桌面以代下跪。后来这种权宜之礼传开，竟成了广府人饮茶时的惯礼。

广府人无论是否富贵，都对饮早茶情有独钟。富人有富人的豪华饮法，穷人有穷人自己的悭俭饮法，也正因为如此，饮早茶才会成为历史上一种约定俗成、经久不息、老少咸宜、众人皆好的全民性的生活习惯。

饮早茶也是当代广府人公共领域中的一个互动模式，是广府人际关系的润滑剂。每逢周末，他们总会聚集全家到茶楼喝"礼拜茶"，边吃边聊，增进与家人的感情，很是惬意。而朋友或同事相聚，"一盅两件"后，多少生意倾谈成功，多少误会随之化解。广府人与人之间的亲情、友情、社交礼仪深深地渗透早茶中，与之融合为一体。

广府人又将"饮早茶"称作"叹早茶"（叹，粤语，享受的意思），是指这并不仅仅满足于充饥之欲，而是为了得到精神和情感上的愉悦，是一种有滋有味的消遣、优哉游哉的休闲，此亦反映了广府人悠然自得的生活观。当年广州的"妙奇香"茶楼有一副对联"为名忙，为利忙，忙里偷闲，饮杯茶去；劳心苦，劳力苦，苦中作乐，拿壶酒来"，不经意地体现了广府人开明、务实、勤恳、朴素、懂得赚钱又懂得享受的性格特征。

（李兰萍）

广府人为什么喜欢"行花街"?

俗话说"花开富贵,竹报平安",美丽鲜花寄托了人们渴望吉祥幸福的心愿。从前,在寒冬腊月的北方,过年期间难得有鲜花,但广府地区由于亚热带季风湿润气候以及珠江环绕的优越地理条件,春节花卉品种繁多。早春时节,"北有庙会,南有花街"。广府花市一直是岭南的一张特色名片。

广府人为什么喜欢"行花街"呢?

首先广府人行花街,是有历史因素的。

广府的迎春花市有着长久的历史。以广州为例:宋代,广州珠江南岸的河南(今海珠区)和西边的花埭(今芳村花地)一带已有不少人以种植买卖素馨花和茉莉花为业。随着商品经济发展,广州地区的花木业日趋繁荣,鲜花买卖也从提篮吆喝、上门叫卖逐步发展为圩市。明末,广州城内形成了较大规模的素馨花专业市场。当年广州河南以种素馨花为生的百姓从五仙门码头过渡登岸,后人称这地方为"花埠头",这就是最早的花市。到明清之际,在广州老城的七个城门下已形成经营性的"花圩"。

起初花市集中在城门口,清代中期以后,花市由城门口进入城区中心。到晚清,藩署前已是约定俗成的常年性卖花集市,其繁华兴旺程度超过了城门口花市。花市除了出售素馨花,还卖水仙、吊钟、紫薇、玫瑰、桃花等极具观赏性及寓意吉祥的花卉，每晚十二时开市，一直卖花到天明。每年春节至元宵期间吸引了大批市民前来游逛欣赏，珠江白鹅潭上摆渡的小艇穿梭不息。元宵当晚又有灯会，与花市交相辉映，游人拥挤不堪。当时流传"想死易过游花地"的俗谚。花市节庆味道浓厚，清光绪年间冯向华的《羊城竹枝词》描绘了人们除夕买花迎新春的习俗："羊城世界本花花，更买鲜花度岁华。除夕案头齐供养，香风吹暖到人家。"

到了民国，迎春花市基本定型，也被称为"除夕花市"或"年宵花市"，花市正式成为春节的一项民间民俗。广东人春节过年俗称"三十喜团年，行花街，接财神"。行花街成为广东人过新年最隆重的一个仪式。当年，双门底（今广州市北京路）是过年时广州人最热闹的去处，老人们说，即便是在抗日战争时期，天天有日本飞机在头上乱飞，市民还是喜欢到这里逛街买花。

新中国成立后，政府对花市进行统一管理，每年只在春节前集市，大年三十结束。花市销售各式年花年货和应节产品，尤其以卖特种花品为主，市内人流密集。花市受到各级领导的高度重视，广州市前市长朱光曾写下《广州好》诗句，赞美道："广州好，花市百花开。除夕东风花共醉，芬芳盈掬挈春回，曙色破天来。"1966年春节，陈毅元帅受广东热烈的花市气氛影响，写下诗歌："花市过午夜，春浓风更吹。攘攘人百万，个个买花归。来年花更好，建设亦相同。旖旎春如锦，看花人更红。"可见广府花市的长盛不衰。

广府迎春花市历史都比较长，各地举办的场所基本固定，如广州有50年历史的西湖路花市，佛山有20世纪60年代举办至今的普澜路花市，深圳有举办了25年的爱国路花市等，这些地方位于城市中心繁华地段，既靠近商业中心或行政中心，又具有公交、地铁等大容量网络交通，交通方便、快捷，人流疏通容易，给游客游玩欣赏带来了极大的方便，也使得行花街的人潮越来越热闹。

改革开放后，随着珠三角地区生活水平的提高，花卉销售量和成交额增长迅猛，迎春花市的花卉因应时代的发展出现品种丰富、档次较高的特点。除售卖年橘和传统花卉如桃花、水仙、菊花等，又引入了荷兰郁金香、日本杜鹃、朱砂莲等外国名花瑞草，丰富了迎春花卉市场。2007年，广州迎春花市被列入广东省第二批省级非物质文化遗产名录。2021年5月，由广州市越秀区申报的春节"行花街"民俗正式入选第五批国家级非物质文化遗产代表性项目名录。

广府人喜欢行花街，除了有历史的因素，还因为它代表广府人世世代代对美好生活的追求。广府人凡事重视"好意头"，将花名与运气结合起来，比如牡丹寓意"大富大贵"，四季橘寓意"一年四季大吉大利"，银柳代表"有银有楼"，百合花代表"百年好合"，菊花代表"五谷丰登"。此外，还有蝴蝶兰寓意"幸福向您飞来"，桃花象征"大展宏图"或者"桃花运大旺"。这些美好的花卉和美好的愿望叠加在一起，成为不可分割的一体象征。"为什么喜欢？"有个大伯回答道：行花街，行大运，我们年年如此，代代如此，"唔行花街，唔算过年（粤语，指不逛花市，不算过年）"。这应该就是广府花市长盛不衰的原因。

（李兰萍）

为什么广府人对凉茶情有独钟？

"凉茶"是中草药植物性饮料的通称，指由药性寒凉的药物组成，具有清热解毒、滋阴降火等作用，用于治疗实毒和虚热证的汤药。凉茶是中医药文化中的一个分支，是广府饮食文化的重要组成部分。

俗话说"一方水土养一方人"，地理因素对人民的生活习惯产生了巨大影响，对形成当地独特的风土人情有密切关系。自古岭南多瘴气，由于地属亚热带季风海洋性气候，夏日时长，炎热又潮湿，细菌和蛇虫滋生泛滥，加上五岭以南"地湿水温"，水质偏燥热，身体易"聚火"，有时人吃煎炸食物多了，难免容易上火，人便容易生病。当年淮南王刘安谏汉武帝远征岭南时说："南方暑湿，近夏瘴热，暴露水居，蝮蛇蠚生，疾疠多作，兵未血刃，而病死者什二三。"

广府人一直被认为湿热体质居多。通过与自然环境的不断抗争，他们积累了调理保健、防病治病的宝贵经验。先民发现，一些青草药煲水饮用能够清热解毒、消暑祛湿，消除"热气"。民间糅合中医药理论的精华，将药性寒凉和能清热、解毒、祛湿的草药长期实践配伍，各师各法，创造出多式多样的"凉茶"，于是喝凉茶成了广府人为适应环境而养成的一个生活习惯。广府人从小耳濡目染，知道什么时候喝哪种凉茶，习惯上山采药以祛湿解毒，防治感症，形成了独特的医药文化。晋光熙元年（306），医药学家葛洪第一次南来岭南，当时瘴疠流行，葛洪悉心研究岭南各种温病医药，写出了伟大的医学专著。后世岭南医家又根据劳动人民长期防治疾病的丰富经验，将底蕴深厚的岭南医药文化发扬光大，其配方、医学术语世代相传。

相传清朝时期，有一个叫王泽邦的人一家迁居广州谋生，时逢广州疫症蔓延，土地失收，民不聊生。王泽邦变卖了所有家产，长途跋涉，外出寻找药材制成凉茶，免费赠饮，救助病人。医治好的病人万分感激，将他的事迹广为传播，很多人远道而来只为求一碗凉茶。见此情形，王家便每日清早煲好凉茶用车推出城卖，一为救人，二为生计。因当时邻居都习惯叫其乳名"阿吉"，故阿吉熬制的凉茶被称为"吉叔凉茶"，也有称之为"王老吉凉茶"。清末，因听闻吉叔凉茶能治疗疫病，皇帝便召王泽邦入宫，专为文武百官煲制凉茶，半年后，王离开时得到皇帝赏赐白银500两，且被封为太医院令。回乡后，王泽邦在广州城中专做对外贸易的十三行靖远街开设了一间凉茶店，命名为"王老吉"，生意日渐兴隆。

凉茶不论盛夏隆冬，四时可服，深受民众喜爱。随着商业的发展，很多人在繁华集市的道路旁出售这种熬制好的保健防病草药煎剂，凉茶也成为穗港及整个岭南地区各界人士喜爱的普遍饮料。

广府凉茶的种类很多，不同地区的种类也不同。药力轻柔的有"五花茶""夏桑菊""竹蔗茅根汁"等，药力强劲的有"甘和茶"（盒仔茶）、"竹壳茶""石岐凉茶""二十四味""癍痧凉茶"等。散布街边的凉茶铺子常见的还有王老吉凉茶、三虎堂凉茶、黄振龙凉茶、金银菊五花茶、茅根竹蔗水等，都是传统老牌凉茶。随着社会的不断发展，人们体质的改变，凉茶的配方也适应时代的发展进行调整，与时俱进，或许这就是凉茶文化历久不衰的原因。

凉茶配制技艺以家族世袭，已有数百年历史，但经历十年"文革"，凉茶文化遭到了严重破坏，其间不仅凉茶铺关门，有关凉茶的制作器具、遗址、遗迹、史料、照片等也被清理得所剩无几。"文革"结束后，改革开放，人们解放思想，对传统文化给予充分的重视，出现了许多著名凉茶品牌和配方，凉茶文化重新得到民众的广泛认可。如今，凉茶和粤语、粤菜一样成为广府文化的标志，也因此在坊间流传下一句顺口溜："广东三件宝：烧鹅、荔枝、凉茶铺。"

由于凉茶具有独特的历史文化底蕴，2005年被列为广东省食品文化遗产，并于2006年入选第一批国家级非物质文化遗产代表性项目名录。

（李兰萍）

广府人为什么爱煲汤?

中国自古便有通过膳食调养身体、延年益寿的观念与方法,通常被称为"饮食养生"。养生的方法有很多,广府人的煲汤饮汤即是其中的一种。

广府人爱煲汤。筵席之上,必先上汤。广府人煲汤的种类之多,对滋补、清润、清凉等功效之讲究,以及他们喜爱煲汤之程度,应为全国之最。

人类许多生活习惯的形成是为了能适应生存环境。广东地处岭南,属亚热带气候,夏长冬短,雨热同期,炎热潮湿,古代人的生存环境较差。人体阳气在外,阴气内伏,处于这样的气候很容易肠胃敏感、消化功能减弱,故那些可清热消暑、健脾益气的羹、粥、汤等易于吸收的流质状食物备受青睐。人们宁可食无肉,不可饭无汤。

有研究者指出,至少在晚清时期,广府人已经形成了吃饭喝汤的饮食习惯。徐珂《清稗类钞》记载:"(闽粤人)餐时必佐以汤。"不过那时的汤只是制作简易、耗资较少的汤水。清末民初,工商阶层的崛起和广州城市现代化以及新闻报刊等大众传媒的兴起,唤起了大众对日常饮食养生的兴趣,"尚羹轻汤"的饮食风尚有所改变,一些酒楼在20世纪20年代对原本只作为"辅料"的上汤作了改良，将汤熬至极浓，直接作为菜肴上桌。虽然对于讲究饮食的老饕而言，这个"上汤菜"饮汤尚可，熬煮过久的肉类有些"不堪入口"，但是对于大部分顾客来说，既能喝到鲜美的上汤，又可吃肉，同时还减少了花费，何乐而不为？

而在日常生活的饮食中，一些区别于简易羹汤、滚汤，口味更加浓郁、搭配更加丰富的汤品已经开始流行于普通的市民家庭中。除了节瓜汤、肉片芥菜汤等普通的滚汤之外，一些家庭已开始流行煲莲藕墨鱼猪肉汤、鲜陈鸭肾冬瓜汤之类的"礼拜汤"，而且越来越讲究食材搭配和养生，汤料性味中和，汤水火候足，精致可口，足以快意。

20世纪50—70年代，虽然新中国的社会生产力不足，政府实行统购统销，居民生活所需的粮肉、燃料大都凭证发放，物资十分有限，但依旧有不少居民保持了煲汤的习惯。在困难时期，大部分家庭并无肉类可供煲汤，但在天热时偶尔也会煲汤，平日则多是滚菜汤，且大多数会根据节气和应季食材煲相应的汤，如夏季祛湿，冬季温补，市场上还有配好的如"清补凉"之类的汤料出售。

20世纪80年代前后，率先试行改革开放的广东经济开始起飞，居民的生活水平得以大幅改善，老火汤也在这个时期逐步发展成熟，并迅速流行起来，煲汤的大砂锅成为每家必备之物。老火汤在选料上要"五味相调，性味相合"；此外，四季气候不同，个人体质相异，老火汤谱也因此层出不穷，既有"四季老火汤"，也有"滋补老火汤""清热降燥老火汤"等，味道鲜美，有养生之效，更具有地域特色。

老火汤在进入日常饮食的过程中，也逐渐内化为家庭生活的一部分，进而形成当地人的一种饮食记忆和情结。老火汤的烹调需要时间熬煨,通常先以大火煮沸,后改用文火熬煨,直至汤料的味道融入汤水之中,甚至还有"煲三炖四"(煲汤三小时,炖汤四小时)的说法。又多用大瓦煲,费时费力熬成一大煲汤,最是适合全家一齐享用。而煲汤这天就显得格外隆重,无论是在外工作或是读书,一旦收到母亲煲汤的通知,当晚必定齐齐回家吃饭,喝一碗"老妈靓汤"。

虽然按照现代营养学的建议,因为嘌呤之弊而最好摒弃老火汤,只喝营养成分保存得更好的滚汤,然而大部分广府人仍然保持煲汤的习惯,只是在频率和烹饪时间上作了调整。

毕竟,广府人喜爱煲汤的习惯由来已久,既因为长期受气候地理环境与传统医学的影响,又与现代各行业发展及人们的生产生活模式相互适应,在文化上更是形成了一种认同感与向心力,这是煲汤文化依然具有强大生命力的体现。

(李兰萍)

广府人有哪些民间游乐习俗？

广府人的民间游乐习俗、节庆活动与民间信仰密切相关。广府百姓对精神生活的追求从古至今未曾中断。民间的游乐习俗可追溯到西汉时期，南越王墓中曾出土玉舞人，墓内舞蹈图像栩栩如生。古籍记载，唐宋时期广州城北将军庙"岁为神会作鱼龙百戏，共相睹戏，箫鼓管弦之声达昼夜"，说的是每逢特殊节庆民间酬神祀鬼的歌舞游艺活动不绝如缕，以图生活吉祥如意，岁岁平安。

广府的大型民间游乐活动在清代渐次形成，内容丰富多彩，最具代表性的大致有广州和佛山的舞龙、舞狮，番禺的舞鳌鱼，各种"出色"如沙湾飘色、麻车夜色、佛山秋色等。

舞龙源于汉代中原地区，分金龙、银龙、纱龙几种。以竹篾分别扎成龙头、龙尾、龙身，长十余米，分数十节，节与节之间用彩布相连（纱龙在每节中还可点燃灯烛），下装木柄。舞者持木柄而舞，有龙串柱、龙摆尾、龙戏浪等套路。

舞狮是一种具有独特民族风格的，以自发性、娱乐性、随意性为特点的民间传统表演艺术，至今已有两千多年历史。人们把狮子看作祥瑞、勇敢和力量的象征，认为它能驱邪镇妖，保佑人畜平安。广府地区的舞狮属于"南狮"范畴，在造型上不似"北狮"追求形似，而重在威武勇猛的神韵。就其种类而言，广府地区的南狮计有南海的大头狮，鹤山的鸭咀狮，清远、英德的鸡公狮等。南狮的主要发祥地和发扬地都在广府地区，现已成为展现广府传统文化的一个极有代表性的载体。

舞鳌鱼是广州市番禺区沙涌村一带群众喜闻乐见的民间舞蹈。出会巡游在晚上，不但有火狗，还有火凤凰、火宝鸭、火锦鲤、火麒麟等，均以竹篾扎成骨架、插以香火成型，场面十分壮观。舞鳌鱼既可做有故事内容的舞台演出，又可做广场及游行式表演。

"出色"是广东白话，为装扮艳丽的彩旗队、彩车队、傩戏造型队、舞狮队、舞龙队等各种民间艺术形式组成的游街活动的统称。它的影响不仅在广府地区，在整个东南亚也是名声在外。较具代表性的出色有沙湾飘色、市桥水色、麻车夜色、佛山秋色。

沙湾飘色，流行于番禺区沙湾镇。"色"在这里指小孩扮作古代戏曲故事的角色，"飘"指凌空现身。飘色即是让小孩与装饰巧妙的铁制"色梗"连为一体，看上去如凌空而立。小孩扮相有"哪吒闹海""大闹天宫"等传统戏剧角色。

麻车夜色又称麻车火狗，流行于增城麻车村，道具包括龙、凤、狮子、麒麟、鹿、犀牛、蟾蜍、宝鸭、锦鲤等九种动物的模型，有人认为，因为粤方言"九"与"狗"同音，群众习惯称之为"舞火狗"。

佛山秋色也称"秋色会景"，是以游行方式展出工艺品和表演节目的活动，工艺品包括扎作、裱贴、粘贴、雕刻、针刺等五种。表演节目包括马色、飘色、车色、水色、地色和灯色等六色，具体有起马、开路队、大灯笼、十番、八音锣鼓、高跷等20多个项目。

此外，南沙的黄阁麒麟舞，舞动时充满热烈喜庆气氛和浓厚的广府韵味，以节奏起伏的锣鼓吹打乐伴奏来展现麒麟舞形象、生动、活泼的特色。

长洲太平清醮是香港独有的民间节庆，在节庆期间，岛上居民全情参与，舞龙舞狮锣鼓喧天，热闹的程度更胜农历新年。还有春天的"抢包山"习俗。善男信女们用面粉蒸许多包子，在北帝庙前砌成一座座"包山"，用来供奉神灵。人们在一声号令后便赶快爬上包山，尽他们所能抢夺挂在包山上的包。村民认为这些包子吃得越多，福气越大，所以人人争先恐后。

这些游艺活动基本在节庆时举行，大多表现了劳动人民对五谷丰登、人丁兴旺、安康幸福生活的愿望和向往。同时，有较强的娱乐性和广泛的参与性，对加强民众的凝聚力有较好的促进作用。

(李兰萍)

为什么说南派武术带有广府地域文化烙印？

孕育于岭南的武术具有独特的技术风格和历史文化，被称为南派武术。作为一种文化，它的产生和发展离不开地域文化的温床。

明代以来，南海边地的岭南地区，有倭寇之患。广府地区的珠三角，地域窄小，自然防御条件较差。居民为求自保，很早就形成习武强身、自卫的传统。相对封闭的自然地理环境，长期远离统治中心，每当发生政治动乱或天灾人祸时，岭南多成为避难之所，因此岭南历史上有过多次移民。在移民流动的过程中，习武防身护家成为其本能的需要。虽然历来朝廷不主张民间习武，但鉴于岭南沿海的特殊情况，习武之风并未受到太多的干预和压制，自明中叶后朝廷实行征募乡兵与乡勇，更使得乡镇村庄的习武之风高涨。由于自卫防御也是地方责任之一，故当地组织团练维护治安，聘请武术教师教导习武护院蔚然成风。广州、佛山等城市有大量手工业工人，日常习武防身健体也是生存的必要手段。广府重镇佛山地区，民风尚武，加上经济繁荣，吸引了四方各派武林人物前来谋生，佛山成为武术流派和文化的大熔炉，各种武术流派在佛山得到不断发展和壮大，又向外传播。清末时佛山武术达到空前繁荣，习武人数之多，水平之高，在南方无出其右者，成为岭南南派武术的中兴之地。明朝黄萧养起兵，进攻佛山时，佛山乡绅梁广等22人仅以一天时间匆匆组织乡勇抗敌，在"无甲兵之援、险塞之限"的情况下，坚守半月，杀伤数千人，黄萧养兵败如山倒，说明了在这场战事中，当地人民能征善战、勇略过人者不在少数。"阡陌耒耜之辈"稍事组织便成为精兵，这离不开长期的技击训练，也离不开武术的繁荣和普及。

岭南拳种的起源多与秘密会社有着难以割舍的联系。明清时代的广府地区，官府的统治力量较为薄弱，所以成为很多江湖地下组织的秘密基地，这些组织的频繁活动，也带动了武术的勃兴。如洪拳源自"天地会"（洪门），咏春拳则是反清志士传入广东，蔡李佛拳传人积极投身太平天国运动，故而南派武术的许多拳种均与反清思想有着渊源，在技术风格上多表现为拳势刚烈、气势勇猛，这与岭南地域社会政治环境长期积淀的深层文化有着密切联系，这种印记深深地烙在岭南南派武术技术中。南派武术多数拳种的套路演练，如洪拳、蔡李佛拳、蔡家拳等暗含"反清复明"之意。这种"刚烈之气"表现在近代反帝反封建的民族民主革命中，南派武术在其中发挥了重要作用，从满山遍野的三元里人民手持刀、矛、锄头抵抗英国侵略者，遂溪人民寸土寸金的抗法斗争，到太平天国农民运动，以及七十二烈士碧血倾洒黄花岗，其影响遍及全国。

南派武术有着太多的广府基因，很多动作都是广府人思维方式、行为方式、生活方式在拳种技术风格上的外在表现。

广阔的珠江三角洲水网交织，土地肥沃，日常交通工具多为船只，农业生产以水稻种植及渔业为主，运用上肢较多，日常劳作都强调五趾抓地、阔幅扎马并降低重心，讲究下肢的稳定，这些都表现在岭南南派武术的技术动作上。又比如桥法多变，十分重视"桥"的力量与硬度，下盘马步要求开阔的"四平大马"或占地不大的"窄马"等等。当今南派武术中的技术多保留着这些早期技术特征。

此外，南派武术保留了许多只有语言才能够得以传承的东西，也只有运用当地方言才能了解其内涵，如洪拳传统套路铁线拳中的"嘀、吃、嘻、唔、喳、哗"之声，就是运用了广州方言，以表达南派武术以声助气、以气助力、以声助威的粗犷刚猛的拳术风格。蔡李佛拳也常有独特的"益、的、哗"之声，武林中有"闻声而知蔡李佛派也"之说。咏春拳的对练形式"黐手"也是广府语言，"黐手"几乎成为咏春拳的特定用语，其"六点半"棍法中的"冚"也是粤方言，意为用作动词的"盖"。

南派武术渐渐融入广府民俗生活，并派生出娱乐的功能。比如，秋色活动中，参加巡游的各铺里使出各种看家本领，而舞狮活动则代表南派武师的高超技艺，舞狮的高难度惊险动作，非有武功基础难以完成，舞狮和南派武功密不可分。

南派武术是广府历代拳派宗师在传承中不断创造的结晶。佛山的蔡李佛拳、咏春拳、洪拳历经百年而在海内外久盛不衰。佛山咏春拳的叶问、李小龙威名赫赫，成为扬名世界的一代拳师。洪拳的黄飞鸿，被誉为杰出的拳艺大师。他们的事迹更是深入人心，被拍成了数以百计的电影、电视作品，南派武术也因此得到更广泛的传播。

（李兰萍）

广府赛龙舟是怎样在体育赛事中享誉世界？

龙舟运动起源于我国古代，有2000多年的悠久历史，它有丰富、深刻的民族文化内涵，是扎根于中华大地且深受各族人民喜爱的一项传统运动，拥有深厚的群众基础。

赛龙舟是由多人集体划桨的一项水上竞赛项目，它在发展中形成的娱乐性、纪念性、艺术性和竞技性，展示了中华民族的风格与特色，是融民族、民俗、文化为一体，独具一格的特色民间传统活动。参加赛龙舟不但可以强身健体、娱乐身心，还可以在团结协作的比赛中传承和发扬爱国主义精神，培养集体主义精神。目前赛龙舟已被列入国家级非物质文化遗产名录。

赛龙舟经过不断发展演变后成为一项竞技体育项目。1984年，龙舟运动首次被国家体委列为体育比赛项目，并在广东佛山成功举办了第一届"屈原杯"龙舟大赛，获得了巨大反响，全国各个地区的龙舟赛如火如荼地开展起来。2017年赛龙舟正式成为全运会比赛项目。龙舟运动的魅力又向全世界传播。1984年，国际龙舟大赛在香港举行，1990年欧洲地区成立欧洲龙舟联合会，1991年成立国际龙舟协会，1992年成立亚洲龙舟联合会。目前，龙舟运动已被列为亚运会、亚洲沙滩运动会正式比赛项目。世界龙舟大赛、世界龙舟俱乐部锦标赛等国际大赛每两年举行一次。龙舟运动已经不仅局限于一项民间体育项目，更是成为一项深受世界各族人民喜爱的、科学的、竞技的体育项目。

在上述世界龙舟体育赛事中，广府人的角色不可或缺。这些体育赛事与广府地区有不解之缘。

我国龙舟运动一般在南方地区开展得比较盛行。皆因广府地区水网众多，水域充足，气候宜人，夏季高温多雨，拥有极佳的自然地理环境，加上人文渊源博深，基本大部分地区都有开展龙舟运动的习俗。在南宋，广府地区已经有大型的龙舟运动，明清时期，端午龙舟活动在广府地区的开展更是普遍。

广府传统的赛龙舟形式主要分为龙船景和斗标两种，龙船景即龙舟游乡和龙舟集会。每年农历五月初一到初五是龙船景最为集中的时候，各村的龙舟不停地串门和探亲访友，具体时间则由各"老表""兄弟"（各村龙船会之间的称呼）商定。各村都会选择一个水面开阔、河涌宽直、岸线视野宽广的地方作为龙船景的景点，一般选择在河涌流经村落的公共水滨空间，临近祠堂或庙宇。龙船景当日万人空巷，岸上人头攒动。龙船未到，鼓声先闻。这种龙舟习俗，世代相传。

正是由于世代传统文化的熏陶，广府赛龙舟水准在全国一枝独秀。俗话说，广东龙舟看佛山，男子龙舟看顺德。由于佛山当地水网密布、渔业发达，渔民们熟悉驾船，体能又好，所以从20世纪80年代龙舟被国家列为体育竞赛项目后，就有一批又一批当地渔民成为业余的龙舟好手出现在全国乃至国际赛场。

中国职业龙舟队最早的是九江男子龙舟队，至今仍保留国内一流水平。男子方面由顺德乐从和南海九江分庭抗礼，女子方面由九江女子龙舟队称霸。值得一提的是，在2018年第18届雅加达亚运会上，南海九江女队和顺德男队通过一系列选拔比赛，最终脱颖而出，代表中国龙舟队出征印度尼西亚。在这支队伍里，年龄最大的女队员已经50岁"高龄"，很多队员并非专业选手，而是渔民、农民。有位队员兴奋地说："我们从小就爱好划船。但很早以前，我们当地的龙舟只有男队没有女队，后来组建了女子龙舟队，现在我们这些农民运动员也能够有机会代表国家参加亚运会，太高兴了。"

正是这样一支由中国农民组成的运动队，用他们的汗水、泪水与崇高的祖国荣誉感，让鲜艳的五星红旗在亚运赛场上一次又一次高高升起。这些可敬可爱的中国农民运动员们，正亲手捧着中国全民健身事业的累累硕果，向全亚洲展现中国力量！人们正期望着，"赛龙舟"能够早日成为奥运会比赛项目。

（李兰萍）

广府舞狮有哪些流派?

广府舞狮俗称"舞醒狮",属于中国狮舞中的南狮,是一项优秀的传统民俗舞蹈艺术,历史上由唐代宫廷狮子舞脱胎而来。五代十国之后,随着中原移民的南迁,舞狮文化传入岭南地区。明代时,醒狮在广东出现,起源于南海县,广泛流传于南方地区以及海外华人社区。

醒狮原名为瑞狮,意为吉祥如意,自古以来,被认为是驱邪避害的吉祥瑞物,每逢节庆,或有重大活动,必有锣鼓舞醒狮助兴,长盛不衰,历代相传。直到鸦片战争的战火蔓延到南方,因为"瑞"字方言谐音"睡",具有民族忧患感的佛山人便将其改为"醒狮",寓意醒狮醒国魂,击鼓振精神。舞醒狮是融武术、舞蹈、音乐等为一体的文化活动,在岭南各地都很盛行,尤以广府地区为最,并有创新。

广府狮舞有"文狮"和"武狮"(或者称"瑞狮"和"醒狮")的区别。文狮的狮头、狮被长须且五彩缤纷,武狮的狮头、狮被为短须且黑色;文狮样貌慈祥,武狮相貌凶狠。文狮动作较文静爽朗,武狮动作刚强粗犷;文狮寓意吉祥,武狮寓意驱邪。广府狮头多姿多彩,有圆形、长形、扁形、菱形,即所谓的"张飞面""关公面""老虎面""五彩面""二花面"等,一般分为黑、红、黄三色，黑色代表张飞，红色代表关公，黄色则代表刘备。广府舞狮多有"大头佛"逗引，所表演动作，如果是文狮，则主要表现狮子的温顺安详，有舔毛、抖毛、洗耳、洗脚、搔痒、酣睡等动作；若是武狮，则表现狮子的勇猛凶悍，除一般的跳跃、翻滚、擒捕外，主要动作还有狮子入洞、出洞，狮子过桥，大佛戏狮，巧走梅花桩，采青等。其中，以"采青"难度最大，也最受群众喜欢。

除了上述由"大头佛"引领的狮子舞以外，广府地区还有四人舞的狮子，即阳春的"舞扁狮"。扁狮又称扁头狮，每年春节期间县内各地均有扁狮班活动，由四人表演，一人耍狮头，一人耍狮尾，两人带球，串村串街到每家每户进行拜年，户主放鞭炮、给红包酬谢。如村庄、街坊共同商请作特技表演，则演打头花、起四门、走四门动作衔接刷须舔身、引球、吃青、狮吞子、狮吐子、七星伴月和狮子上楼台等十多套动作，加上锣鼓击乐声，增加节日愉快气氛。

广府舞狮较有代表的派系和种类有广州沙坑醒狮和佛山醒狮。佛山醒狮后来又分化出鹤山醒狮这一大流派。

广州沙坑醒狮的道具造型特点是：狮头额高而窄，眼大而能转动，口阔带笔，鼻塌、面颊饱满，牙齿能隐能露，背宽。

佛山醒狮以粤剧中三国历史人物的开面（传统粤剧中称脸谱为"开面"）为造型基础，有刘备狮、关公狮、张飞狮等之分。文狮和武狮也按照粤剧角色类型分别，其中文狮以刘备狮为代表，武狮以关公狮、张飞狮为代表。传统佛山醒狮的脸谱在色彩上亦参照粤剧中刘备、关公、张飞的面妆用色，主要使用红、黄、绿、黑、白等色彩，有所谓五彩刘备面、红狮关公面、黑狮张飞面等。

清末，鹤山越塘人冯庚长推陈出新，创立了体系完整、特点突出的鹤山狮艺,与佛山狮艺并立,成为广府舞狮其中一个派别。冯庚长将鹤山狮设定为"刘备"角色,改造原来的南狮狮头造型,形成以青、黄色为主色调,青鼻、企眼、鲤鱼额、拳角、蓬花座、莲蓬眼顶、猫须面、蛤𫊻嘴、烂耳兜风、五蝠背的鹤山狮造型,使醒狮的形态不怒而威。冯庚长特意在武馆养猫,细心观察,悟出了狮形猫步,把猫的动作与性格融合醒狮表演中,形成"八情"(喜、怒、哀、惊、疑、醉、睡、醒),塑造了"见物必疑、见青必喜、见红必惊、见桩必咬、见木必拔、见水必戏、见阶必探"的表演性格,创造出"玩七星""三出三入""反狮被"等标志动作,使醒狮既形态威猛,又步伐轻灵,表现出其灵活、多疑、可爱的一面,在广府舞狮中独具一格。之后,冯伦创造了"鸭嘴狮",吕宪创造了"龙头狮",彪记创造了"猫头狮",大大丰富了鹤山狮造型。

鹤山狮艺盛行于鹤山及珠三角地区,并随着鹤山华侨走出广东、走向世界,在我国港澳地区和东南亚、美加等地风行,成为展示中华文化魅力的重要载体,联系港澳同胞与海外华侨、加强海内外文化交流的重要纽带。

(刘世红)

广府地区的宗族制度有什么特点？

宗族制度就是宗法制度，由氏族社会父系家长制演变而来，在国家层面上，是王族贵族按血缘关系分配国家权力以便建立世袭统治；在民间，是以血缘关系为纽带调整家族内部关系，维护家长、族长的统治地位和世袭特权的行为规范。宗族制度的核心是宗族伦理。

宗族伦理中的重要内容是宗族祭祀和祖先崇拜，最根本的目的就是要使人人能自觉地做到儒家经典所说的"尊尊"和"亲亲"。"尊尊"，就是要在宗族成员之间通过自然血统来确定一种天然的尊卑关系。除了代表祖先、主持祭祀的宗子和族长处于尊的地位以外，宗族成员的每一个人，都要按嫡庶辈分关系，划分出相互之间尊长和卑幼的地位。"亲亲"，就是要求全体宗族成员具有一种团体意识，要相互帮助、相互体谅、和睦相处，要从血浓于水的角度去爱自己的族人。宗族的祭祀活动，是强化和表现"尊尊""亲亲"的极好手段。通过这些伦理规范的要求，使人们自觉去遵守这样的社会准则：卑者对尊者要顺从和忠诚，这样一来，宗族的伦理文化便与封建王朝的伦理要求完全一致起来了。

华南地区是我国宗族制度发育极为成熟的地方，而珠三角又是华南宗族制度发育极为典型的地区。宋代的家族制以尊祖、敬宗、睦族为宗旨,"尊祖"则叙谱牒,"敬宗"则建祠堂,"睦族"则立族产,这种拥有谱、祠、田等文化共性的宗族制自宋以后在广府地区大为盛行。这个时期,由于广府地区文教事业发展,加上广府地区有着极其适宜精耕细作的地理条件,南迁广府的移民大多聚族而居,形成数百年定居一地的宗族村落,强烈凸显了儒家宗法观念的影响。资本主义萌芽之后,大家族开始逐渐解体,小家族之间的联络就更为依赖宗族制度,宗族制度相依托的建筑形式——祭祀祖先的祠堂则成为小家族联络的突出纽带,在这种相辅相成的作用下,祠堂得以蓬勃兴建、生生不息。祠堂不仅得到大量兴建而且在村落选址中也占着重要地位,民间诸多礼仪如婚丧嫁娶、开灯酒等在祠堂建筑中举行的传统直至今日依旧保留着。

珠江三角洲乡村地区的宗族制度完善于清代,立祀田、修族谱、建宗祠,蔚成高潮。由于这段时间当地经济、文化、政治蓬勃发展,与宗族制度相辅相成的祠堂建筑因此享受村落最高礼遇,拥有最高级的民间建筑等级、最上等的建筑材质、最精致的建筑工艺、最突出的核心选址,祠堂数量多、分布广,成为民间建筑的典型代表,具有突出的地域特征。比如兴起于明清时期的佛山,是宗族制度在珠江三角洲发展的缩影。佛山现存祠堂92座,其中始建于宋代的1座、民国的2座、不明年代的1座,其余皆为明清时期所建。只有聚成大族,具有相当财力,才能兴建祠堂,珠江三角洲明清时期宗族之兴起,由此可见一斑。

广府地区的宗族制度有个很明显的特点,就是宗族制度的本土化。在珠江三角洲,以血缘关系为纽带的宗法制与以交换为目的的商品经济这两种互相冲突、矛盾的事物,居然互相适应,甚至有时相辅相成,相得益彰。从广府的族规、家训中,可以看到商品意识已经渗入宗族伦理之中。明中叶,以酿酒生意发迹的南海"太原霍氏"晚节公把"酿酒之法"写入"家箴",告诫子孙世代遵守。到了清代,这一家族又将"工有百艺之当做""商有百物之当货"等规定写进家训,以规范子孙的行为。另外,宗族组织的各种活动如承垦沙田、开办宗族实业、操纵地方市镇的某一行业,都是宗族伦理中的商品意识的表现。

上述这种重视商业的职业观,与"士农工商"的传统职业地位顺序很不相同,到了晚清,甚至出现了"以商立国"的职业观,香山县人郑观应的《盛世危言》中关于"商务"的论述,无不贯穿这一观点。在珠江三角洲,人们并不坚持"官本位"的观念,而是以经商致富求缙绅化作为实现家族荣耀的主要途径。他们在缙绅化的同时,也直接用货币经济的力量以通显。他们有的通过捐资举办公益事业,诸如善堂、医院、育婴堂,以及修桥、补路、筑堤等等,而取得地方上与士绅并列的名流地位。

(李兰萍)

广绣有什么特色？

粤绣和苏绣、湘绣、蜀绣并称为中国四大名绣，与其他绣种不同的是，粤绣由广绣和潮绣一同构成。

广绣能够在粤绣中占半边天，应该说与它最早将西洋美术特色吸收融合到中国传统刺绣技艺中有关，中西文化的碰撞交融使广府地区的这种中国传统刺绣艺术语言形成了独特鲜明的艺术风格。

广绣是对以广州为中心的珠江三角洲一带民间刺绣工艺的总称。因广州府简称广府，故广绣也称广府刺绣或广州刺绣。广绣的历史可以追溯到西汉时期，广州的南越王赵眜陵墓出土了大量刺绣丝织品，说明当时广州刺绣已经初具规模。唐朝文人苏鹗在《杜阳杂编》中记载：永贞元年（805），南海（今广州）有奇女卢媚娘，可以在一尺绢上绣出《法华经》七卷，"字之大小，不逾粟粒"。

广绣题材不仅有老百姓喜闻乐见且富有吉祥含意的传统题材，更有国画中的花鸟虫鱼山水人物，其中花鸟画题材占很大比例。到了明代中后期，形成华丽的风格，用来装饰的花纹格调特别欢快，同时纹理清晰形象传神、光亮平整艳丽，具有浓郁的广府文化特色。明清时期，广绣成为欧洲商人来华采购的主要商品之一。

广东垄断了海陆中西贸易将近百年,广东海外贸易占据了清朝全盛时期对外贸易的重要部分,广东不仅成为当时手工业时代中国外销艺术品的生产与中转基地,使广货名扬四海,而且使广州成为传播、吸收西方文化艺术的重要通道与大本营,每年都有大量西方商船停泊在广州的黄埔港。为了满足西人对民俗风情的猎奇心理,专为西方市场创作的外销画便应运而生。外销画的主要表现手法是以西方的明暗法来塑造花鸟的质感和体积感,用平涂颜料渲染出物体的明暗,以细致的工笔手法勾画出花鸟的轮廓,背景往往是空白或纯色涂染,构图与意境上呈现出中国传统工笔花鸟画的韵味。这些外销画畅销一时,也成为中国向西方输出的大宗商品。

十三行商馆附近外销画室林立,形成一种画风,广绣艺人凭着工匠直觉和重商本能,自然而然地加以模仿。19世纪英国艺术家波尔西在《中国美术》一书中称:"中国人长于刺绣花鸟,而广东人于此技尤为特长。前两世纪时,广东刺绣多输入欧洲,有广东人专从事于行销欧洲之各种绣花者。其绣花样式与当时欧洲人所用之裱墙纸相似。"这说的应该就是广绣。

黎庶昌在其撰写的《巴黎大会纪略》中,记载了其参观1878年法国巴黎万国博览会的盛况,其中对中国馆的展品有详细记载,"殊方异物、珍奇瑰玮之观,无不毕至",并说中国"所陈磁器、木器为多,而其出色者,以广东绣屏为最",对广绣赞美有加。

为了达到西方油画的艺术效果,广绣艺人甚至在针法和用料上都进行了相应的改良,开始融合西洋的艺术风格,注重光影变化,强调物象的逼真和立体感,使东方民间情韵和西方绘画技法相融合,形成了中西合璧的独特风格,从而奠定了广绣与其他三大著名绣种迥然不同的艺术风格。广绣的大量外销品图案五彩缤纷，其中很多是外国客户来样加工定制的希腊神话、基督圣母等西方绘画作品及某家族成员肖像等，产生了不少具有独特异域风情的作品。

广绣多次作为贡品上贡朝廷，今天北京故宫博物院的清中晚期广绣挂屏《白缎地广绣三阳开泰挂屏心》采用了丰富的表现针法，如洒插针、辫子股针、扭针、刻鳞针、打籽针和风车针等针法，针工细密有致，有较强的三维视觉感。三只羊形态各异，刻画逼真，羊身上用辫子股针绣成一圈圈凸起的圈线，颇具毛绒质感。广东省博物馆的清中期石青缎"宝生昌"号广绣花鸟大挂帐，构图饱满，繁而不乱，满工绣画眉、翠鸟、喜鹊、绶带鸟、雉鸡、鸬鹚等珍禽45只，绣茶花、桃花、玉兰、牡丹、菊花、兰花、文竹等花卉数十种，禽鸟花卉形象逼真，用色自然，无不栩栩如生，是国内具有代表性的精品。

新中国成立后的广绣依然大受欢迎。改革开放之时，广绣披巾的年出口量高达8万件，20世纪90年代初，仅仅顺德一个地方的广绣披巾出口量就已超过20万件，最辉煌时需要用20个货柜空运才能顺利准时运送至目的地。2006年，由广绣和潮绣组成的粤绣被列入国务院公布的第一批国家级非物质文化遗产名录。

尽管经历过几度辉煌，但现在广绣的发展遇到了不小的困难：由于广绣越来越远离民众的社会生活，广绣生产陷于窘境，民间色彩弱化，广绣手工艺面临艺人数量锐减、广绣产品销售市场狭小、广绣产品设计缺乏创意等问题，广绣发展陷入困境。近年来，国家将部分粤绣大师列入国家级非物质文化遗产项目传承人，但如何让广绣在当代焕发新的活力，仍是广绣艺人乃至全体广府地区成员的使命。

（李兰萍）

香云纱的前世今生如何？

大名鼎鼎的"香云纱"又名莨纱、云纱，是岭南地区一种使用古法"晒莨染整工艺"手工制作的纯天然面料，被纺织界誉为"软黄金"。它是一种纯天然丝织品，材料获取方法、生产工艺、生态环境等均有别于其他纺织面料。

香云纱的独特之一，是它的主要原料来自产于当地山区的薯莨，薯莨是一种多年生缠绕藤本植物的地下块茎，粉碎后汁液可以染制衣物。北宋沈括《梦溪笔谈》提到"有汁赤如赭，南人以染皮制靴"，说的就是当时南方用薯莨染皮制靴，随后关于薯莨的记录越来越多。人们用薯莨染布、染网、染衣，染整过的面料"利水坚致""渝水不垢""久浸不朽"。染色的时候将丝绸在薯莨汁中浸泡，然后曝晒，反复经过30余次后，织物逐渐变成棕色。在此过程中，织物中的丝素胶朊多肽键与薯莨中单宁酚基的氢键结合，在纱布表面形成涂层。

香云纱用薯莨汁染色过程结束后，再用专门采自珠三角顺德、番禺一带在自然环境下产生的没有经过任何污染的天然河底淤泥，且颜色以黑色为最佳，涂抹在真丝织物的正面，使薯莨中的单宁与塘泥中的三价铁盐发生反应，在表面形成一层黑色沉淀物。为使这个反应过程更充分，必须避免高温和太阳直晒，制纱工人在凌晨四点前就起床开始上泥工序,过段时间后洗净再晒,才算完成。由于涂抹塘泥时只涂抹并曝晒一面,因此真正上等的香云纱正面是黑色,反面是黄褐色。这种染整工艺赋予了绸缎坚挺爽滑柔润、软而不皱、防水、防紫外线等品质。

明朝永乐年间,广东佛山开始生产这种衣料。民国时期,南海县首创了经线组织为绞纱组织的新产品,俗称"白坯纱",经过晒莨后的成品称"莨纱",即"香云纱"。产品长销不衰。到20世纪20年代,伴随着广州丝织业的鼎盛,顺德香云纱的生产和声誉也达到巅峰。当时,顺德有晒莨工场500多家,工人一万多人,日产香云纱4000多米。

香云纱是一种很神奇的纱绸衣料,它的外观不仅有阴阳两面,而且随着时间的流逝,发生着不同的变化:颜色越来越浅,纹理越来越细,如同有生命一样,这是其他任何一种衣料不能比拟的。布料具有坚挺爽滑、纸质感强,穿着舒爽通透、凉爽宜人,遇水快干、不易起皱的特点,深受当时富贵人家的青睐,又因为穿着它走路"沙沙"作响,所以最初叫"响云纱",后人以谐音叫作"香云纱",又暗合李白诗句"香云遍山起,花雨从天来"。香云纱因此更具浪漫气质,人们也更喜欢"香云纱"这个名字。

自然而独特的工艺,使香云纱古朴含蓄、沉静高贵,其独树一帜的色泽形成它另一大特色:正面薯莨染剂与河泥发生反应后形成的黑色染料层具有煤质的光泽,光而不耀,贵重雅致,而反面的薯莨之泽则含蓄朦胧,"犹如葡萄挂霜一般",看上去感觉温厚。黑色属于中国传统色彩体系中的"五正色"之一,"五正色"指的是青、赤、黄、白、黑。在中国传统文化中,黑色如同其他正色一样被赋予了内涵丰富的哲学意义,在视觉上和心理上都有正统尊贵的感觉。香云纱反面的"黄"色属于中国传统色彩体系中的五间色"绯、红、紫、绿、硫黄"之一,也是从古至今人们最常见到的颜色之一。香云纱两面异色都在中国传统五色体系中地位赫然,因此,特别符合中国人的审美情趣。宋庆龄十分喜爱香云纱的风格和色彩,常穿着制作精良的香云纱服饰,而香云纱"光而不耀"之泽恰是宋庆龄高尚雅致气质的写照。

20世纪90年代后期,手工匠们尝试使用彩色坯绸代替本色坯绸进行香云纱染整工艺加工,在保持香云纱传统黑、黄颜色的基础上进一步丰富品种,生产了单色香云纱和印花香云纱两个品类。后来发展出的产品都以"黑""黄"为基色构建起了香云纱整体的色系,色彩风格含蓄深沉,写意朦胧,古香古色,自成体系。

2008年,"晒莨染整工艺"以"香云纱染整工艺"入选第二批国家级非物质文化遗产名录,香云纱随之成为所有晒莨产品的总称,包括了莨纱、莨绸等。近年来,国家和社会对优秀传统文化、技艺越来越重视,在各级政府、社会团体和香云纱传承人的共同努力下,香云纱又成为国家地理标志产品,从而有效推动了"香云纱染整技艺"的宣传和普及,逐渐形成了完整的香云纱文化产业链。相信随着中国元素、经典理念与现代设计的高度统一,现代的香云纱将在人民群众的美好生活中扮演更重要的角色。

(李兰萍)

广府建筑呈现什么风格？

广府建筑运用当地自然资源，并与大众生活相结合，构成独特的风格，在中国的建筑之林中占据着重要位置。

中国古建筑分为官方建筑及民间建筑两大类。古代官方建筑如王府、衙门、庙宇等，其大小、面积、式样均有一整套形式规定，举国皆同，很难体现地方特色，而广府的民间建筑特色主要集中体现在以民宅为主的建筑中，还包括会馆、祠堂等。

从秦代至宋元，广府地区的建筑较多地受到中原文化和楚文化的渗透，后来又受到江南文化的影响，逐渐形成自身轻巧通透的地方特色，既区别于中原和北方建筑的凝重鲜艳，又区别于江南建筑的秀逸清雅。

广府建筑的特点，首先是它的实用性，讲求尊重自然环境。由于广府地处亚热带沿海区域，气候炎热多雨，空气潮湿，夏季常有台风出现，故而建筑设计大多注重通风透气和遮阳，比如西关大屋的趟栊门以及天井就起到这样的作用。广府建筑的墙脚大部分采取石块、青砖以及有防水能力的材料来建造，房屋布局密集，屋顶层加固压紧，预防台风和洪水的侵袭，集中采用了防潮、防湿、防洪、防雷、防腐、防虫害等技术措施。

其次是因地制宜，就地取材。比如当地近江海，有着丰富的贝壳资源，贝壳黏合力甚强，被广为用作建筑材料。广州怀圣寺光塔以蚬壳灰批荡，历经风雨冲刷而通体银白，素雅美观。有些地方直接使用蚝壳为墙垣。从装饰方面来说，也是实用性与艺术性相结合的典范。屋脊做得粗大，饰以陶塑、灰塑甚至嵌瓷，历久而鲜艳如新。高大的风火墙形如镬耳，不仅起了防火的作用，而且能够遮阳。装饰题材方面主要来自传统民间题材，如历史故事、神话传说、戏曲小说，图案包括虫鱼鳞甲、走兽飞禽、龙凤麒麟、山水胜境，还有许多杨桃、番石榴、香蕉、荔枝、芭蕉等岭南佳果，极具地方特色。广州陈家祠就有许多这样的装饰。装饰工艺更是丰富多彩，例如采用石雕、木雕、砖雕和陶塑、灰塑、嵌瓷、琉璃、壁画，还有金属（铸铁、铸铜）、玻璃（蚀画）等其他手艺。分布于珠江三角洲的广东四大名园——番禺余荫山房、顺德清晖园、佛山梁园、东莞可园均体现了广府独有的建筑特色。

还有一个特点是讲究风水。由于广府地形复杂，气候炎热，生存条件恶劣，风水堪舆之学在广府大行其道，也充分体现在广府一带的建筑设计上。广府建筑选址讲究"藏风得水"，比如天井和厨房地面的去水孔常雕琢成金钱形状，以表示"水为财"。西关大屋后墙一般不开窗，为的是挡住北风和避免隐私外露，称为防"散气"、防"漏财"。

此外，又有明显的中西合璧特色。近代广州成为通商口岸，沿海一带的中外文化交流十分活跃，广府建筑在外来文化的影响下融入了不少西式风格，如出现了不少欧洲人物形象和宝瓶栏杆、花柱式以及西式雕花等西方建筑装饰元素。佛山祖庙金漆木雕神龛和彩门雕刻，描绘了几个头戴礼帽身着燕尾服的洋人被打翻在地，跪拜献表的情景，神案两侧刻有洋人侏儒托瓶。又比如清末民初开始流行的骑楼建筑，虽保留了源于干栏式建筑上实下虚的痕迹，但临街一面却引进了西方的券廊和柱式，被称为"洋式店面"。骑楼的出现，使得传统前店后宅式民宅发生了重大调整，改为下店上宅的模式，既可以给街上行人避雨防晒，同时可以更好地招揽顾客。此外，一些不拘一格中西拼合的装饰手法诸如套色玻璃、卷铁窗花、瓶式栏杆、拱形门窗、几何形水池曾经风靡一时，成为近代广府建筑不可缺少的组成部分。

广府是著名的华侨之乡，华侨常在传统的三间两廊传统布局基础上，大量采用南洋别墅式结构或运用国外的元素，增加了客厅、饭厅、公共卫生设施等更接近现代建筑的设施，增加窗户数量，增加阳台，取消天井，形成更为接近现代建筑的式样。中山市翠亨村的孙中山故居，就是当年孙中山先生在设计时融入了夏威夷的建筑风格。

广府建筑在历史的变迁中不断吸收新的元素，将中原文化、江南特点和西方建筑特色相互融合，最终构成自己特色，体现了岭南文化的与时俱进。

（李兰萍）

为什么说"骑楼"是广府城市街道的建筑符号?

说起广府地区的街道建筑,人们很容易联想到"骑楼"的样式,故而有人说,骑楼是广府城市街道的建筑符号,这是有其道理的。因为骑楼是广府传统民居与西方建筑艺术相结合演变而成的一种商住建筑形式,淋漓尽致地体现了广府当地经世致用的价值观,中西元素的整合展示出广府对外来文化的强大包容性。

广府地区最著名的骑楼,多分布在老城区。以广州为例,骑楼式建筑以逢源路、龙津西路、恩宁路、第十甫到下九路、上九路等地段最具代表性,还包括后来兴建的新亚酒店、新华酒店和爱群大厦等。又如中山市石岐的百年老街孙文西路上的骑楼,都是骑楼式建筑物中的佼佼者。

广府骑楼的形成是有历史因素的。自明清起,广府历史上与国外的交流一直未曾断绝。咸丰十一年(1861)中国与英、法签订《沙面租约协定》,后来两国将沙面转租给美国、德国、葡萄牙等国,这些国家将当时欧美流行的建筑风格带到广州。同时,骑楼从东南亚经海口传入香港,香港将其变形改造,称其为"唐楼",后再传入广州更名为"骑楼"。在这过程中弱化了南洋的伊斯兰成分,而强化了欧美元素。

光绪十五年(1889)七月初三日,张之洞在"修筑珠江堤岸折"

中，指出要将"修成之堤一律坚筑马路以便行车，沿堤多种树木以荫行人，马路以内通修铺廊以便商民交易。铺廊以内广修行栈，鳞次栉比"。其中所指"铺廊"就是指骑楼。

张之洞的奏折明确了骑楼底的空间尺度，对清末二十年间长堤上的骑楼建设具有指导作用。长堤大马路上现存最接近张之洞构想的建筑是建于20世纪初期的中法韬美医院。

1911年广东军政府成立，都督胡汉民设立工务司并开始拆卸城垣，改筑新式街道，同时着手进行拓宽街道的计划，展开了都市改造。从城市空间经营效果来看，建筑骑楼不仅可满足近代新式马路"两侧步行、中间车行"的断面设计要求，而且通过步行道上盖骑楼的方式，可以减少拆屋的赔付成本。由于骑楼可遮阴避雨适应岭南气候，方便组织商务，近代广州多利用骑楼底的步行空间作为人行道，成为商业街道空间形态的主流。1912年发布的《广东省城警察厅现行取缔建筑章程及施行细则》，为广州第一部成文的建筑法规，对骑楼底空间进行了详细规定，明确了设骑楼是"以利交通"，为便利行人和公共交通而设。

从清末的初步尝试开始，广州历届地方政府根据实际情况进行过多次主动调适，于1924年形成了比较稳定的规范，最终决定了广州的城市风貌。

20世纪30年代，广府城市开始了重要骑楼街的集中建设，具体施工主要依靠当地工匠。灰塑具有耐酸碱耐高温的特点，因而被广为采用。灰塑需提前制备原料，施工时工匠先在装饰位置用草根灰批底，再用纸筋灰在表层抹平，然后风干，操作过程需要胸有成竹、一气呵成，这也就决定了装饰的纹样必须是工匠熟悉熟练的图样，对于外来纹样，工匠只能进行简单模仿、即兴创作。所以有外国人嘲讽道："中国工匠对原有风格不了解或者一知半解……从蛋形式到叶形式都显得不伦不类……"这就形成了具有地方特色的中华巴洛克装饰，也是外来装饰本土化的成果。

广州骑楼装饰的题材较为丰富，除常见的中原文化符号寓意吉祥外，还充斥了大量的地方素材，如桂圆、荔枝、芒果、芭蕉、香蕉等岭南水果雕饰，不仅如此，还有的与店内业态相结合，如茶馆门楣上装饰茶壶、腊肉店绘制烤腊肉场景等，生动活泼。这些题材有的独立构图，有的与忍冬草、璎珞、徽章这些巴洛克、洛可可题材相结合（一般以中式题材为构图中心，外轮廓使用西式纹样框边修饰），有的将中西样式融合，重新组织构图。在建筑设计上，有的地方建成上实下虚，在临街一面引进了西方的券廊和柱式，此为"洋式店面"。骑楼的出现，使得传统前店后宅式民宅建筑风格发生了重大调整，改为下店上宅的模式，既可以给街上行人避雨防晒，同时可以更好地招揽顾客。

（李兰萍）

被评为世界文化遗产的开平碉楼有何独特之处？

开平碉楼是一种中西结合的多层塔楼式建筑，当地人又称"炮楼"。它的建筑和装饰艺术丰富多彩，千姿百态，被誉为"华侨文化的典范之作"和"令人震撼的建筑文化长廊"。

开平市是著名的侨乡，古代人们修建碉楼的目的主要是居住，同时预防土匪盗贼袭击，还有防洪防涝的作用。最早的碉楼并没有西方元素，但是随着当地村民的大量出国，他们将西方的建筑风格引进，使得碉楼带有浓郁的欧美风格，呈现出规模宏大、品类繁多、造型别致的特点。20世纪二三十年代，随着大量华侨回乡置业，开平碉楼出现了一个前所未有的鼎盛时期，最多时有3000多座，至今仍完好保存了1833座。2001年，开平碉楼成为全国重点文物保护单位。

开平的三门里村落、锦江里村落、自力村村落与方氏灯楼、马降龙村落群五处最具特色，是被当地政府从1833座碉楼与3060个村落中精心挑选出来作为申遗的有代表性地点。

三门里村落有着开平现存最早的碉楼——迎龙楼，建于明朝嘉靖年间（1522—1566），有400多年历史。由于明朝实施海禁，中国与西方几乎没有来往，所以作为现存碉楼中最古老的一座，迎龙楼没有丝毫西方风格。

自力村碉楼群是开平现存最集中和最精美的碉楼。自力村现存 15 座碉楼和别墅群,典型地展示了开平碉楼建设最兴盛的时期。20 世纪 20 年代,土匪特别猖獗,洪涝非常频繁,自力村的华侨、港澳同胞拿出部分积蓄兴建碉楼和居庐。这些碉楼的建筑风格有明显的中西结合特色,有柱廊式、平台式、城堡式,也有混合式。

方氏灯楼坐落于自力村南 1.5 公里处的山冈上,于 1920 年兴建。楼高 5 层、18.43 米,钢筋混凝土结构,楼内配备西方早期发电机、探照灯、枪械等。该楼选址位置极佳,视野开阔,已成为周围乡村的景观中心。

锦江里村落的碉楼最高、最豪华。锦江里拥有瑞石楼、升峰楼、锦江楼,都是全国重点文物保护单位。其中瑞石楼有"开平第一楼"的美誉。瑞石楼建于 1923 年,占地 92 平方米,是钢筋混凝土结构,高 9 层、28.37 米。它最精美、最有特色的地方在第六至第九层:第六层为爱奥尼克风格的列柱与拱券组成的柱廊;第七层为平台,四角各伸出一个瞭望、防卫用的圆形塔楼,南北面则以巴洛克风格的山花和中国园林景窗相结合;第八层室外是观景平台,室内的神龛雕刻精美;第九层是堡垒式的瞭望塔。整体建筑呈现出中世纪意大利城堡风格。瑞石楼在立面上运用西洋式窗楣线脚、柱廊造型,大量的灰塑图案中融入了中国传统的福、禄、喜、寿等内容,在西洋的外表下蕴含着浓郁的传统文化气息。

马降龙碉楼群自然生态环境最优美。马降龙村背靠气势磅礴的百足山,面临清澈如镜的潭江水,五座自然村像一条珠链错落有致地分布在青山绿水之间。身临其境,翠竹扑面,绿树成荫,鸟语花香。该村有 13 座碉楼,均为全国重点文物保护单位。这些碉楼掩映于村后茂密的竹丛中,与周围民居、自然环境和谐地融为一体，风景十分优美。

开平有一座著名的边筹筑楼，该楼建于1903年，历时两年建成。当时建至第三层楼时就发现该楼已经倾斜10厘米，尽管采取了打桩和填石措施摆正也奏效不大。该楼建成至今，楼的中心线已向东南偏离2米，看上去摇摇欲坠。在其建成的98年中，它经历了强台风和大地震的多次考验，今天依然巍然屹立。目前，它仍以每年几毫米的速度继续向东南方向倾斜，因此，它被称为开平碉楼的"比萨斜塔"。

这些望上去星罗棋布的碉楼，楼顶建筑可以归纳为一百多种，大多独特新颖，既有中式，也有西式，也有中西合璧式，如有纯粹的中国式屋顶，也有纯古罗马式山花顶、穹顶、美国城堡式屋顶、欧美别墅式房顶，也有中西混合式屋顶、庭院式阳台顶等。世界遗产委员会的专业咨询机构ICOMOS（国际古迹遗址理事会）派遣专家前来考察，他不禁惊叹："这是全世界最美的村庄。"

除了外在的美丽外，"开平碉楼和村落"还具有独特的文化价值：别致而新颖的碉楼与传统而质朴的村落、稻田，极为和谐地构成了优美的文化景观，有着追求和谐与和平的内涵。它又是中国乡土建筑的一个特殊类型，集防卫、居住和中西建筑艺术于一体，西方的建筑艺术跟东方的自然要素、传统民居和谐地融为一体。同时，开平碉楼与村落体现着华侨之乡对外开放包容、主动吸纳不同文明的兼收并蓄的特点。

世界遗产的评定标准由联合国教科文组织依据《保护世界文化和自然遗产公约》制定，公约其中一项规定：从历史、艺术和科学角度来看，在建筑形式、统一性及其与环境景观结合方面，具有突出的普遍价值的单独或相互联系的建筑群体，应列为文化遗产。但对申报遗产项目是否被列入《世界遗产名录》，考核的标准和考核审批过程非常严格。"开平碉楼和村落"完全符合联合国教科文组织的规定。"开平碉楼和村落"以它独特的魅力征服了世界各国的专家评委。由于其所蕴含的非物质文化内涵极为丰富，它当之无愧地成为《世界遗产名录》中的一分子。2007年6月28日，在新西兰基督城召开的第31届世界遗产大会上，"开平碉楼和村落"被载入《世界遗产名录》。自此，广东实现了世界遗产的"零突破"，中国诞生了第35项世界文化遗产。

在世界遗产大会的官方网站上，对开平碉楼的评价是"展现了中国和西方建筑与装饰的华丽结合"，"体现了开平移民在19到20世纪早期阶段中在东南亚、大洋洲和北美发展上起到的重要作用，也体现了开平海外移民和他们家族的紧密联系"。

（李兰萍）

端砚在中国文化史上占有什么地位？

俗语说：文人爱砚，武士爱剑。中国的文房四宝以砚为首，因为再好的笔经不起损耗，再好的墨终会干裂，再好的纸也会随着时间的流逝而风化，而只有砚台，经久耐用，经得起历史的磨洗。它作为读书人使用的"文具"，有着深厚的文化内涵。

考古工作者曾经在仰韶文化遗址出土了一个石磨盘，盘中尚留有研磨的痕迹和残存的颜料。这石磨被认为是最原始的砚。商周时期，砚被用来调色。到了春秋战国时期，用砚比较普遍。西汉不仅有石砚，还有陶砚。屈指算来，砚作为正式的研墨工具，应该有超过2000年的历史了。

中国许多地方都出产美石可做砚台，但自唐以来，我国出现了端、歙、洮河、澄泥四大名砚，而其中又以端砚为首。

端砚之所以被推为"群砚之首"，与它优良的石质有密切关系。端砚细腻滋润，古人称之"有若小儿肌肤"，用端砚研墨不滞，研出之墨汁细滑，书写流畅不损毫，涩不留笔，滑不拒墨，字迹颜色经久不变；而且端砚石材色泽丰富，有韧性，适宜雕琢。好的端砚，无论是酷暑或是严冬，用手按其砚心，砚心则显湛蓝墨绿，水汽久久不干，古人就有"哈气研墨"之说；而且端砚的制作工艺向来非常精湛，比如雕刻，必须因石构图、因材施艺、用好"巧色",才能达到天人合一的境地。一件传世佳品,需要制砚大师几个月,甚至一年多时间精心雕琢。

同时,端砚还具有石纹丰富的特点,有青花纹(砚面上带有青黑色花纹)、朱砂钉(如坚硬的红色钉头般的斑点)、五彩钉等,还有形似动物眼睛的"石眼"。端石的"石眼"为辉绿岩凝结物,也有石连虫化石。其中的"鸲鹆眼"形似八哥眼,圆晕中还有"瞳仁",是"眼"中上品。

端砚因为品质上乘而珍贵,但得来却实属不易。唐代初期广东肇庆东郊羚羊峡栏柯山的端溪一带,出现了依靠采砚石、生产端砚为生的劳动者。这里,滚滚东流的西江水,穿峡而过,直奔南海。夹岸丛山峻岭,重岩叠嶂。端砚名坑中的水岩(老坑)、坑仔岩、麻子坑、朝天岩、古塔岩、宣德岩就错落地分布在这风景如画的环境中,其中尤以老坑、麻子坑和坑仔岩三地之砚石为最佳,其颜色以紫色为主调(分为青紫、红紫等十多种),另有灰色、青黑色、青色和绿色等。一方端砚的问世,要经过从探测、开凿、运输、选料、制璞、设计、雕刻、打磨、洗涤、配装等十多种艰辛而精细的工序。采砚石无法用机械化操作,只能以手工为主。历代采石工人都是按石脉走向,顺其自然向深层采掘,从接缝处下凿。采出来的砚石如能有三四成可用,已属难得。坑道向下倾斜、曲折蜿蜒,工人进出要下蹲弯腰,有些地段仅能容一人赤身匍匐爬行。

初唐时期,端砚以实用为主,砚石一般不作图案花纹装饰,显得粗陋、简朴,"天下无贵贱通用之"。中唐之后,端砚演变成为实用性与欣赏性相结合的工艺品。传说在唐朝中叶,一天,一位老砚工路经广东肇庆(古称端州)时,看见有两只仙鹤飞落溪水之中,久而不起,于是心生疑窦,张网捕捞,但捞起的却是一块石头!不过,这块石头十分奇异,上有裂缝,不时发出鹤鸣声,老砚工顺着裂缝把奇石撬开,奇石竟一分为二,化作两只砚台,砚边各有一只仙鹤伫立在苍松之上。消息传开,砚工们纷纷仿制,在砚台上雕以各种图案花纹。从此,端砚从实用品逐渐演变为实用工艺品。

宋代,文人墨客除了研墨,还喜欢鉴赏、馈赠、收藏、研究端砚,甚至为端砚著书立说。这个时期,端砚成为贡品,蜚声中外。自元代以后,端砚便与湖笔、徽墨、宣纸成为"文房四宝"的特指。到了明代,端砚的发展达到了高峰,设计上独具匠心,造型上古雅大方,雕刻上精制细腻。清初端砚更是达到了空前的繁荣,不仅精雕细刻,而且题材广泛,内容丰富,不少端砚还附有名人题字,使得端砚的身价更高。

由于端砚的优良品质,端砚从古至今受到人们的喜爱。宋朝著名诗人张九成曾赋诗赞颂:"端溪古砚天下奇,紫花夜半吐虹霓。"明人高濂认为:"古人以端砚为首。"著名学者方以智则表示"今以端石为上","自今论之,细润发墨,总不如端,而歙次之"。历史上帝王将相和文人雅士为端砚题铭赋诗填词有一百多首,其中乾隆皇帝最多。

道光之后,由于一些名坑塌方停采,砚石减少,导致端砚走向衰落,但也迫使当时的刻砚艺人,更加珍惜资源,更加以雕工取胜,因此端砚也从实用工艺品上升为欣赏品和珍藏品。

新中国成立后,端砚进入了第二个繁荣阶段。20世纪50年代后期,政府组织艺人归队,1962年重新开采麻子坑,1972年重新开采老坑,1978年重新开采坑仔岩。另外,从80年代开始,国务院和广东省政府开始评定工艺美术大师,出台传统工艺美术保护法规,端砚的制作出现了空前的繁荣。

(李兰萍)

莞香记忆是如何被唤醒的？

岭南近海地区多处热带，自古以来就是重要的沉香产地。莞香在唐朝传入广东，宋朝普遍种植，主要集中于东莞地区，故所产之香料又名莞香。

莞香树为瑞香科沉香属乔木，人称牙香树或白木香。但莞香树并不怎么香，最早的莞香形成完全是靠自然外力催化，莞香树经过虫蛀、雷劈后，自然开香，之后莞香逐渐由莞香树分泌而出。其产生速度极为缓慢，往往需要经多年沉积才可得到。

莞香既是中药，又可作为香料，其药用和香用价值极高。莞香树的上品，依其外观分为绿奇、黄奇、白奇、黑奇四种。绿奇最多，黄奇次之，白奇最少，黑奇则极为罕见。绿奇为灰绿色，通体有香脂射腺细丝，初香清越，本香甜凉，尾香时转为乳香味。黄奇土黄色，有深棕色香脂射腺，初香甚短有浓郁香味，本香甜淡，尾香则转为乳香。白奇则白黄如牛油色，中有黄褐色香脂射腺细丝，初香犹如悠远花草之香，极其优美，本香亦甜凉浓郁，尾香乳味迷人而持久。黑奇的初香清凉，本香浓烈有一种苦涩雅致的药香味，尾香亦有乳香气，耐人寻味，其极品用指甲压下都会出油，十分少见。上品莞香也被称作"女儿香"。

莞香在源远流长的中国香文化史上演绎着重要角色。

唐代至南宋，东莞县所辖珠江口一带地区，包括现在的香港、深圳、中山、珠海、澳门及东莞市本土，都盛产沉香。

隋唐以降，以广州为中心的海外贸易得到迅速发展，除陶瓷、丝绸以外，香料是其中重要贸易品种。由于社会上对香品的消费需求很大，故而香料生意异常火爆。唐宋后，盛产莞香的珠江口东岸地区和西岸地区形成了两条堪称繁忙的沉香运输路线。在东岸地区，人们将沉香经由水路运往今香港九龙尖沙咀草头排村的香埠头，再由这里运往香港湾仔石排湾东端的一个小港湾集中；在西岸地区，人们将各地收集的莞香送到政府设立的专门收购点香山场，之后转运到香洲装船，再统一运送到伶仃洋对岸的香港。就这样，产于岭南的沉香，在香港以艚船运赴广州，继而沿北江一路北上，经南雄，越梅岭，沿赣江而至九江，再到朝廷所在地及经济发达的江浙苏等地售卖。从明朝至清朝中叶，不仅民间用作香料药品，香木还被加工成朝珠或"东莞天然香山"等工艺品，被进贡入宫，具有很高的使用价值和艺术观赏价值。清朝档案显示，东莞进香从雍正六年（1728）到乾隆五十九年（1794），一共有十批次。

宋代以前，这种香树多为野生，因为被大量采伐而逐渐减少，后来东莞人大量培植，至北宋间，香树成为东莞的特产。到了元代，东莞县茶园乡一带，种植和贩卖者甚多。

明清时期，莞香成为东莞的重要特产，莞香贸易蒸蒸日上，莞香的价格自古奇高无比，所以莞香在东莞对内对外贸易上有着重要地位，成为东莞重要的经济支柱。屈大均《广东新语》说："当莞香盛时，岁售逾数万金。苏松一带，每岁中秋夕，以黄熟彻旦焚烧，号为薰月，莞香之积阊门者，一夕而尽，故莞人多以香起家。"意思是说东莞人以莞香而发财致富。产香售香对东莞人民生活有很大的影响，香港、香山、香洲、香山场、香山寨、香港仔、香埠头、香港围等地都是以香命名。东莞的寮步香市与广州花市、罗浮药市、廉州珠市并称"广东四大市"。自明中期起，莞香的销路不断拓展，其产品远播东南亚等国。

莞香消费的巨大数量，使得种香业发展迅速，并带动了莞香包装业的发展。东莞由此不但成为莞香种植的原产地，还渐渐成为莞香的贸易集散地、莞香的"贴牌"和加工所在地。有些"舶货"香料，多数半成品需要加工，加工后就成为莞香。

可惜的是，由于清代实行迁海令，使得番禺、顺德、新会、东莞、香山五个县的沿海百姓全部迁海，此举不仅中断了自宋明以来中国沿海地区发达的航海贸易，使中国迅速退到闭关锁国的状况，也令莞香种植和莞香贸易受到毁灭性的打击，清代开放口岸后，外国的香料香水进入，莞香更无回天之力。

21世纪以来，广府地区对文化的挖掘与传播不遗余力。随着东莞大力复兴莞香文化，近年来莞香不仅用作香料和药品，还更多地被用来雕刻成饰品，成为广大人民群众喜爱的生活用品。2007年6月，广东省人民政府公布第二批省级非物质文化遗产名录，"寮步香市"作为民俗项入选。2011年，东莞市确定将莞香花作为城市形象标识，政府微博也使用了"莞香花开"字眼。在东莞城市形象的大众传播中，莞香文化元素被作为其中最具特色的内容之一。2013年获得"全国特色文化产业示范镇""广东省莞香文化之乡"的荣誉称号。2014年12月，莞香制作技艺和寮步香市均入选第四批国家级非物质文化遗产名录。每年一届的"沉香文化艺术博览会"，吸引了国内外的宾客盈门。

如今，东莞的许多街道、建筑都以"香"命名：香市路、香江公园、香市小学、香市中学、牙香街、香文化博物馆、香市影视城、香慧寺、香远塔、十里香堤、香市动物园等等，可见在衰败沉睡了一个多世纪以后，莞香记忆终于在21世纪被唤醒，同时被唤醒的，还有本地居民的文化记忆。

（李兰萍）

岭南佳果有哪些美丽传说？

岭南北枕逶迤五岭，南临浩瀚大海，地处亚热带，大部分地区为南亚热带和热带季风气候类型，是中国光、热、水资源特别丰富的地区。年平均气温自北向南逐渐升高，由19℃到23℃以上。多数地区年均降水量为1500—2000毫升。温暖的气候、充足的热量、充沛的雨量使这里四季鲜花盛开，水果飘香。

岭南的水果种类繁多，有柑橘、荔枝、香蕉、菠萝、杨桃、龙眼（桂圆）、番木瓜、三华李、沙梨、乌榄、白榄、青梅、番石榴、杨梅、菠萝蜜、黄皮、枇杷、芒果、无花果等500多种。广东是岭南佳果的重要产区。

若论岭南最具代表性的水果，首推荔枝，享有"果中之王""岭南第一品"的美誉。荔枝属无患子科荔枝属植物，最早称为"离支"，因其"枝弱而蒂牢，必以刀斧劙取其枝"而得名，又因果实成熟时皮为红色，称之为"丹荔"。荔枝大多成熟于六七月份，成熟的荔枝"壳如红缯，膜如紫绡，瓤肉莹白如冰雪，浆液甘酸如醴酪"，外形美丽可爱，味道更是鲜嫩爽口。

举世公认中国是荔枝的原产地，主要在华南一带。南越王赵佗归汉后，曾以荔枝作为贡品献给汉高祖。自古以来，荔枝的绝妙口感深受人们喜爱，但受制于产地与交通，很难走入北方人的生活，即便贵为王孙子弟，能品尝到荔枝也属稀罕的享受。故而东汉文学家王逸赞荔枝"卓绝类而无俦，超众果而独贵"；唐代诗人张九龄赞美荔枝"百果之中，无一可比"；诗人白居易吃过荔枝后，吟道："嚼疑天上味，嗅异世间香。润胜莲生水，鲜逾橘得霜"；苏东坡在被贬岭南时，不禁作"口啖荔枝三百颗，不辞长作岭南人"之叹。因为杨贵妃嗜食荔枝，杜牧写就了千古名句："长安回望绣成堆，山顶千门次第开。一骑红尘妃子笑，无人知是荔枝来"，荔枝的名品中也就有了"妃子笑"。古往今来，荔枝成为历代诗家的抒咏对象，唐代杜甫、白居易、杜牧、韩偓、徐夤、薛涛、宋代曾巩、苏轼、陆游、杨万里、黄庭坚等，都有咏荔诗传世。

荔枝中最有名的"挂绿"号称"荔枝之王"，原产于广州增城新塘四望岗，至今已有400多年的历史。增城挂绿最大的特征是其果壳上有一条绿线。传说何仙姑是广东增城小楼镇仙桂村人，生于唐代开耀年间，原名何秀姑，父母以制售豆腐为生。秀姑诞生时紫云绕室，白光闪耀，年少时得仙人梦中指点，后拜罗浮山麻姑为师修道成仙。又有说家中为其私配婚姻，秀姑逃婚跳井遗履成仙。挂绿壳上的绿线，当地相传是何仙姑去蓬莱"八仙过海"前为父母织绣花鞋，无意间留下的绿丝带所化成。增城挂绿历来被朝廷列为贡品，挂绿的母株只有一株，存县城西郊西园寺（现荔城挂绿广场），数百年间仅培育出第二代72株。2001年在挂绿广场举行的挂绿珍果拍卖会上，一颗"西园挂绿"荔枝拍出了5.5万元的高价，成为全球最昂贵的荔枝。

岭南盛产柑橘，多名品、优品，不乏贡品，而且源远流长，比如有驰名港澳地区的潮州柑、砂糖橘、化州橘等等。据说当年安徽名士姚元之踏足岭南未几，在吃荔枝的季节排定了岭南佳果的座次,他认为"岭南果品其类甚多,新会橙为最佳,荔支次之,黄皮果又次之。余至广时已中夏,尚有藏新会橙者,食之果佳"。百年之后,著名作家叶灵凤的《能不忆江南》中有一篇《岁暮杂拾》,写他行遍江南,大半生所尝,甜橙还是新会的好。

菠萝的故乡在巴西。传说1555年,法国探险家查·列威在中美洲游历时,迷路于巴西丛林中,靠菠萝得以生存。尔后,菠萝传入荷兰,后又传遍欧洲。16世纪末,葡萄牙传教士把菠萝引进中国澳门,后渐次传入粤、琼、闽、台、桂、滇等省。因为果顶叶子有如凤尾,果肉香味似梨,在粤东、闽南、台湾一带又称其为"凤梨"。广东是我国菠萝的重点产区,素以产量大、品质优异而名闻全国。

香蕉在广东的产量居全国之冠,汉元鼎六年(前111)岭南已经种植香蕉了,古称"甘蕉"。据说"汉武帝元鼎六年破南越,起扶荔宫,以植所得奇花异木,为甘蕉十二本"。除了新会县是全国著名的"香蕉之乡"外,高州县、广州番禺万顷沙都是香蕉的高产县,广东香蕉以果大腰弯、梅花装点、皮薄肉厚、美味香甜而素享盛名,畅销全国各地。传说佛祖释迦牟尼在溪谷的绿荫下诵经时,饥饿难忍,便采摘香蕉充饥。他吃了香蕉后,顿觉心明眼亮,智慧倍增,终于得道成佛。至今,佛门弟子仍称香蕉为"智慧之果"。

岭南木瓜,原产墨西哥,17世纪时传入我国,属舶来品,我国自古习惯将国外称番地、番邦,故称其为"番木瓜"(广府人俗称番木瓜为"木瓜",人们常将其与同样俗称"木瓜"的我国原产"宣木瓜"混淆,后者可入药,并非水果),有"百益之果""水果之皇""万寿果"的俗称。传说古代有个郡守为朋友饯行,行人送来一个番木瓜,由于大家都未见识过,就相互传观赏玩。当时在座有个太监说此果宫中都还没有,该先拿去上贡才是,太监收起番木瓜后就乘船回京。郡守为了此事十分懊恼,生怕太监回宫后皇上怪罪下来,这时,在旁助酒的一个官妓说请不用担心,估计这个番木瓜过一夜就会被抛到水里去的。不久,送太监回京的人果然回报番木瓜次日即溃烂已经抛了,郡守听后很佩服官妓的见识,经详细询问后才知道番木瓜是难以长期保鲜的,特别是熟了的番木瓜又经多人之手触摸更不易久藏。

岭南佳果的历史源远流长。秦汉时期,岭南与中原联系加强了,岭南的佳果亦北进中原。据《西京杂记》载,西汉初年,南越王赵佗曾将荔枝作为珍贵的礼品献给汉高祖刘邦;又据《东观汉记》载:匈奴单于入朝,汉皇帝"赐橙、桔、龙眼、荔枝"。汉武帝时期,由于岭南佳果非常受北方人民以及皇家的欢迎,武帝不惜投入巨大的人力物力进行远距离引种,企图对热带、亚热带果树进行风土驯化,将其移植到北方去,可是都没有成功。由于历史的变迁,海上丝绸之路加强了与海外物产的交易,禅宗西来,岭南人下南洋,携来更多的外洋新物种。随着近现代科技的发展,岭南佳果通过不断地优化树种和品种结构,优质果率的比例不断提高,品牌数量逐步增加,味道更加鲜美。而随着时代的进步,北方人民也可以很容易就享用到美味的岭南佳果了。

(李兰萍)

为什么在广州会有"西关小姐"和"东山少爷"的说法?

一直以来,广州城西有"西关小姐",城东有"东山少爷"的称谓,东西呼应,相映成趣,常常为人们所津津乐道。但究竟这个说法是怎么来的呢?

西关,北接龙津路,南濒珠江,东至人民路,西至荔枝湾,即今天荔湾区逢源路、宝华路、多宝路、多宝坊一带。汉高祖十一年(前196),汉高祖刘邦派使臣陆贾大夫南下,陆贾在今西村西场筑土城为驻地以待赵佗,此在历史被称作"陆贾城"。唐宋以来,西关一带已成繁华商业区。西关水道纵横,荷塘柳岸,优越的自然环境和多姿多彩的人工建筑,使西关被誉为"雨翻荷叶绿成海,日映荔枝红满楼","红云弥盖,日夕荷香"的人间仙境!西关荔枝湾"白石长街、庭院深深、层楼复阁、画舫迎风、渔歌晚唱、五秀飘香",成为人文荟萃、汇聚中西的宝地。《广东新语》说:"广州西郊,自浮丘以至西场,自龙津桥以至蚬涌(即十八甫),周回廿余里,多是池塘,故其地名曰半塘(今称'泮塘'或'泮溪')。"这片土地有很多以"基"命名的街道,如冼基、曹基、高基、带河基等,基上多栽有荔枝。

广州自清代起即有"东贫西富"之称,因为广州东面、北面均是山丘台地，不利农业发展，而西关是大片平原，地势低平，湖沼星罗，河道纵横，一片水乡泽国，利于农业、园林及商贸的发展与建设。特别是清代中后期起，西关先后兴建了宝华街、逢源街、多宝街等居民住宅区。十三行的买办们常年与外国人打交道，西关商人与洋人互通生意，富甲一方，这些名门望族、官绅巨贾的私宅，就是大名鼎鼎的西关大屋。由于与洋人的密切联系，风气开化，出身于这些家庭的千金，有较高的文化素养和综合素质，穿着打扮趋于西化，端庄淑雅，摩登时髦，有些甚至打破了"女子无才便是德"的中国传统观念，敢于走出家门，接受现代教育，广州最早的中国人创办的女子学校就在此诞生，她们之中甚至有人留洋接受西方教育。这些生活精致、富于情趣的女孩子，成为当时开明家庭的公子理想的结婚对象，被人称为"西关小姐"。有一首竹枝词是这样赞美西关小姐的美好："槟榔银盒送香闺，小婢青丝覆额齐。为问隔邻诸姊妹，天孙曾否渡河西？"

所以说，西关这个地方代表了广州当时的文化风尚，不仅出粤剧、美食、大屋、买办、商人，还出了后来成为西关名片之一的"西关小姐"。

"东山少爷"，指的是广州东山仕宦人家的子弟中接受西式教育、思想开明的新派男性。

广州的东山在2005年经国务院批准并入越秀区以前，曾经是东山区，腹地从现东山百货大楼一直到新河浦深处的广东省委大院门前，本为郊外一村落。清末，外国传教士不允许在城内居住和传教，故而选择在大东门外以东地区兴建福音堂、神道学校、恤孤院、培道女子学堂、安老院、医院等宗教、教育和慈善机构。后来由于广州老商业区已经没有发展空间，城市选择向东南发展，在东山一带大规模开发，加上广九铁路通车后，此地交通便利、环境清幽，吸引了本地富商、华侨纷纷在此兴建别墅、官邸，由此形成了以恤孤院路、新河浦路为集中地的花园式住宅群。譬如简园，最早是南洋烟草公司实业家所建，之后曾用作德国领事馆，20世纪20年代转作国民党要员居住地。军政官僚也纷纷到此营建别墅和官邸，于是，东山一带，尤以新河浦为代表出现了许多西式、时髦、豪华的花园式住宅和洋房，成为有权有势的人扎堆的地方，被称为"富丽之区"。1948年，东山已洋楼栉比，富丽甲全市，这里有配备花园的房屋1000多座，住户3200余户，3万多人。当时人称："有钱有势住东山。"那些官宦显贵之家的公子接受西方教育，取法欧美，生活方式西化，思想开明，经济阔绰，一掷千金，他们青春年少，英姿勃发，风流倜傥，时人称为"东山少爷"。由于思想深受西洋文化的熏陶，他们打破传统的拘束，随心所欲建设家园，令今天的新河浦路、龟岗大马路一带建筑均有"楼上楼下"。所以东山少爷基本是指那些有钱有势又帅气的公子哥儿。

"西关小姐"和"东山少爷"是当时的广州人对此两地富商之女与权贵之子的戏谑之称，等同于我们今天称呼的"富二代"和"官二代"。但似乎又远不仅如此，这两个称谓又蕴含着广州的历史文化，承载着百年的风云，耐人寻味，俨然成为广州的文化符号，不但在人们的脑海中留下美好的回忆，而且也成为后人进行历史研究以及文学创作的灵感和源泉。

（李兰萍）

广府地区有哪些特有的节庆习俗？

大体来讲，广府地区的一些节日习俗主要来自中原地区，如春节、端午节、清明节、重阳节等传统节日。接近年关，广府各地的花市陆续开张，"行花街"成为新年行大运的保留节目。元宵节期间，佛山有"行通济"的习俗。整个过年期间，"逗红包"成为未婚男女的兴趣所在，街道上"利是拿来，恭喜发财"之声时有耳闻。端午节，广府人叫端阳节，年年都会举行龙舟大赛，各村落社区组成一支支龙舟队参与竞渡，煞是热闹。中秋节，广府人俗称"月光诞"，节庆食物除了月饼之外，通常不会缺少芋头和田螺，芋头的广州话发音是"护头"，有"维护家中领头人"的意思。

除去上述来自中原的节日外，广府地区也有自己独特的节庆和习俗。此处主要讲述广府特有的节庆习俗。

比如城隍诞。广州城隍庙是明清时期岭南地区最大、最雄伟的城隍庙。每逢正月元宵、城隍寿诞、清明节、七月十五日、十月十五日这些大日子，官府衙门要循例举行官方祭祀，民间庙会活动更是香客云集。古时城隍诞期间，每年城隍诞辰前一晚，府学东、西街睡满了烧头炷香的街坊。人们相信躺在庙里的地面上能够与神灵更加接近，身上沾了神气能预防疾病，庇佑身体健康。

也有从东、西城门起，一步一拜，拜到城隍庙前的。2013年恢复了"打地气"习俗，还请来罗浮山道士作法祈福，举行派发长寿面、祈福法会、义诊等活动，热闹非凡。之后人们把开过光的祈福带或挂或投在庙前的大树上，祈求自己的心愿能够实现。

波罗诞也是广府地区独具特色的民间传统节日，是民间为纪念南海神生日而设立的庙会。波罗庙会有千年历史，在每年农历二月十一日至十三日举行，其中十三日为正诞，也叫波罗诞，即南海神诞。相传唐朝时天竺（印度）属国波罗使者来华，因误了归期，终老于广州，后被封为"达奚司空"，建海神庙供奉。因其来自波罗国，带来波罗树，南海神庙被称为"波罗庙"，南海神诞也被称为"波罗诞"。波罗诞上有水上庆会、四乡会景、化妆巡游、龙狮相会、飘色表演、大戏杂耍、龙舟盛会、文人雅集、花朝节等活动，还有反映广州民俗风情的波罗鸡、波罗符、大葵扇、风车、小狮子头等手工艺品出售。波罗诞日，各家各户蒸糕裹粽做包点，用以祭祀或赠送亲友，称为"波罗粽"。珠江三角洲一带村民和善男信女结伴从四面八方到黄埔的南海神庙，或祈福，或观光，或购物，参观游览者达数十万人。广州民间有"第一游波罗，第二娶老婆"的俗语。2011年6月，国务院公布第三批国家级非物质文化遗产名录，黄埔民间信俗"波罗诞"榜上有名。

此外，还有农历三月初三的北帝诞。诞日，乡人在庙前摆花山、放鞭炮、抬北帝神像出游、演戏酬神、抢花炮等，北帝诞成为数十万人的大庙会。一些自认是北帝"契仔契女"的男女身穿道服，手执拂尘，背戴银龟，随神像游行。农历十一月初十则有冼夫人诞。冼夫人是南北朝至隋初高凉（今高州、电白、阳江一带）少数民族首领，深明大义，维护民族团结，被封为石龙太夫人、谯国夫人等，民间尊其为"岭南圣母"，高州、电白、阳江等地有庙祀之。还有流行于广州、南海、顺德一带的"生菜会"（曾经广州为正月二十四日，南海为正月二十六日，但现代已改成正月十五日）。民间传说是日观音菩萨查点钱库，名为"观音开库"。百姓可到观音庙里取走"寿金"（纸锭）若干，称为"借库"，寓意"借款生财"。民众还在庙里聚餐，以吃生菜为主，皆因广府人重视"意头"，"生菜"与"生财"谐音，吃生菜寄托了广府人的美好愿望。

流行于广府地区的，还有农历四月十七日的"金花诞"、农历九月二十八日的"华光诞"、农历七月二十四日的"白云诞"等等，节日当天都是热闹非凡。

值得一提的是，舞火龙活动是香港中秋节最富传统特色的节庆习俗。从每年农历八月十四晚开始，铜锣湾大坑地区就一连三晚举行舞火龙活动。火龙长达70多米，用珍珠草扎成32节的龙身，插满了长寿香。传说1880年中秋节前夕，台风吹袭大坑村，有一条大蟒蛇吞食村里的牲畜，被村民合力打死在一间破屋内。第二天，台风过后，大蟒蛇尸体失踪，大坑村发生瘟疫。当时，有道士说这条大蟒蛇原本是龙王的儿子，因此龙王降疫症惩罚该村，报复杀子之仇恨。而村中又有一位老翁，声称有神仙打救报梦，指海龙王最怕是火龙，火克制水，所以在中秋节连续三晚，即从农历八月十四至十六三天舞火龙，就可解脱这场灾难，村民照办，并沿袭至今。

（李兰萍）

广府庙会蕴含着哪些文化价值？

第十六届亚运会闭幕不久，辛卯年（2011年）正月十五日的元宵节，广州中山四路城隍庙上空彩球飘浮，忠佑广场锣鼓喧天，彩旗飞舞，热闹喜庆。一组南粤"雄狮"正在舞台上腾挪跳跃，尽展雄风。台下人山人海，场面震撼，车水马龙的中山四路路旁骑楼上，人人翘首以盼，周围的临街阳台架满长枪短炮，摄影发烧友占领着有利地形，对准最佳时机将一个个具有历史意义的精彩瞬间定格在画面之中。原来，这是第一届广府庙会开办的日子。

庙会，又称"庙市"或"节场"，其发起和后续发展与土地庙的宗教活动有关，多设在庙内及其附近，进行祭神、娱乐和购物等活动，故称"庙会"。早在唐朝已流行于全国各地，明朝尤为鼎盛，是中国民间广为流行的一种传统民俗活动。广府庙会文化自汉唐肇始，宋元兴盛，一直延续至民国，其多于中国传统节日元宵节举办，中华人民共和国成立后一度停办。

广州城隍庙与广府庙会有什么关系呢？城隍是古代中国被信众普遍祭祀的重要神祇，大多由有功于地方民众的功臣英雄充当，是中国民间和道教信奉的守护城池之神。广州城隍庙始建于明朝洪武三年（1370），清雍正年间，广州府城隍庙升格为管辖全省城隍庙的城隍高庙，广州城隍庙升格为都城隍庙，可见在明清时期是岭南地区最大、最雄伟的城隍庙。20世纪20年代因建街而被拆除。也就是说，在历史上，广州确有城隍庙，它周围应该也是有庙会的。

但是当今的广府庙会是新创办命名的。21世纪，广州市政府本着丰富群众物质和精神生活，传承和弘扬广府传统民俗文化，提升公共文化服务的目的，决定创办一项文化惠民的公益性地区级大型民俗活动，以千年商都北京路为核心，借广州城隍庙新春法事城隍出巡保佑风调雨顺为契机，组织包括了民俗艺术展演、商贸小吃集市、非物质文化遗产展示、城隍爷和民俗文化大巡游、元宵花灯展示等历时七天的一系列活动。之所以选在元宵节时段，正是为了应对"庙会"产生所具备的客观必然条件。为了突显岭南文化，广州市政府将城隍庙与南越王宫诸古迹进行连片规划与保护，城隍庙依据"修旧似旧"的原则，在亚运会前修复完好并向市民开放。2011年元宵节，首届广府庙会开办，为期七天。此后这个活动每年举办，一直延续至今。

每一届广府庙会，通过各式各样丰富的年俗娱乐活动展现了广府风情独特的魅力，同时又各有特色。第一届由政府主导，以"广府庙会，幸福相约"为主题，除了城隍庙忠佑广场，举办会场还有中山四路（文德路口至北京路口段）、府学西街、北京路、惠福美食街、大佛寺、五仙观、人民公园等，内容包含祈福文化、民俗文化、美食文化、商贸休闲文化。第二届由政府搭台，民间唱戏，从这届开始，新增了广府达人秀、动漫文化展销、游园互动活动、摄影和DV大赛等项目。值得一提的是，此后每一届广府庙会都划分出专门的非遗展示区，展示精湛秀美的剪纸艺术、巧夺天工的"三雕一彩一绣"、栩栩如生的草编、炉火纯青的传统岭南打铜技艺等，这些都是广府文化靓丽的名片。此外还设有中心区、美食区、动漫区、元宵灯会区、游园区、互动区等。发展到第三届，广府庙会"自给自足"，政府财政"零投入"。除了民俗、祈福、欢乐，还加入慈善、动漫、怀旧、相亲、微博等时尚流行元素。广府庙会紧跟时代、社会、科技的发展，推陈出新，除了"地面"庙会外，于第四届新增"水上庙会"，美丽的珠江夜景一览无遗。在2018年举办的广府庙会中，首次开辟了"空中庙会"游览航线，水陆空全方位近距离体验式的观览方式让市民印象深刻，被称为一个"看时惊、听时迷、摸时触、品时香"的广府文化聚集地。2021年，由于疫情，取消了较多线下活动，将精彩延续至线上，创新推出"云游庙会"。

举办多年的广府庙会让群众"零距离"体验广府文化的韵味，在内容上不断丰富，成为广府人品味年俗、品味乡愁的去处，比如广府庙会的民俗文化大巡游引入了国家级非物质文化遗产——英歌舞，让顺德锣鼓柜这一极富广府特色的表演时隔近一个世纪又重返广州城；在宗教仪式上恢复了城隍爷出巡为百姓祈福，重振了广州城隍庙的威望，受到广大人民群众的热烈欢迎，甚至有许多外地游客因此慕名而来。2011—2021年，广府庙会的民俗文化展示活动从9场发展到279场，涵盖45个主题，客流量累计超过4600万人次。

与古代传统的庙会文化不同，如今的庙会亲民、积极，精神文化格调高。广府庙会的创办是广府民系历经千年历史积累和沉淀形成的文化精华，也是广府文化的重要载体和集中呈现形式之一，它在庙会传统文化的基础上不断地加以创新和发展，集中展现了广府独特的文化魅力，充分彰显了广府人的文化自信。

（李兰萍）

广府服装呈现哪些特征？

服装是人的门面，占据"衣食住行"的其中一大方面。经过长期相互交融整合的广府服饰文化，是岭南文化的重要组成部分。简单来说，广府服装是适应自然环境的产物，它充分表现了广府人适应自然，多元和包容的特点。

广府服饰的用料体现了适应自然的特点。广府地区面积广大，地理位置偏远，当年较少过度开发与人为破坏，有服装材料生长的优越的自然条件，加上气候湿热多雨，阳光充足，雨量充沛，纤维丰富的植被生长茂盛，为广府地区服装材料提供了充足的来源，使得广府地区服装原料多种多样。比如为了适应岭南地区湿热的气候，当地人多用轻薄透气的棉、麻、蕉、竹、葛、蚕丝等面料。

尤其是麻织品，过去岭南乡村不少农民自己种麻，用土布机织成麻布加工成衣。三水、四会、高要等县市农村多麻布，当地人们就地取材，利用价廉物美的麻袋加工成衣，男女同一款式，做成麻包衫，成为流行一时的劳动服，多用于田间劳动时所穿。这种衣衫优点很多，冬天可御寒，夏天又通透，吸汗、易洗、易干，既耐磨、耐脏，又价钱便宜，深受农民群众的欢迎。自清末民初到改革开放之前，行走在这一带田野上，到处可以见到穿着麻包衫、戴着布边凉帽的农民，不分男女，不加雕饰，自然朴素到令人喜爱。现在，由于纺织工业的进步，升级改良后的麻织品去掉了以往的粗糙毛躁，变得柔润滑顺，却依然保持了轻薄透气的特点，成为广府人民最为喜爱的服装面料之一。此外，棉、蚕丝制成的服装也是适合岭南气候的首选服装。

香云纱是极具广府特色的服装面料，薯莨制成，质地轻薄，爽滑柔润，色深耐脏，耐水，耐穿易洗，且不沾肌肤，易于散发水分。早在明清时，就是珠江三角洲基塘地区居民和疍民喜穿的衣物。清代的《珠江消夏竹枝词》中描写了一个卖荔枝的疍民少女的装束："薯莨衫窄笠丝堆，装束随宜笑口开。"

而从服饰的款式来看，广府服装体现了多元和包容的特点。它既有古南越的遗传，又受到西方文化的影响，更受中原汉文化的哺育。从历史上来看，中原人四次大举南迁，致使此地衣冠习气几同中州。但是由于广府地处祖国南疆，毗邻港澳，又与海外交往频繁，所以又糅合了中原和海外的许多因素，加上本身的自然、经济条件，形成了独特的风格。

唐代以后，随着海上交通的发展，唐宋时代广州城里的外国人身穿奇装异服，往来于各交通大道中，他们的服装文化也更多地移入岭南地区。一位英国人呤唎在1864年从中国回英国后写成的《太平天国革命亲历记》中有描写广州姑娘的洋式打扮："我在街上散步，看见很多中国姑娘的天足上穿着欧式鞋，头上包着鲜艳的曼彻斯特式的头巾"，"我觉得广州姑娘的欧化癖是颇引人注目的"。辛亥革命以后，在广府地区，尤其广州、佛山等中心城市及交通线沿线城镇地区，剪辫子、不缠足、着西装等蔚成风气。除了改变清朝服饰以外，也有更多的西式服饰传入珠三角，促使当地服饰更加时代化，广府成为岭南服饰变革最显著也是最快的地区。这样一来，广府的服装在传统服饰与西方服饰中汲取积极的元素相互融合，多种风格并存的同时又保留了自身文化服饰的特征，兼收并蓄，有着极强的包容性。最有代表性的为民主革命先驱孙中山先生倡导的中山装，他以广东便服为基样，把直领改为反领，同时将便服或西装的三个暗袋改为四个明袋，还加上袋盖，各钉纽扣一颗。原设计上衣纽扣是七颗，后改成五颗，这便是小翻领、四袋、五扣的中山装上衣。中山装裤子则是参照西裤式样，前面开缝，一律用暗扣，左右侧各置一大暗袋，裤头右前部设一小暗袋，俗称"表袋"。裤袋腰部打褶，裤管翻脚。中山装可作礼服，也可作常服，故举国推崇，蔚为风尚，迄今继续流行。

改革开放至今，广府地区首得风气之先，珠三角经济崛起，服饰也同样以吸收了外来因素的款式领全国潮流而动，对中华服装文化的弘扬发展起到了重要的作用。

(李兰萍)

珠江三角洲地区的童谣有什么特点？

广府童谣也称粤语童谣和广东儿歌，流传于以广州为中心的珠江三角洲一带，是广府地区的民间口头文学艺术。

月光光，照地塘，年卅晚，摘槟榔。槟榔香，摘子姜。子姜辣，买蒲达。蒲达苦，买猪肚。猪肚肥，买牛皮。牛皮薄，买菱角。菱角尖，买马鞭。马鞭长，起屋梁。屋梁高，买张刀。刀切菜，买箩盖。箩盖圆，买只船。船沉底，浸死两个番鬼仔。一个蒲头，一个沉底；一个摸茨菇，一个摸马蹄。（广府童谣《月光光》）

落雨大，水浸街，阿哥担柴上街卖，阿嫂出街着花鞋，花鞋花袜花腰带，珍珠蝴蝶两边排；排排都有十二粒，粒粒圆滑无疵瑕。（广府童谣《落雨大》）

在广府地区长大的人都很熟悉这两首童谣的曲调。它朗朗上口，深入童心，伴随着广府人长大。广府童谣是特定时代岁月积累下的民间吟唱，留下了广府地区每个历史时期的生活痕迹。此话甚有道理。

广府童谣的数量不少，颇具地域特色。首先是它的爱国性。

因为广东是鸦片战争的主战场，所以，那时就出现了不少反侵略的童谣，如《三元里抗英》："一声炮响，二律（同音：义律，英军头目）埋城（指侵略过来），三元里顶住，四方炮台打烂，伍紫垣（广东洋行商人）借款，六百万讲和，七七礼拜，八千斤未响（指八千斤重的大炮未能打响），九九打下（不久来打一下），十足输晒。"

这个时期的歌曲，很多都不时出现"番鬼"，比如上面提到的《月光光》。

童谣以歌谣启蒙，开启儿童的知识，浅显易懂，而且表达爱国思想的力量非常强大。1905年，革命党人郑贯公在香港创办的《有所谓报》举办过首次公开征集童谣活动，要求须含爱国思想，其字句须最普通、最浅白为要。首名奖金十元，当时十元能买两担米。后来抗战时期，又出现了教育人们团结抗敌的爱国童谣，比如《拍大髀》（大髀，即大腿）："拍大髀，唱支歌，讲起日寇罪恶多，杀我同胞兼放火，无端强占我山河，此仇不报无穷祸，大众合力把佢诛锄！"

粤语童谣的另一个特点是紧贴日常生活。它的种类有时政歌、生活歌、动物歌、植物歌、风俗歌、游戏歌等，很多都生动地反映了人们的日常生活，比如本文开头的《落雨大》；比如当年反映婚俗陋习的"鸡公仔，尾弯弯，做人心抱（媳妇）甚艰难！早早起身都话晏（晚），眼泪唔（不）干入下间（厨房），下间有个冬瓜仔，问过安人（家姑）老爷（家翁）煮定（或）蒸；安人又话煮，老爷又话蒸，蒸蒸煮煮唔中安人老爷意，大揸捫盐又话咸，手甲挑盐又话淡，三朝打烂三条夹木棍，四朝跪烂几条裙，门口石阶都要跪过，天井石关都要跪匀"；反映相互友爱、谦让、尊老爱幼的《排排坐》："排排坐，食粉果，猪拉柴，狗烧火，猫儿担凳姑婆坐，坐烂个屎忽（粤语"屎忽"即屁股）唔好赖我。"

粤语童谣还有一个特点，就是往往同一首童谣，却有不同的版本，就目前所知，《三元里抗英》有5个版本，《落雨大》有8个版本，等等。因为童谣是口头文学，流传方式靠的是民间的口耳相传，妇女与儿童是儿歌的创造者，也是传播者，参与过程中加进个人的情感和愿望以及地域特点，孩子从小听多了，会唱了，慢慢就会编了，从而也成为创作者，所以同一首歌有多种版本不足为奇。

总之，粤语童谣反映了粤方言区的风土人情、节令、气候、风物，有浓厚的地方色彩，形式新鲜多样，在民间不断进行创作与传播。它利用粤语声调，韵律平和，富于音乐性，朗朗上口，生动有趣，通俗易懂，特别贴近生活，成为儿童学语、数数、识物、认字的重要方式。粤语童谣作为人类的口头和非物质文化遗产，有着丰富的社会价值和文化价值。2010年在广州举行的第16届亚运会上，人们熟悉的粤语童谣经典《落雨大》《月光光》分别登上了开幕式和闭幕式的舞台，让广东的观众们倍感亲切，也向世界展示了广府文化的魅力。

为了认识民间文化，传承民间文化，广州的文化界、新闻出版界纷纷为抢救和保护广府童谣出力，近来广州地区几乎每一两年都有新出版的童谣书，广州地区的电台、电视台及新闻媒体常有传播粤语童谣的节目。

（李兰萍）

广府疍家今何在？

疍民又称疍家人（疍同蜑、蜓、蛋），为东南沿海地区在船上生活居住，从事捕鱼、采珠、挖蚝等水上作业的族群统称。广州、香港一带称为"疍家""艇家"。相传因为疍民常年以舟为家，生活在海上，如蛋壳般漂泊于海面，与风浪搏斗，处于险恶的生存环境，生命毫无保障，如同蛋壳般脆弱，故被称为"疍家"。

疍民起初生活于从北到南的江河湖海里，由于气候变化，大部分疍民漂泊到南海海域，以福建、广东、广西沿海为生存地域，尤其是以珠江流域居多。他们长期以捕鱼、船运为业，代代相传，形成水上生活习俗。他们以船为家，祖祖辈辈生活在长不过五六米，宽约1.2米的"连家船"上。靠天吃饭的生产方式及单薄的生产能力限制了水上居民的生产向深度发展，同时还影响了他们子女的教育、老人医疗等问题。

疍民长期地位低下，明太祖时被定为"不与齐民齿"的贱民。屈大均曾这样描述疍民："女为獭而男为龙，以其皆非人类也。"雍正七年（1729）清政府开豁疍民为良民，但他们不能从事高尚的职业，不能与陆上汉族通婚，不许陆居，不许应试，实际上仍被视为贱民。民国政府虽然发文赋予疍民平等权利，禁止对疍民的歧视和压迫，但多只停留在公文形式，形同虚设。

鸦片战争以后，进出口的货物大都依靠分布在珠江三角洲河网地带的疍民运到周边地区，他们所扮演的角色和发挥的作用，给外国人留下了深刻的印象，说"这些中国船民在世界上可能是无与伦比的。他们不仅聪明活跃，而且性格善良，乐于助人，似乎急于让船只尽快地前进"。（《广州"番鬼"录》）

由于珠江三角洲大规模筑堤围垦，使水域面积逐渐缩小，加上珠江流域森林砍伐造成严重水土流失，加速了下游河道的淤塞，使得传统捕捞业、养殖业和水上运输业日趋衰落，之后沙田的大面积围垦和交通运输条件的不断改善，以及受工商业的影响，江海污染，海产水产品逐渐减少，疍民在内河及浅海靠捕捞难以维持生活，曾经"以水为生，以船为家"的疍民，在生存压力日益增大的环境下，不得不向深海海域求生存。

新中国成立初期，疍民仍保留着自己独特的文化和风俗习惯。如疍民的衣饰保留自己的特色，唱的是疍民特有的"咸水歌"。他们还存在共同的族群认同，自称"水上人"或"水下佬"。广东省民委1953年初调查估计广东水上疍民总数约为30万人。

周恩来总理对疍民特别关心，1954年，专门到广州黄沙、白鹅潭、沙面等沿江一带了解水上疍民的生活情况，指示要让他们上岸定居，要求人民政府帮助他们解决生产工具，改变"连家船"等等。

据统计，新中国成立后，政府陆续拨款和调拨大批木材、钢材、水泥帮助疍民上岸居住。广州、三水、番禺、新会等地的疍民基本都搬进了新房。疍民也渐渐跟过去告别，比如改变旧习俗：从前出海前要烧香拜神，祈求菩萨保佑安全，现已改为放鞭炮预祝丰收；过去妇女出海捕鱼不准跨过船头，现在男女都一样。

由于党和政府解决疍民问题的政策措施得力，效果良好，疍民获得了平等的政治、经济和社会地位。同时，上岸居住的疍民已全面普及中、小学教育,新一代的疍民掌握了文化科学技术,开始向现代化渔业生产进军。改革开放后,随着工业化和城镇化进程的加快,珠江三角洲河网水系污染严重,水质下降,河道淤塞,渔业资源剧减,加之现代化的陆上交通网络的建立使陆运取代了水运,曾经为疍民所独有的水上运输,在竞争激烈的环境里失去了往日的优势,迫使疍民在坚守传统渔业的同时,开始向其他领域寻求生计,从事农商和服务等业。他们有的从狭窄的水居生活走向更为广阔的陆地生活,由昔日的单一捕鱼生产方式,向捕、养、工、副、商业等多种经营和多层次生产方向发展,最终融入社会。现在,疍民已经不称"疍家",而叫"水上居民"。

21世纪以来,在珠江口的一些水上居民,有些变为木帆船运输工,有些担任水上交通船轮机工和驾驶员,绝大多数仍从事渔业生产。这些从事渔业生产的水上居民,他们的劳动工具绝大多数已从"连家船"变为机轮船,在机轮船上还安装有雷达、对讲机等各种先进的生产设备,使捕鱼事业大大地得到发展。生产发展了,收入增加了,人们的生活也得到了改善。

令人感动的是,由于近海的渔业受到损害,捕鱼量有所降低,供给广州市区的鱼量也大大下降。珠江口莲花山的水上居民见此情形,认为渔业的发展和广州市人民的"菜篮子"工程有着密切的关系,是繁荣活跃广州市经济市场不可缺少的一部分,因此,提出到中海、深海中去捕鱼,才能提高广州市商品鱼的自给率。可见,今天的水上居民不再是自闭的族群,而是将自身的劳动与国家和人民的利益、市场的繁荣密切联系在一起的群体,他们已经成为珠江三角洲经济社会建设的生力军。

(李兰萍)

顺德"冰玉堂"背后流传着怎样的故事？

在广东顺德有一座建筑，名曰"冰玉堂"，里面住着一群被称为"自梳女"的女子，她们是珠江三角洲地区独有的特殊群体。这些自梳女，用今天的话来说就是"不婚族"，然而她们的不婚，是有深刻而悲惨的背景。

在中国传统社会的婚姻中，女子永远处于附属和弱势。广府地区的婚嫁习俗与中原地区一样，遵循着孔孟之道，以儒家传统礼教为中心，但是在习俗上有独特的表现形式，比如广府特有的"吃烧猪"之俗，就是"一女不事二夫"的观念产物。到了明清两代，儒家礼教对女子的要求更为严苛，家庭日常生活中妻子承受到更多的负担与压力，有一支流行颇广的儿歌唱道："鸡公仔，尾弯弯，做人心抱（媳妇）甚艰难！早早起身都话晏（晚），眼泪唔（不）干入下间（厨房）。下间有个冬瓜仔，问过安人（家姑）老爷（家翁）煮定（或）蒸；安人又话蒸，老爷又话煮，蒸蒸煮煮都唔中意，拍起台头闹（骂）一番。三朝打烂三条夹木棍，四朝跪烂几条裙。"[①]此歌形象地反映了媳妇在家中地位低下的情况。广东珠三角地区一部分女子见此情形，产生了严重的"恐婚"心理，

---

① 儿歌有多个版本，此为其中一个版本。

当时报道常有女子婚前投河自尽，有的女子选择终身不嫁，最终成为抗婚的"自梳女"。

然而，女孩不嫁，社会、父母能接受吗？若父母不同意，她们又靠什么生活呢？

明末清初，南海、顺德、番禺等地种植业、养殖业及手工业较为发达，桑基鱼塘已经颇具规模，番禺、南海、顺德等地种桑养蚕非常普遍，因此极大地加速了缫丝业的发展，为当地妇女源源不断地提供了大量的就业机会。许多女工收入可观，经济独立，这样就给她们的"自梳"（不嫁）提供了物质条件，让这些不想屈服于封建婚姻的女性得以养活自己。由于有稳定的经济支撑与强大的姐妹团，自梳女通过大量财物支援娘家，还对家乡建设作出了贡献，得到了原生家庭的重视，由此在顺德、番禺、中山、南海等县形成了风气。据调查，1903年，顺德容奇缫丝厂1000人中，就有800名是自梳女。

按照过去珠江三角洲一带民间习俗，女子出嫁之前要找年长的女性为其梳头，谓之"上头"。自梳女虽然不嫁，但也仿照出嫁仪式，将自己的辫子挽成发髻，人称"自梳"或"梳起"，表示自己等同出嫁，实际永不嫁人。仪式当日还要摆上几桌酒席，请亲朋聚会，发誓至死保持单身。有些女子因为不能"阻头"而被迫自梳。珠江三角洲有按照长幼排序的婚嫁习俗，因兄姐未嫁娶延误弟妹的婚期，称为"阻头"。父母为了避免"阻头"贻误弟妹婚期，便命过了婚配年龄的未婚女子"自梳"。

自梳女中还有"金兰契"，即由两个相好的自梳女共拜天地，形成契约，然后如同夫妇一样同居共处，互相照顾。那时，自梳女一旦自梳，就不得反悔，否则会遭到酷刑毒打，被装入猪笼沉河。

自梳女流行的同时，珠三角一带还有一种抗婚情况：有些女子迫于父母之命不能"梳起",便在举行婚礼后保存贞操,归宁后长居母家,不与丈夫同居,名为已婚,实亦独处,世称"不落家"。

自梳女自梳后,便可以走出深闺,出外耕作、经商或打工,自立于社会,成为终身不嫁而自食其力的职业女性。这种情况沿袭了300余年,在晚清至民国前期达到高潮。20世纪30年代以后,丝织业开始衰落,顺德的自梳女与不落家者多到广州、香港等大城市以做女佣(时称"妈姐")为业,南海的则多从事缫丝业,番禺、中山的多以织布、织毛巾、刺绣等为生,亦有少数从事种养业的。很多自梳女到香港和新加坡大户人家充当佣人,大概可以算作最早的"技术移民"。

1949年新中国成立后,自梳女回到祖国与亲人团聚。然而,根据传统家规,自梳女不能搬回家里与家人同吃同住,于是她们自己集资修建了"冰玉堂"自住。今天,"冰玉堂"变成了一座民俗博物馆。

小小一座冰玉堂,背后是自梳女以女性独有的隐忍、柔和、妥协的方式达到反抗封建婚姻制度、选择自己人生的故事。这种独特又发人深思的故事,耐人寻味。1937年、1954年、1997年,同名电影《自梳女》分别在香港发行、上映。1990年,又拍成了有更多观众收看的电视剧《自梳女》。此外,舞蹈《缫丝女》、话剧《自梳女》、网络小说《自梳女》面世,让这些昂然示人的自立与抗争的广府女性得到更广泛的关注。

(李兰萍)

"广货"是怎样从明清时期兴旺到今天的？

广货即产自于广东的货物和商品。

明清时，珠江三角洲一带的人经商十分普遍，一般人并不受"重农抑商"观念的束缚，故而广府地区商业繁荣，曾是全国商业中心之一。珠江三角洲一带圩市很多，明代景泰年间，佛山已是"天下四大聚"之一。

这个时候，市场上的广货琳琅满目。水果有岭南"四大佳果"荔枝、柑橙、香蕉、菠萝以及龙眼（桂圆）、杨桃、杨梅、木瓜等，干果及果制品有荔枝干、龙眼干、蜜饯糖果、榄角等，粮油方面有大米、面、花生油、茶油及各式饼食等，肉蛋类有猪、牛、鸡、鹅、鸭、鱼、海味、鸡蛋等，日常生活用品有竹木制品、藤制品、硬木家具、葵扇等，布匹丝绸类有各式棉布、鱼冻布、黄丝布、葛布、蕉布、麻布、苎布、丝、缎、绢、棉纱等，药材有各类中药和中成药，金属制品有铁、铜、锡器，茶类有河南茶、罗浮茶、鼎湖茶、白毛茶、西樵山茶、苦丁茶等。当时有"广州之货，天下未必有；而天下之货，广州尽有之"的说法。英国商人威廉·希克说："珠江上的船舶运行忙碌的情景，就像伦敦桥下泰晤士河。不同的是，河面上的帆船形式不一，还有大帆船。在外国人眼里，再没有比排列在珠江上长达几里的帆船更为壮观的了。"这些船大多运载着货物，可见当时广州商贸的繁盛。

19世纪后期，"广货"中的手工业产品与"京货"合称"京广杂货"，已与"苏杭杂货"齐名。1903年，有名的土洋日用杂货店"龙蒲记"经营的商品已达230种。广州经营书籍、文化用品（不少兼印书籍）的书坊，在道光咸丰年间，数量仅次于北京、苏州。广东的钟表眼镜、纺织品、五金、玉雕、牙雕、木雕、硬木家具、金属器具、化工原料、玻璃镜画、彩瓷、中成药等，对比以前有较大的发展，其中有许多是全国有名的广货。

一方面，广东的丝、糖、陶瓷等商品流向北方的市场；另一方面，商人"走广"成为一种时尚。广货美名驰誉世界，受到国内外消费者的广泛关注。

新中国成立后，尤其是改革开放以后，广东工业产品不断推陈出新，广东的服装、家电、陶瓷、五金、家具装饰、建材等一直在国内有较好的声誉，以"广东粮、珠江水、粤家电、岭南衣"为代表的广货传遍全国。到2008年全球经济危机发生之前，佛山的瓷器、顺德的家电和家居用品、潮汕的玩具、虎门的服饰都成为有名的广货，产品远销国外，遍布国内大大小小的批发市场。

21世纪初全球金融危机后，广货面临一个转型升级和发扬光大的问题。广东省委、省政府不断出台政策，帮助广货转型升级和拓宽销售渠道。广货逐渐把目光投向国内市场，展开了声势浩大的"广货北上"活动，在北京、上海、南京、武汉等重要城市举办数百场"广货全国行"的活动。2009年4月6日"广东产品全国行"系列活动首站在西安启动，标志着行动正式启动。之后，首个"优粤城"在重庆建立，广东陆续根据各地需求，在湖北地区建立广东农贸产品销售优粤城和广东家具销售优粤城，在吉林建立广东装饰材料销售优粤城，在黑龙江建立广东家具销售优粤城,在河北建立广东家具销售优粤城,在浙江建立广东装饰材料销售优粤城,在陕西建立广东建材销售优粤城。

过去,传统的专业批发市场是广货行销全国乃至全球的重要渠道,但是在电子商务不断发展的今天,广货开始利用网络实现流通升级,把工业、农业、服务业都联系在一起,比如展开"广货网上行"活动,为广货开拓出更多的销售渠道。除了政府帮助大力推动广东企业、广东商品、广式服务,更多的"上网触电"销售广货之外,不少广东企业也自行发展网络平台,如唯品会、腾讯、小熊电器等。

不仅如此,在广东转型升级中,广货并不止步于旧广货的转型,而是开始发展以高新技术为主的现代新广货。新广货涉及医药、航空航天器、电子及通信设备、电子计算机、汽车等产业。随着一批重大项目的引进和布局的基本完成,广东的现代产业体系总体框架已基本搭建。21世纪以来,广东的汽车、石化等重点行业产业规模位居全国前列,初步形成产业链,船舶和海洋工程装备、轨道交通装备、智能装备等产业已具备打造产业链的基础。新广货已经慢慢走入国际和国内市场,向高端发展。

值得一提的是,2020年9月,中欧双方签署《中欧地理标志协定》,这是中国对外商签的第一个全面的、高水平的地理标志协定。闻名全国的广货"凤凰单丛""吴川月饼""英德红茶""大埔蜜柚"成为首批中欧互认互保地理标志产品。2021年3月该协定生效,为我国地理标志产品进入欧盟提供了知识产权保护,为相关广货"走出去"提供了条约保障。

(李兰萍)